Erzgebirgs-

Manfred Blechschmidt/Klaus Walther

Erzgebirgs-Lexikon

Mit Fotos von Christoph Georgi

Chemnitzer Verlag

1991

Umschlagfotos: Christoph Georgi
Gesamtherstellung: Chemnitzer Verlag und Druck GmbH,
Druckhaus Zwickau

ISBN 3-928678-01-9

Vorwort

Das vorliegende »Erzgebirgs-Lexikon« ist unseres Wissens der erste Versuch, Geographie und Geschichte, Kultur und Kunst dieser Landschaft lexikalisch aufzuarbeiten und darzustellen. Dabei wurde vor allem Wert darauf gelegt, das Lexikon zu einem nützlichen Reisebegleiter durch das Erzgebirge zu entwickeln.

Der Leser erhält Informationen über Verkehrsverbindungen auf Straße und Schiene, er wird auf Sehenswürdigkeiten und touristisch interessante Ziele hingewiesen. Landschaftsschutzgebiete und bedeutende Museen werden gesondert dargestellt. Neben den Ortsbeschreibungen findet er im Lexikon Auskünfte zu bedeutenden Persönlichkeiten, deren Leben und Wirken mit dieser Landschaft verknüpft sind wie auch zu einer Reihe volkskundlicher Begriffe.

Verzichtet wurde für diese Ausgabe auf Angaben zu Übernachtungs- und Restaurantmöglichkeiten, da diese Dinge gerade jetzt wesentlichen Veränderungen unterworfen sind. Dies soll aber in künftigen Ausgaben nachgeholt werden.

Ein Lexikon wie dieses, stützt sich auf die Forschungsarbeit vieler Generationen, es nützt die Handbücher und Spezialpublikationen, es ist also nicht das Werk der Autoren allein. Die Autoren möchten deshalb an dieser Stelle ihren Dank für vielfältige Unterstützung und Hilfe aussprechen. Sie müssen es sich versagen, die große Zahl der Publikationen zu nennen, die sie mit Gewinn verwenden durften. Trotzdem wird eine solche erstmalige lexikalische Aufarbeitung nicht fehlerlos sein, die Autoren suchen deshalb kritische Einsprüche und Korrekturen. Sie hoffen, daß das vorliegende Buch vielen Freunden und Bewohnern des Erzgebirges zu einer nützlichen Quelle der Information wird und sie zu eigenen Entdeckungen in dieser Landschaft anregt.

Juli 1991 Manfred Blechschmidt/Klaus Walther

Erzgebirgs-Lexikon

Agricola, Georgius, Arzt, Naturforscher, Bergbauwissenschaftler. Er wird »Vater der Mineralogie« genannt. Geboren wurde er am 24. März 1494 in Glauchau. Er studierte Medizin und Naturwissenschaften an der Universität Leipzig. Nach einer Tätigkeit als Rektor an der sog. Großen Schule in Zwickau, setzte er sein Medizinstudium in Italien fort und erwarb den Doktorgrad. 1527 trat er eine Stelle als Stadtarzt in Joachimsthal an. Sein großes Interesse für den Bergbau und das Hüttenwesen führten ihn 1530 zur Veröffentlichung seines Werkes »Bergmannus sive de re metallica dialogus«, einem Dialog über den Bergbau auf Erze. 1531 oder 1533 siedelte er nach Chemnitz über und wurde hier 1534 Stadtphysikus, Ratsherr und vier Mal, 1546, 1547, 1551 und 1553 Bürgermeister. 1546 erschien sein grundlegendes Buch »De natura fossilium« (»Die Minerale«). – Agricola gilt als Begründer der wissenschaftlichen Darstellung der Mineralogie, Bergbaukunde und Metallerzeugung. Von ihm stammen Veröffentlichungen über die Mineralogie, Geologie, das Hüttenwesen und die Markscheidekunde, die Montangeschichte und Medizin. Berühmt wurde er durch sein Hauptwerk »De re metallica, libris XII«, Basel, 1556. In diesem zwölfbändigen Werk behandelt Agricola das gesamte Berg- und Hüttenwesen. Über 200 Jahre lang galt es als das grundlegende Lehrbuch der Montanwissenschaft. Bereits vorher hatte sein Verfasser geschrieben: »... Sie werden (gemeint sind die 12 Bücher), wenn mich nicht täuscht, ... sowohl bei den auswärtigen Völkern wie bei der Nachwelt zu noch reicherem Ansehen und Segen verhelfen.« Am 21. November 1555 starb Georgius Agricola in Chemnitz.

Albernau, Landkreis Aue, kleine Dorfgemeinde etwa 6 km südwestlich der Kreisstadt auf hängigem Gelände in 550 m Höhenlage am Fuße des Steinberges (733 m ü. NN). Der Ort liegt im Bereich des Kontaktschiefers am Nordrand des Eibenstocker Granitmassivs.

Zu erreichen ist Albernau über die Autobahn Dresden – Plauen, Ausfahrt Stollberg. Von hier aus befährt man die

Georg Agricola.

B 169 in Richtung Aue – Rodewisch, biegt nach Schneeberg-Neustädtel ab auf die Ortsverbindungsstraße über Zschorlau nach Albernau. Man kann auch von Aue aus über die Muldentalstraße in Richtung Bockau – Eibenstock fahren und erreicht den Ort, sobald man die Mulde überquert hat. Einen Eisenbahnanschluß hat Albernau nicht. Der nächste Bahnhof ist Bockau an der Linie Chemnitz – Blauenthal. Es besteht Busverbindung mit der Kreisstadt.

Die erste Nachricht über den Ort gibt es aus dem Jahre 1524, da verkaufte ein Wolfgang Hirschlein aus Schneeberg das Freigut, das er von der Schwarzenberger Herrschaft zu Lehen hatte. Zu dieser Zeit ist von »Albern Haw« die Rede. 1536 heißt die Siedlung »Alberhawe« und 1555 »Olberhau«. Man leitet den Namen ab von »Alber« (Silberpappel, Popolus alba) oder von dem Personennamen »Albero« bzw. »Adalbero«, was dann bedeutet, »Siedlung eines Albero, Adalbero«. Der Ort entwickelte sich aus Gruppen von Häusleranwesen, die wahrscheinlich in einem bestimmten Verhältnis zum Freigut standen. 1533 heißt es: »Ein neu Dorf von 12 Mann. Ist ein abgelegenes Gut gewesen mit Büschen,

Äckern und Wiesen«. Häuserzuwachs erhielt das Dorf nach dem Stadtbrand von Schneeberg im Jahre 1719. Mitte des 19. Jahrhunderts gab es im Ort 20 Bergleute, 26 Steinmetzen, 14 Blaufarbenarbeiter, dazu Handwerker und Beschäftigte einer 1834 gegründeten Wollkämmerei, die, nachdem sie 1856 abbrannte, einging. Die sich in Auerhammer und Aue entwickelnde Industrie zog zunehmend Arbeitskräfte an. Neben betriebener Landwirtschaft wurde der Ort immer mehr zu einer Arbeiterwohnsiedlung.

Wesentlich für Albernau war das 1649 von Erasmus Schindler auf ehemaligem Seifengrund an der Mulde angelegte Blaufarbenwerk, das fünfte des Erzgebirges. In ihm wurde aus Kobalt die Schmalte (Kobaltblau) gewonnen. Durch die enge Zusammenarbeit mit den anderen Blaufarbenwerken besaß der »Kontrakt« bis Mitte des 19. Jahrhunderts Monopolstellung auf diesem Gebiet. Der Werksweiler war bis dahin stattlich gewachsen, hatte Herrenhaus, Schmelzhütte, Wohn- und Mühlgebäude, Faktorei, Labor, Schuppen, Lagerhallen, Ställe und Nebengebäude. Nach 1854 ging man dazu über, statt der Metallfarben Ultramarin auf chemischem Wege zu gewinnen.

An der Mulde liegt das »Rechenhaus«. Die heutige Ausflugsgaststätte diente seit 1539 dem Floß- und Rechenmeister als Wohnung. Die Mulde hatte hier ein Wehr, das dazu diente, den Flößereibetrieb auf der Mulde zu regeln. Unmittelbar vom Wehr aus geht der 1556–1559 von einem Genossenschaftsunternehmen unter T. Popel errichtete 15,3 km lange Floßgraben ab, um auf dem Wasserwege Brennholz den Schlemaer Hütten zuzuführen. Längs des Floßgrabens führt der Floßgrabenweg, der den Floßknechten zur Überwachung des Betriebes diente. Er ist ideal zum Wandern geeignet, führt über Aue bis nach Schlema. Das Gebäude hat ein schieferbeschlagenes Walmdach auf dem ein Dachreiter sitzt. Über der Tür ist die Jahreszahl 1556 zu lesen. – Südlich des Ortes liegt die »Kanzel«. Von hier hat man einen schönen Blick ins Muldental. Der in südwestlicher Richtung liegende Steinberg ist völlig mit Fichtenwald bewachsen. Er tritt aus der Umgebung auffällig hervor. Der hier anzutreffende Granit ist fast glimmerfrei.
Auskunft über den Ort und Quartiernachweis erhält man durch die Gemeindeverwaltung.

Altenberg, Landkreis Dippoldiswalde. Alte Bergstadt im oberen Osterzgebirge.

Man erreicht Altenberg von Dresden aus über die B 170 Dippoldiswalde – Altenberg, von Chemnitz aus über die B 173 über Freiberg bis Dippoldiswalde, dann weiter auf der B 170. Busverbindung existiert nach Dresden, Meißen, Riesá, Chemnitz, Seiffen, Zinnwald-Georgenfeld u. a. Orten. Mit der Bahn fährt man von Dresden aus über Heidenau, dort umsteigen, dann Richtung Altenberg.

Altenberg ist eine Bergbaugründung aus der Zeit um 1400, als hier reiche Zinnerzvorkommen am »alden Berg« (Geisingberg) entdeckt wurden. Schon 1451 wurde der Siedlung das Stadtrecht verliehen, 1502 wurde es Amtsstadt mit dem Sitz eines kurfürstlichen Bergamtes. Das Altenberger Zinnerz ist bekannt unter dem Namen »Zwitter«, dabei handelt es sich um ein mit Zinnerz durchsetztes Gestein des Granitstockes. Durch die unregelmäßigen Abbaumethoden kam es zu schweren Bergbrüchen, so entstand 1620 bei einem Bruch die Altenberger Binge. Förderung und Aufbereitung des Zinnerzes waren langwierig und schwierig (s. Zinnerzbergbau). Trotzdem gab es in Altenberg eine bedeutende Ausbeute, allein zwischen 1577 und 1599 wurden 96.000 Zentner Zinn gewonnen, das in viele Länder exportiert wurde. Goethe besuchte 1813 das Altenberg-Zinnwalder Bergbaugebiet. Gedenktafel am Gasthof »Zum Sächsischen Reiter« und Gedenkstein am Aschergraben.

Die Stadt wurde im Mittelalter mehrfach von großen Bränden heimgesucht (1531, 1576, 1639, 1675). Mit dem Rückgang des Bergbaus im 19. Jahrhundert mußten die Bewohner neue Erwerbsmöglichkeiten suchen, Anfertigung von Kunstblumen und Strohflechterei.

Seit der Verlängerung der Müglitzbahn 1923 von Geising nach Altenberg entwickelte sich vor allem der Wintersport am Kahleberg und Geisingberg. Bereits 1905 wurde die erste Sprungschanze am Geisingberg errichtet, auch Austragung nationaler und internationaler Langläufe (Skiläuferdenkmal am Bahnhof), Bau einer Bobbahn, in den vergangenen Jahrzehnten oft Austragungsort internationaler Vergleiche.

Altenberg wurde am Ende des 2. Weltkriegs zu zwei Dritteln zerstört, deshalb existieren kaum Beispiele historischer Bausubstanz.

Sehenswürdigkeiten: Museum Bergbau-Schauanlage, Mühlenstraße 2. Besteht aus einem Stollen und einer Pochwäsche, entstanden aus einer 1513 begründeten und bis

1952 in Betrieb gehaltenen Pochwäsche. Bergbauerzeugnisse auch in den beiden Kunstteichen (Großer und Kleiner Galgenteich). – Wanderungen zur Basaltkuppe des Geisingberges (824 m) mit Wetterwarte (seit 1946) und Aussichtsturm (17 m). Naturschutzgebiet »Geisingwiesen«. Guter Rundblick über das gesamte Osterzgebirge. Kahleberg (901 m) mit Aussichtsturm.
Auskünfte: Stadtverwaltung.

Anacker, August Ferdinand, Lehrer, Kantor, Komponist, verdienstvoller Förderer des erzgebirgischen Bergmusikwesens. Geboren wurde er am 17. Oktober 1790 als 10. Kind eines Schuhmacherehepaares in Freiberg. Überdurchschnittlich musikalisch begabt, kam er 1813 auf die Universität nach Leipzig. Er verdiente nebenher seinen Lebensunterhalt als Sänger am Leipziger Gewandhaus. 1813 schloß er erfolgreich sein Studium ab. Er promovierte zum Doktor der Philosophie und Magister der freien Künste. 1822 wurde er in Freiberg Stadtkantor und Seminarlehrer. Hier gründete er ein Jahr später die Freiberger Singakademie. Er reformierte unter Oberberghauptmann Freiherr von Herder das sächsische Bergmusikwesen. Dabei führte er die Russischen Hörner in die Bergmusik ein und leitete das mit diesen Instrumenten ausgerüstete Bergmusikkorps. Er komponierte Lieder, Kantaten und Chorwerke, u. a. die Musik zu Dörings Drama »Markgraf Friedrich oder Bergmannstreue«, die Ouvertüre zu »Götz von Berlichingen«, das Chorwerk »Umstand und Lebens Blume« und Lieder nach Texten von Goethe. Aus seinem Schaffen ragt heraus das Melodram »Bergmannsgruß« nach Texten von Moritz Döring aus dem Jahre 1832. Der Zyklus besteht aus sechs eigenständigen Liedern und wird eingeleitet mit »Glückauf, du holdes Sonnenlicht ...«. Die einzelnen Lieder werden durch Zwischentexte zum Melodram verbunden. In Depressionen, ausgelöst durch den frühen Tod eines Jungen, starb Anacker am 21. August 1854 in Freiberg.

Andreastag, 30. November, dieser Tag stand früher am Beginn eines Kirchenjahres, das mit dem 1. Advent begann. Er war ein Feiertag. Am Andreastag sollen vielerlei Gebräuche den Blick in die Zukunft gewähren. Die heute üblichen Neujahrsbräuche haben hier ihren Ursprung, wie Wettervorhersagen, vor allem Liebesorakel heiratslustiger Leute. Üblich war in allen sächsischen Mittelgebirgen das Schuhwerfen, Baum- und Zaunrütteln, Lichtelsetzen, Scheiteziehen oder Legen von Buchstabenzetteln. Die am Andreastag geschnittenen Kirschzweige sollen zu Weihnachten blühen.

Angermann, Clara, Sie brachte die Technik des Tambourierstickens nach Eibenstock und wurde damit zur Begründerin des erzgebirgischen und vogtländischen Stickereiwesens. Geboren wurde sie 1754 in Bialystok. Hier war ihr Vater im Dienst von Kurfürst August II. und König August III. von Polen zur Beaufsichtigung der Wälder eingesetzt. Die politisch verworrenen Verhältnisse zerrissen bald die Familie. Clara wurde durch den Tod der Eltern Vollwaise und verbrachte die Zeit von 1764 bis zur Volljährigkeit, 1775, in einem Kloster bei Thorn. Hier lernte sie viele Handarbeitstechniken kennen, auch das Sticken auf dem Tambourierrahmen. Als Reisebegleiterin einer polnischen Gräfin kam sie nach Sachsen und siedelte zu ihrem Onkel, dem Förster Georg Heinrich Angermann, nach Eibenstock über. In dem Ort fand sie durch den niedergehenden Bergbau und vorangegangener Mißernte notleidend die Bevölkerung vor. Mit Hilfe des Tambourierstickens versprach sie sich Hilfe. Gemeinsam mit einer Freundin begann sie den Frauen und Mädchen von Eibenstock die Kunst des Stikkens zu lehren. Und da sie mit Eifer die Sache betrieben, entwickelte sich bald daraus ein allgemeiner Broterwerb. Fortan wurde Clara Angermann »Engel aus dem Forsthaus« genannt. Ab 1780/81 lebte sie in Dresden und Wermsdorf, wo ihr 1780 angetrauter Mann Hofjäger war. Nach dessen Tod im Jahre 1809 zog sie zu einem ihrer zehn Kinder nach Dresden, wo sie verstarb. Von Eibenstock aus verbreitete sich das Stickereiwesen über das Westerzgebirge und Teile des Vogtlandes.

Annaberg-Buchholz, Landkreis Annaberg. Die bis 1945 selbständigen Städte Annaberg und Buchholz bilden heute die Kreisstadt Annaberg-Buchholz. Sie entstanden vom Tal der Sehma aus in entgegengesetzte Richtungen. Im Stadtgebiet liegt der Basaltgipfel des 832 m hohen Pöhlbergs. Mittlere Höhenlage des Ortes ca. 600 m über NN.

Annaberg-Buchholz ist mit dem Fahrzeug von Chemnitz aus über die B 95 in Richtung Oberwiesenthal erreichbar. Es gibt Busverbindungen in alle Orte des Landkreises, auch nach Zschopau, Marienberg, Freiberg, Chemnitz, Aue,

Karlsbad (Karlovy Vary ČSFR). Bahnverbindung von Chemnitz über Flöha-Zschopau, von Plauen über Zwickau, Aue.

Die Entstehung von Annaberg und Buchholz ist eng mit der Bergbaugeschichte des Erzgebirges verknüpft. So erzählt die Chronik, daß 1492 der Frohnauer Bergmann Kaspar Nitzel einen Silberfund am Schreckenberg machte, der viele Menschen ins Gebirge lockte. Eine Kommission unter Herzog Georg des Bärtigen von Sachsen begann 1495 mit der Planung der neuen Siedlung. Als Gründungstag gilt der 21. September 1496 für die »Neustadt am Schreckenberg«, die 1501 durch kaiserlichen Wappenbrief den Namen St. Annaberg erhielt. An der Stadtanlage war Ulrich Rülein von Calw beteiligt. Die neue Stadt entstand direkt an der Grenze des albertinischen Landes (1485 war das Meißnische Land durch die Herzöge Ernst und Albrecht geteilt worden). So kam es 1501 im ernestischen Land im Sehmatal durch Silberfunde zur Gründung von Buchholz. Dabei blieb bis zur Vereinigung Annaberg der dominierende Ort, 1510 war es die zweitgrößte Stadt im Meißnischen Land und mit Freiberg und Schneeberg der bedeutendste Bergwerksort im Erzgebirge. So gab es in Annaberg schon um 1500 rund 380 Zechen mit mehr als 2000 Bergarbeitern. Als reiche Annaberger Fundgrübner werden u. a. genannt Wolf von Elterlein, Christoph Uttmann und Markus Röhling. Dem sächsischen Herzog brachte der Annaberger Bergbau große Einnahmen, so erhielt er allein zwischen 1496 und 1500 etwa 125 000 Gulden. Auch das Wirken von Adam Ries (s. d.) ist mit dem Bergbau verbunden. Er wirkte zwischen 1523 und 1559 als Gegen- und Rezeßschreiber. Mit der ersten gedruckten Bergordnung in Deutschland (1509) in Annaberg wurde das bisherige mittelalterliche Bergwerksrecht verändert. Fast zwei Jahrhunderte gab es in den Annaberger Fundgruben reiche Ausbeute, im 18. Jahrhundert betrug die Ausbeute dann nur noch 170 Mark Feinsilber und 18 Zentner Kupfer jährlich. Neue Gewerbe wurden deshalb notwendig: Barbara Uttmann (s. d.) führte die Klöppelei ein, schon 1571 beschäftigte sie als Spitzenverlegerin rund 800 Klöpplerinnen. Auch die Bortenmacherei und das Posamentengewerbe hielten Einzug in die Bergstadt. Die Posamentenherstellung reicht bis in die gewerbliche Gegenwart.

Noch heute ist im Stadtbild die ursprüngliche Anlage sichtbar, Teile der einstigen Stadtbefestigung sind erhalten. Vor allem aber sind es der Marktplatz und die St. Annenkirche, die auf die Bergbaugeschichte der Stadt verweisen.

Annaberg, Blick auf Stadt und Kirche St. Annen.

Rathaus und Bergkirche sind die beiden wichtigsten Bauten am Marktplatz. In der heutigen Gestalt entstand das Rathaus nach dem Stadtbrand von 1731 erst 1751. Die alte Bergkirche entwickelte sich aus der Knappschaftskapelle und war 1511 vollendet. Hier versammelten sich die Bergleute zum Gebet vor der Schicht. Nach mehreren Bränden erhielt sie ihr heutiges Aussehen um 1688. Der gedrungene Renaissancebau bekam 1736 einen mehrgeschossigen barocken Dachreiter. Auch im Inneren dominieren Renaissanceelemente. Der Raum wird auf drei Seiten von einfachen Emporen umzogen. Der Altar mit Figuren und dem Bergmannsgruß »Glück auf« ist wahrscheinlich die Feierabendarbeit eines Bergmannes. Am Marktplatz finden sich auch heute noch alte Patrizierhäuser, der Gasthof »Wilder Mann« war 1507 als Wohnhaus für den kurfürstlichen Berg- und Münzmeister Albrecht von Schreibersdorf gebaut worden. Der ehemalige Gasthof »Goldene Gans« mit schönem Spitzbogenportal und Zellengewölben im Flur wurde 1508 für den Fundgrübner Lorenz Pflock gebaut, heute beherbergt er u. a. die Stadtbibliothek.

Das bedeutendste Baudenkmal der Stadt ist die St. Annenkirche. Sie ist die größte spätgotische Hallenkirche Sachsens. Der Schöpfer des Gesamtplanes ist unbekannt, wahrscheinlich ist er das gemeinsame Werk der daran beteiligten Baumeister. So war bis 1513 Peter Ulrich, der Baumeister der Pirnaer Marienkirche, Bauleiter. Lorenz Löffler aus Berlin soll die Dachkonstruktion geschaffen haben, der Innenraum ist das Werk Jakob Haylmanns von Schweinfurt. Das Äußere in rohem, unverputzten Bruchsteinmauerwerk aus Gneis steht im Gegensatz zur reichen Innenraumgestaltung. So kam es zu einem Hüttenstreit, ob Tragfähigkeit und Festigkeit des Gewölbes ausreichen. Jakob von Schweinfurth entwickelte nämlich in dem »Schleifenstern- und Schlingrippengewölbe« die Art des böhmischen Baumeisters Benedikt Rieth weiter: Das Kreuzgewölbe löst sich auf, die konstruktiven Elemente werden verschleiert und zu Schmuckformen umgebildet. So wird auch das starre Rippengerüst überflüssig. Die Rippen beginnen frei zu schweifen und zu schwingen. So weitet sich der Raum. Die Trennung zwischen den Seitenschiffen und dem Hauptraum durch schlanke, in weiten Abständen gesetzte Pfeiler erzeugt eine vollständige, harmonische Raumeinheit. Bedeutsam der zugleich mit der Architektur entstandene plastische Schmuck des Innenraums: »Schöne Tür« am nördlichen Seitenschiff von Hans Witten, 1512 entstanden, ursprünglich an der Franziskanerkirche, erst 1577 in die St. Annenkirche überführt. Entgegen früheren Portalgestaltungen sind hier Architekturformen und figürlicher Schmuck miteinander verbunden. Erzählt wird in den Figuren die Portiuncula-Legende des heiligen Franz von Assisi. Später wurden andere Figuren hinzugefügt, um den ursprünglich katholischen Inhalt der Darstellung zurückzudrängen (Figuren von Adam und Eva, von Moses und Johannes dem Täufer auf der oberen Abschlußplatte). Franz Maidburg schuf zwischen 1520 und 1522 für die Emporenbrüstung die 100 steinernen Reliefs, eine in Stein gehauene »Biblia pauperum«, die nach Dehio »ausführlichste Illustration des Neuen Testaments, die je in monumentaler Form versucht wurde«. Diesem Meister wird auch das Portal zur alten Sakristei zugeschrieben, es ist das erste Werk der deutschen Renaissance in Sachsen. Der Hauptaltar von Adolf Daucher, in Augsburg 1522 gefertigt, ist ein Werk des Übergangs von der Gotik zur Renaissance. Von besonderer Schönheit Bergaltar im nörlichen Nebenchor, ein Schnitzal-

Annaberg, Portal von St. Annen.

tar mit 4 Flügeln und Gesprenge, der in den Innenseiten der äußeren Flügel Darstellungen aus dem Marienleben (Cranachschule) zeigt, auf der Rückseite die bekannten Szenen aus dem Bergmannsleben von Hans Hesse. Weitere wichtige Werke: Münzeraltar von Christoph Walther im südlichen Nebenchor, ebenfalls von diesem Meister der Bäckeraltar von 1515. Kanzel 1516 von Franz Maidburg geschaffen, Taufstein von Hans Witten um 1515 entstanden.

Sehenswert die Sammlungen des Erzgebirgsmuseums (Große Kirchgasse 16, Telefon 3497) zur Geschichte des Annaberger Bergbaus und der volkskünstlerischen Traditionen des Erzgebirges. In der Johannisgasse 23 befindet sich das Adam-Ries-Museum, das über Leben und Werk des Rechenmeisters informiert.

Ortsteil Buchholz: 1509 Marktrecht, 1539 als Städtlein bezeichnet. Bevölkerungszuwachs durch Protestanten, 1524 wurde von Martin Luther der Prediger Hartmann Ibach nach Buchholz entsandt, während Annaberg katholisch blieb. Bergbau auf Silber erschöpfte sich schon nach 1570, es wurden Zinnerze und Kupfer geschürft. Nach 1945 nochmals Bergbau durch die SDAG Wismut auf Uranerze. Ähnliche wirtschaftliche Entwicklung wie in Annaberg, nur in der Bedeutung immer zweitrangig. Sehenswert Stadtkirche St. Katharinen, Baubeginn 1504 als dreischiffige Hallenkirche, Abschluß erst zwischen 1872 und 1877, Zerstörung 1945 durch Kriegseinwirkung. Erhalten blieben die Tafelbilder aus dem ursprünglich sechsflügeligen Hochaltar von Hans Hesse (heute im Pfarramt zu besichtigen). In der 1933 errichteten Begräbnis-Kapelle gemalter Flügelaltar von Hans Hesse (um 1515) mit Darstellung des heiligen Wolfgang in bergbaulicher Umgebung.

Im Ortsteil Kleinrückerswalde Lutherkirche, bereits 1414 als Basilika erbaut, seit 1897 in heutiger Gestalt. Im Inneren Schnitzaltar Ende des 15. Jahrhunderts.

Der Pöhlberg (832 m über NN) beherrscht die Hochfläche über der Stadt. Er ist neben dem Scheibenberg und dem Bärenstein einer der drei Basalttafelrestgipfel im umgebenden Gneis, der während des Tertiär abgetragen wurde. Verwitternde Basaltsäulen im Steinbruch am Westhang des Berges. Vom Turm des Pöhlberghauses (1897 eingeweiht) hat man einen weiten Blick in nördliche Richtung über das Zschopautal, Augustusburg bis zum Rochlitzer Berg. Nach Westen ist die Morgenleithe bei Bockau (807 m) und der Auersberg (1019 m) erkennbar, in südlicher Richtung Fichtelberg und Keilberg (Klinovec 1234 m). Der Pöhlberg ist Landschaftsschutzgebiet, mit interessanter Flora (Alpen-Frauenhaar), andere Pflanzenarten stark rückgängig. Am Pöhlberg auch Sprungschanze und Rodelbahn. Unterhalb des Pöhlberges im Stadtgebiet befindet sich der Kätplatz, wo noch heute jährlich das größte Volksfest des Erzgebirges abgehalten wird. Die »Annaberger Kät« entstand im Zusammenhang mit Weihe der Hospitalkirche und des heutigen alten Friedhofes 1520. Seither gab es jeweils am Trinitatisfest (1. Sonntag nach Pfingsten) eine Wallfahrt, die sich im Laufe der Jahre in ein Volksfest verwandelte. Der Name resultiert aus einer mundartlichen Abwandlung und Verkürzung von »Dreieinigkeit« – Keit – Kät. Heute wird die »Kät« zwei Wochen nach Trinitatis begangen.

Antonsthal, Landkreis Schwarzenberg. Mit den Ortsteilen Antonshöhe und Hirschstein. Die Arbeiterwohnsiedlung liegt auf halbem Wege zwischen Schwarzenberg und Johanngeorgenstadt in 520 m ü. NN in einer durch die Einmündung des Halsbachs in das Schwarzwasser geschaffenen Talweitung. Der Ortsteil Antonshöhe befindet sich etwa 1 km entfernt auf dem Südosthang in Richtung Rittersgrün. Kernstück der Hauptgemeinde ist eine Papierfabrik, Antonshöhe ist industriefrei. Der gesamte Ort ist von ausgedehnten Fichtenwäldern umschlossen.

Antonsthal ist zu erreichen auf der Autobahn Dresden – Plauen, Ausfahrt Stollberg. Von hier aus befährt man die B 169 bis Aue, die B 101 bis Schwarzenberg und biegt hier ab auf die Straße nach Johanngeorgenstadt, an der Antonsthal liegt. Der Ort hat einen Bahnhof an der Linie Leipzig bzw. Zwickau – Johanngeorgenstadt. Er ist auch mit dem Bus zu erreichen.

Antonsthal ist die jüngste Gemeinde des Landkreises Schwarzenberg. Aus den um 1820 am Halsbach gelegenen Gruben ging durch die Förderung von Oberberghauptmann Freiherr von Herder die 1831 am Schwarzwasser gegründete »Königliche Antonshütte« hervor, die wesentlichen Einfluß auf die Ortsentstehung hatte. Zu Ehren des damaligen sächsischen Königs Anton erhielt nicht nur die Hütte, auch der Ort seinen Namen. Das gering silberhaltige Erz, vordem nach Muldenhütten bei Freiberg gebracht, sollte in der neuen Hütte rentabler verarbeitet werden. Die Hoffnung auf eine günstige Verhüttung erfüllte sich nicht. 1859 wurde der Betrieb eingestellt. Nutzlos geworden, verkaufte der Staat die Anlage. Aus ihr wurde eine Holzschleiferei und dann die noch heute bestehende Papierfabrik. Hier arbeiten die meisten Ortsbewohner. Die Umgebung hat sich wesentlich durch den ab 1946 bis etwa 1956 betriebenen Uranerzbergbau verändert.

Als Wohnsiedlung für Bergarbeiter entstand mitten im Wald der heutige Ortsteil Antonshöhe. Aus dem 1951 erbauten Nachtsanatorium für Bergarbeiter entstand 1959 ein Kneip-Sanatorium. Am Breitenplatz in Antonshöhe, auf dem sich zwei Straßen kreuzen (Antonsthal – Rittersgrün und Breitenbrunn-Erla-Crandorf) steht ein Viertelmeilenstein aus dem Jahre 1724. Als technisches Denkmal geschützt und heute als Museum der Öffentlichkeit zugängig, liegt am Halsbach »Pochwerk und Erzwäsche Unverhofft Glück«, allgemein »Silberwäsche« genannt.

Ausflugsziele sind Morgenleithe und Auersberg mit Aussichtsturm, die Talsperren in Sosa und Eibenstock, Rittersgrün und Schwarzenberg mit jeweiligen Museen. Das Dorf verfügt über ein Freibad.
Auskunft durch die Gemeindeverwaltung.

Arzneilaboranten, Durch den Rückgang des erzgebirgischen Bergwesens im 15. und 16. Jahrhundert, wurde für die Gebirgsbevölkerung das Sammeln, Trocknen, Zubereiten und Verkaufen wildwachsender und später kulturmäßig angebauter Heilkräuter eine wichtige Erwerbsquelle. In Bockau, Sosa und Eibenstock baute man besonders die aus dem Norden stammende Engelwurz- oder Angelikapflanze an, daneben Baldrian, Melisse, Alant, Pfefferminze, Kamille. Daraus stellten die Bewohner eigene Arzneimittel her, wie Räucherpulver, Pflaster, Pillen, Zahnpulver, Tropfen, Liköre, Tinkturen, Elixiere. Der heimische Bergbau lieferte Vitriol, einen Grundstoff für Tinkturen und Elixiere, die Gärten und Felder Kräuter, der Wald Wildkräuter, das Holz für die Destillieröfen und zur Herstellung der Spanschachteln, Behältnisse für Schmieren und Salben. Für die einzelnen Arzneimittel gab es festgelegte Rezepturen. Vertrieben wurden die Erzeugnisse durch die Hersteller selbst. Sie bereisten Messen und Märkte oder betrieben Wanderhandel. Dabei kamen sie nach Böhmen, Polen, Schweden, Ungarn, in die Schweiz und Türkei. Sie trugen ein Berghabit, um sich schon äußerlich als Erzgebirger auszuweisen. Ihre Ware führten sie mit in der »Buckelapotheke«, einem speziellen Tragegestell. Da die Olitätenhändler jeden Käufer zum Selbstarzt erklärten, forderten sie den Widerspruch der studierten Ärzte und Apotheker heraus. Eine gesetzliche Regelung von 1767 verbot den Wanderhandel. Aus dieser Zeit blieb der feldmäßige Anbau von Angelika in Bockau für Arzneizwecke und zur Herstellung von Likören.

Aue, Kreisstadt, Industrie-, Verkehrs- und Kulturzentrum des Westerzgebirges. Zur Stadt gehören Alberoda, Auerhammer, Brünlas, Eichert, Neudörfel, Niederpfannenstiel und Zelle. Eingebettet ist sie in einen Talkessel am Zusammenfluß von Schwarzwasser und Zwickauer Mulde. Die von der Industrie geprägte Stadt liegt 350 m ü. NN. Umlagert wird sie vom Brünlasberg (512 m ü. NN), Hirschknochen (514 m ü. NN), Heidelsberg (512 m ü. NN) und Gemauertem Stein (601 m ü. NN).

Zu erreichen ist Aue über die Bundesautobahn Dresden – Plauen, Abzweig Stollberg. Von hier aus komme man zum Ziel auf der B 169. Von Zwickau aus befährt man die B 93, ab Schneeberg die B 169. Aue liegt an der Eisenbahnlinie Leipzig, bzw. Zwickau – Johanngeorgenstadt oder Chemnitz – Blauenthal.

Aus den Waldhufendörfern »Ave« und »Zelle«, dem 1173 durch Kaiser Friedrich I. gegründeten Augustiner-Chorherren-Stift »Klösterlein Zelle« und dem Hammerwerk Auerhammer ging der Ort hervor. Mit Hilfe des Klösterleins sollte ein weiterer Teil des unwegsamen Waldlandes durch deutsche Bauern erschlossen werden. Es konnte sich aber nicht behaupten gegenüber dem 1230 aufstrebendem Zisterzienserkloster Grünhain. Aus der Auer Niederlassung wurde während der Reformationszeit ein Rittergut. Vom Chorherrenstift ist aus der Zeit um 1200 nur noch eine kleine Kirche erhalten, ein rechteckiger Saalbau mit Walmdach und barockem Dachreiterturm. Das an der Ostseite lange Zeit überdeckte Putzritzgemälde, Maria mit dem Kinde zwischen Sankt Nikolaus und einer Herrscherfigur, stammt aus der Zeit um 1236. Es wurde 1933 aus der Wand herausgelöst und vor weiterem Verfall bewahrt. Unterschrieben ist es mit »Martinus me fecit«. Heute befindet es sich in der Sank-Annen-Kapelle in Freiberg, eine Kopie davon in der Kirche Aue – Zelle. Das Herrenhaus des Gutes Klösterlein, nach dem Brand von 1816, durch J. T. Lohse neu errichtet, ist zweigeschossig und hat Mansarden und Gaupen im Walmdach.

Der im Stadtteil Alberoda liegende Edelhof entstand um 1200, er ist eine Bauern- oder Walburg, ein auf einer Insel liegendes befestigtes Gut. An ihm führte früher der wichtige Handelsweg zwischen Zwickau – Hartenstein – Lößnitz vorüber.

Stadtrecht erhielt Aue 1626. Seit 1661 entwickelte sich der Zinnerzbergbau vor allem am Heidelsberg. Dadurch wurde Aue zur Bergstadt erhoben. Die am Fuße des Berges entstehende Bergmannssiedlung, die der Berg- und nicht der Stadtgerichtsamkeit unterstand, führt noch heute die Bezeichnung »Bergfreiheit«. Die erhaltenen Bergmannshäuser haben nicht mehr die ursprüngliche Form. Unter ihnen ist das Hergert'sche Haus, ein Umgebindehaus aus dem Jahre 1663 mit einem Fachwerkobergeschoß und Schiefersatteldach. Aus einem Huthaus hervorgegangen, steht an der Bergfreiheit das Museum. Im Untergeschoß befindet sich ein Mundloch und Stollen, der auf einer kurzen Strecke befahren werden kann.

Von der 1660 errichteten und bis zum Beginn des 19. Jahrhunderts betriebenen Silberschmelzhütte, in der neben Silber auch Zinn geschmolzen und eine Zeitlang Rauschgelb hergestellt wurde, ist das Huthaus in der alten

Form erhalten (Auerhammerstraße 23). Das Obergeschoß des stattlichen Gebäudes ruht auf einem schweren Balkensims. Der Abbau von Kaolinerde setzte 1711 in der Weißerdenzeche »St. Andreas« oberhalb der Lauterer Straße am Lumpicht ein. Veit Hans Schnorr besaß das Monopol, die Meißener Porzellanmanufaktur allein beliefern zu dürfen. In Fässern verpackt, schickte die Weißerdenzeche bis 1854 den Grundstoff für die Porzellanherstellung nach Meißen. Das Huthaus »St. Andreas«, 1705 erbaut, dient heute als Feierabendheim. In der Umgebung des Hauses gibt es verfallene Stollen, Schürfe, überwachsene Halden. 1635 gründete Veit Hans Schnorr d. Ä. die erste Farbenmühle Sachsens in Niederpfannenstiel um aus Kobalterzen Schmalte, Kobaltblau, herzustellen.

Der verstärkte Abbau von Eisenerzgängen führte 1537 zur Gründung des Auerhammers. Im 17. Jahrhundert war er die führende Schmiede von Blechen und eines der bedeutendsten Hammerwerke des Erzgebirges. Das in der zweiten Hälfte des 17. Jahrhunderts errichtete zweigeschossige und mit steilem Dach versehene Herrenhaus steht im Gelände des Halbzeugwerkes Auerhammer und wird zu betrieblichen Zwecken genutzt. Am Westhang, auf halber Höhe, führt der in Albernau beginnende Floßgraben vorüber.

Die an der Straßengabel Schneeberger Straße – Niederschlemaer Weg stehende Postsäule wurde 1959 restauriert. Sie hatte ursprünglich einen anderen Standort außerhalb der Stadt.

Nach 1945 war Aue das Zentrum des inzwischen eingestellten Uranerzbergbaus. Aus dieser Zeit stammen die sich um die Stadt herum begrünenden Spitz- und Hanghalden.

In Aue wurde 1470 Melchior Lotter geboren, Luthers erster Bibeldrucker. In der Stadt wirkten der Entdecker des Germaniums, Clemens Winkler (1838–1904) und der Geschichts- und Heimatforscher Dr. Siegfried Sieber (1885–1977).

Die in der Stadt ansässigen Betriebe betreiben allgemeinen Maschinenbau, Berg-, Textil- und Werkzeugmaschinenbau oder Metallbearbeitung. Ferner gibt es Betriebe der Textil- und Bekleidungsindustrie.

Aue verfügt über ein Kulturhaus mit einem Theater- und einem Konzertsaal. Hier hat ein Sinfonieorchester und ein Folkloreensemble seinen Sitz. Es gibt ein großes Fußballstadion, einen Tiergarten, ein Hallenbad, im Stadion und in Auerhammer Freibäder, ferner Tennisplätze

Aue, Marktplatz.

und Kegelbahnen, am Heidelsberg eine große Parkanlage. Auskunft über die Stadt und Quartiernachweise erteilt die Stadtverwaltung.

Aue, Stadtmuseum, Aue, Bergfreiheit 1, Öffnungszeiten: Montag – Freitag, 9 – 17 Uhr, sonnabends 13 – 17 Uhr

Das Museum ging aus der Traditionsstätte Erzbergbau hervor. Es ist in einem durch Ausbau erweiterten Huthaus aus alter Bergbauzeit untergebracht. In ihm befindet sich ein Ausstellungssaal, ein darunterliegender Stolleneingang und es verfügt über die Stube eines Hutmanns im Stile des 19. Jahrhunderts. Die Ausstellung informiert über die Geschichte des Auer Erzbergbaus, der um 1616 durch die Entdeckung von Zinnerzvorkommen zur Blüte gelangte. Zu sehen sind u. a. heimische Mineralien, Erze aus dem Raum Schneeberg – Aue, Zinngegenstände, bergmännisches Geleucht und andere Ausrüstungen. Im Stollen gibt es einen Einblick in Methoden des Erzabbaus auch der Gegenwart. Auskunft über das Museum erteilt das Fremdenverkehrsamt der Stadtverwaltung Aue oder die Museumsleitung.

Auersberg, Mit 1020 m ü. NN der zweithöchste Berg Sachsens, im Landkreis Aue, nahe der Gemeinde Wildenthal. Die Kuppe trägt einen 18 m hohen steinernen Aussichtsturm und eine Berggaststätte mit Übernachtungsmöglichkeiten.

Der Berg ist ein Massiv, vor allem aus mittelkörnigem Turmalingranit, der an der Ostseite durch einen Schieferhelm überdeckt wird, vorwiegend bestehend aus einem schieferigen Andalusitglimmerfels, der an vielen Stellen in einen Quarz-Turmalinschiefer übergeht. In der Gipfellage gibt es regelrechte Gänge aus Quarz und Turmalin, einem schwarzen Bormineral. Turmalinschiefer und Turmalinquarzfelse sind am Auersberg besonders schön entwickelt.

Der Berg ist mit Fichtenwald bewachsen. An den Hängen gibt es Zeugnisse der ehemals 300 Bergwerke, die hier bestanden. Den ersten Turm auf der Kuppe ließ Kurfürst Johann Georg I. errichten. 1869 baute die Forstverwaltung einen neuen Turm, der 1907 durch den steinernen ersetzt wurde. Im gleichen Jahr errichtete der Erzgebirgsverein das Unterkunftshaus, das 1914 vergrößert werden mußte. Vom Aussichtsturm hat man einen Rundblick über das gesamte Erzgebirge.

Auersberg, Landschaftsschutzgebiet, Landkreis Aue und Schwarzenberg. Landschaftsschutzgebiet seit 1962, 1025 Hektar groß. Im wesentlichen Wassereinzugsgebiet für die Talsperre Sosa. Es ist eine wichtige Erholungslandschaft des oberen Westerzgebirges. Durch seine Höhenlage von 590 bis 1020 m ü. NN ist es in der Kammregion besonders schneesicher. Die einzigen Häuser im Landschaftsschutzgebiet sind Teile von Wildenthal, die Gebäude von Sauschwemme, an der Talsperre Sosa und auf dem Auersberg. Im Gebiet gibt es keine Industrie. Der Auersberg mit 1020 m ü. NN bildet sein Zentrum. Vom Westen gesehen, verläuft seine Begrenzung wie das Gebilde einer springenden Katze, wobei die Sosaer Talsperre mit ihrem Umfeld den Kopf darstellt, die Straßenführung von Eibenstock nach Johanngeorgenstadt den Unterleib. Wichtigster Verkehrsweg innerhalb des Gebietes ist die Auffahrtstraße zum Gipfel des

Auersberges. Auf ihm befindet sich ein Aussichtsturm und eine Gaststätte. Das abseits stehende Gebäude diente früher der Luftüberwachung.

Für das Gebiet sind charakteristisch die gerundeten Formen der Rumpflandschaft des veristischen Gebirges mit einem ausgeprägten Granitrelief. Steile Hänge sind selten und nur bei stark eingeschnittenen Gewässern anzutreffen. Als Teil des Eibenstocker Granitmassivs wird das Gebiet durch emporgequollene magmatische Gesteinsmassen gekennzeichnet. Der aufgetragene Phyllit ist verwittert und legte den mittelkörnigen Turmalingranit frei, der auf der Oberfläche häufig als Grus anzutreffen ist. Seit dem 15. Jahrhundert wurde im Gebiet rege Bergbau betrieben, seit dem 17. Jahrhundert Zinnseifen. Ein Hammerwerk in Wildenthal ist seit 1598 bekannt. Überwachsene Halden, verfallene Schürfe sind überall im Gebiet zu finden.

Westlich wird das Landschaftsschutzgebiet durch den Verlauf der Großen Bockau begrenzt, die zahlreiche rechtsseitige Zuflüsse hat.

Ein kleiner Teil der ostwärtigen Grenze wird von der Kleinen Bockau gebildet, die durch die Talsperre gestaut wird. Einen weiteren Zufluß erhält sie durch den Neudekker Bach. Die Wasserfläche der Talsperre liegt 638 m ü. NN, ist 36 Hektar groß und staut 6 Millionen Kubikmeter Wasser.

Etwa 1000 Hektar des Landschaftsschutzgebietes sind mit Wald bewachsen, der oberhalb von 900 m Höhenlage in einen montanen Fichtenwald übergeht. Die forstwirtschaftliche Nutzung innerhalb des Gebietes erstreckt sich lediglich auf Pflegemaßnahmen. Verhältnismäßig artenarm ist seine Fauna. Rot- und Rehwild kommen vor. Nordwestlich befindet sich das Naturschutzgebiet »Bockautal«. Die gesamte Landschaft bietet gute Wandermöglichkeiten. Das Gebiet ist ideal für Skiwanderer. Für Kraftfahrer gibt es an der Talsperre Sosa und in Wildenthal Parkmöglichkeiten.

Augustusburg – Sternmühlental, Landschaftsschutzgebiet, Landkreis Flöha, Chemnitz – Land, Stadtkreis Chemnitz. Landschaftsschutzgebiet seit 1968, 1487, 2 Hektar groß. Im wesentlichen Erholungsgebiet für die Bevölkerung von Chemnitz und Flöha, ostwärts von Chemnitz. Es umfaßt eine reizvolle Wald-, Fluß- und Bachlandschaft, überwiegend mit Nadelholz bestockt. In 300 bis 516 m Höhenlage herrscht gemäßigtes Mittelgebirgsklima vor. Die höchste

Erhebung des Gebietes sind die Augustusburg mit 516 m ü. NN und der Adelsberg, 508 m hoch. Umschlossen wird es von der vor 1206 gegründeten Burgsiedlung Augustusburg und von den als Waldhufendörfer gegründeten Siedlungen Erdmannsdorf, Hennersdorf und Kunnersdorf, ferner berührt es die Fluren Kleinolbersdorf und Euba.

Zu erreichen ist das Landschaftsschutzgebiet auf der Ortsverbindungsstraße Chemnitz oder Flöha – Erdmannsdorf. Mit der Eisenbahn befährt man die Linie Flöha – Bärenstein und verläßt in Erdmannsdorf – Augustusburg den Zug. Durch das Landschaftsschutzgebiet führt der Hauptwanderweg Heringsdorf – Ziegenrück, gekennzeichnet durch ein blaues Dreieck. Zu den Orten am Gebiet gibt es Busverbindungen.

Der Charakter der Landschaft wird geprägt durch das tief in den weiten Gebirgsrumpf eingesägte Zschopautal. Dabei entstanden unterschiedlich steile Gehänge mit teilweise ansehnlichen Felspartien. Die Zschopau ist das wichtigste fließende Gewässer. Sie hat als rechten Nebenfluß den Goldbach, Tiefen Graben u. a. Von links wird sie gespeist vom Dittmannsdorfer Bach und dem Schwarzbach des Sternmühlentales.

Die Höhen treten kaum auffällig hervor, ausgenommen der Vulkankegel der Augustusburg. Im wesentlichen liegt das Gebiet im Bereich des erzgebirgischen Schiefermantels. In den Nadelwäldern lebt vorwiegend Niederwild. Es gibt in ihnen eine artenreiche Vogelwelt.

Wichtigste Naturschutzdenkmale innerhalb des Landschaftsschutzgebietes sind die Augustusburger Schloßlinde, die 1421 gepflanzt worden sei und die Lotterlinde bei der Stadtkirche von 1567. Bedeutendstes Kulturdenkmal ist das Schloß Augustusburg aus den Jahren von 1568–1573. Auskunft über das Landschaftsschutzgebiet erteilen die Stadtverwaltung Augustusburg oder die jeweiligen Gemeindeverwaltungen.

Augustusburg, Landkreis Flöha, Die Stadt Augustusburg liegt begrenzt von den Flußtälern der Zschopau und Flöha am 516 m hohen Schellenberg, der das bekannte Renaissanceschloß Augustusburg trägt.

Von Chemnitz aus erreicht der Kraftfahrer Stadt und Schloß nach 13 km in südöstlicher Richtung über Erdmannsdorf. Erdmannsdorf-Augustusburg ist auch Bahnstation, von hier führt eine Drahtseilbahn (gebaut 1911) über eine Strecke von 1247 m und mit einem Höhenunterschied von 169 m zum Schloßberg. Busverbindungen nach Flöha, Schellenberg, Erdmannsdorf, Lengefeld, Eppendorf, Pokkau, Olbernhau und Chemnitz.

Die Stadt, die bis 1899 den Namen Schellenberg trug, entstand in der 2. Hälfte des 12. Jahrhunderts im Zusammenhang mit dem Bau der Schellenburg durch den Reichsministerialen von Schellenberg. Erste urkundliche Erwähnung 1206 als Shellenberc. Stadtrecht seit 1564. Schellenberg war Bergstadt, später entwickelte sich das Textilgewerbe. 1866 gab es hier rund 200 Weber. Heute ist die Stadt vor allem als Ausflugsziel aus dem nahen Chemnitz und als Ferienort bekannt.

Sehenswürdigkeiten sind die Renaissanceportale an den Häusern Schloßstraße Nr. 7, an der Hofseite Markt 1 und am Hotel »Weißer Hirsch«. Fachwerkbauten aus dem 17. Jahrhundert sind die Apotheke Schloßstraße 6 und das Haus Enge Gasse Nr. 10 mit einfachen und geschweiften Andreaskreuzen. Eine städtebauliche Eigenheit sind die sogenannten Heisten, dabei handelt es sich um geböschte Geländestufen oder Mauern, die terrassenartig vor den Häusern liegen. Die Stadtkirche St. Petri wurde zwischen 1840 und 1845 von Christian Friedrich Uhlig errichtet. Der Vorgängerbau aus dem Mittelalter fiel 1831 einem Brand zum Opfer. St. Petri ist ein klassizistischer Bau mit Dreiecksgiebeln an den Schmalseiten, an den Langseiten Mittelrisalite, die mit Dreiecksgiebeln abgeschlossen werden, rundbogige Fenster in zwei Geschossen. Nach erneutem Brand, Wiederaufbau 1896, Ausbau und architektonische Elemente des Neubarock. – Sehenswert auch das Lehngericht genannte Gebäude am Markt, zeitweilig als Rathaus genutzt, der Lotterhof (Kirchplatz 2), den 1568 Hieronymus Lotter errichtete, ursprüngliche Form seit 1709 nicht mehr vorhanden. Bärengartenhaus unterhalb des Schlosses von 1794, wurde auf den Fundamenten des ehemaligen Bärenzwingers, der zum Schloß gehörte, errichtet. Am Schloßberg ein Steinblock mit Halseisen, Pranger, der auf die Gerichtsbarkeit hindeutet. Wichtigstes Bauwerk ist das Schloß Augustusburg.

Ursprünglich stand auf dem Porphyrkegel des Schellenberges die mittelalterliche Schellenburg. Es gibt die Vermutung, daß es hier einen noch früher zu datierenden Burgbau gab. 1528 und 1547 zerstörten Brände die Schellenburg. 1567 beschloß Kurfürst August I. von Sachsen (1526–1586) den Bau eines monumentalen Jagd- und Lustschlosses. Er beauftragte Hieronymus Lotter (s. d.) mit der Bauleitung. Nach anhaltenden Streitigkeiten zwischen August und Lotter wurde der Baumeister 1572, kurz vor der Vollendung des Baus, entlassen. Einweihung am 30. Jan. 1572. Unter August dem Starken (1694 bis 1733) verlor das Schloß immer mehr seine Bedeutung, um 1800 starke Baufälligkeit, Veränderung des gesamten Dachgeschosses.

Das Besondere der Augustusburg liegt darin, daß hier ein Renaissancebau nicht als Erweiterung oder Umbau einer alten Schloß- oder Burganlage entstand, sondern aus einer einheitlichen Konzeption entwickelt wurde. Die Gesamtanlage ist symmetrisch konzipiert. Im Äußeren dominieren festungsartige Fronten, im Hof die vier quadratischen Eckhäuser: Sommer-, Linden-, Hasen- und Küchenhaus. Im Norden führt eine steinerne Brücke über einen Graben zum Torhaus, im Süden liegen die Stallungen und Wirtschaftsgebäude. Hier befindet sich auch im Hof das Brunnenhaus. Lindenhaus: neben 1492 gepflanzter Linde, früher Wohnhaus der kurfürstlichen Familie, seit dem Umbau um 1800 kostbare Ausgestaltung nicht mehr vorhanden, heute Büro- und Lagerräume. Sommerhaus heute mit Gaststätte und Jugendherberge. Wappentor an der Südseite des Schloßhofes, daneben Glockenturm mit Glocke von 1734. Hasenhaus heute Museum für Jagdtier- und Vogelkunde des Erzgebirges. Hasensaal mit Bildern des Dresdner Hofmalers Heinrich Göding von 1572 heute restauriert, von den ursprünglich 94 Bildern sind nur noch 25 erhalten. Im Küchenhaus befindet sich jetzt das Deutsche Zweitakt-Motorrad-Museum. Zwischen Küchen- und Lindenhaus: Schloßkapelle, mit Altar (1571) von Schreckenfuchs aus Salzburg. Altargemälde mit kurfürstlicher Stifterfamilie in Anbetung des Gekreuzigten von Lucas Cranach dem Jüngeren. Im Stallhof Kutschensammlung aus Beständen des Dresdner Hofes. Brunnenhaus mit 170 m tiefem Brunnen, der in siebenjähriger Arbeit geschaffen wurde. Heutiger Brunnenhausbau von 1831 mit Göpelwerk.
Auskünfte über Stadt und Schloß: Schloßverwaltung. Führungen im Schloß täglich zwischen 8 bis 12 und 13 bis 16.30 Uhr.

Bach, Carl von, Maschinenbauer, Erfinder, Hochschullehrer. Geboren wurde er am 8. März 1847 in Stollberg als Sohn eines Sattlers und Wagenbaumeisters. Nach der Lehre als

Schlosser arbeitete er als Geselle bei der Maschinenbaufirma Hartmann in Chemnitz. Neben seiner Berufsarbeit studierte er an der Chemnitzer Höheren Gewerbeschule, mußte aber aus finanziellen Gründen in die Werkmeisterklasse überwechseln. Dort schloß er sein Studium mit hervorragenden Ergebnissen ab. Ein Darlehen ermöglichte ihm das Studium am Dresdener Polytechnikum. Danach war er Assistent an der Technischen Hochschule Stuttgart, bevor er in Betrieben in der Schweiz, in England und Österreich arbeitete. An der Technischen Hochschule Karlsruhe erwarb er das Diplom.

Carl Bach wurde im Jahre 1878 ordentlicher Professor für Maschineningenieurwesen an der Technischen Hochschule Stuttgart. In seiner weiteren wissenschaftlichen Laufbahn widmete er sich vor allem dem Gebiet der Maschinenelemente und der Dampfanlagen. Er setzte sich für eine strenge Wissenschaftlichkeit des Maschinenwesens ein und wirkte bahnbrechend auf dem Gebiet der Materialprüfung. Hier schuf er wissenschaftlich gesicherte Grundlagen für die Elastizitäts- und Festigkeitslehre als Erfahrungswissenschaft. Von ihm stammt die Bach'sche Belastungstafel für die zuverlässige Beanspruchung des Materials. Seine wissenschaftlichen Erkenntnisse legte er in 337 Publikationen dar. Er war mit Graf Zeppelin befreundet und gilt als Förderer dessen Vorhaben.

Für sein wissenschaftliches Werk erhielt er hohe Auszeichnungen, wurde zum württembergischen Staatsrat ernannt und geadelt. Seine Geburtsstadt ernannte ihn zum Ehrenbürger. Er starb am 10. Oktober 1931 hochbetagt in seiner Wahlheimat Stuttgart. An seinem Geburtshaus in Stollberg ist eine Gedenktafel angebracht.

Bärenburg, Landkreis Dippoldiswalde. Der idyllische Kurort liegt etwa 18 km südostwärts der Kreisstadt. Er besteht aus den Ortsteilen Oberbärenburg in 750 m Höhenlage und Waldbärenburg, 600 m hoch gelegen, am Talrand der Weißeritz. Beide Ortsteile sind völlig von Wald umgeben. Sie liegen zwischen der 755 m hohen Tellkoppe der 787 m hohen Klinge.

Zu erreichen ist der Kurort auf der B 170, die von Dresden zum Grenzübergangspunkt Zinnwald führt. Die Straße berührt Waldbärenburg. Dicht dahinter biegt man links von der Straße ab, will man nach Oberbärenburg. Ein Parkplatz ist am Ortseingang. Mit der Eisenbahn gelangt man zum Ziel auf der Linie Freital/Hainsberg – Kurort Kipsdorf. Von dort sind es 1,5 km Fußweg. Taxis stehen am Bahnhof bereit. Es besteht auch Busverbindung.

Die beiden Siedlungen gehören zu den Spätgründungen des Osterzgebirges. Sie haben ihren Ursprung in dem von Christoph von Bärenstein gegründeten Vorwerk »Neubau«, aus dem 1597 ein Rittergut wurde. Die sich nahe dem Gut ansiedelnden Guts- und Waldarbeiter gründeten die Dörfer. Neben der Beschäftigung im Gut und Wald, lebten die Bewohner bescheiden von der Landwirtschaft. Aufschwung kam, als die Eisenbahnlinie bis Kipsdorf entstand. Dadurch wurde der Ort für den Fremdenverkehr erschlossen. 1911 entstand, gewissermaßen als Keimzelle, das Hotel »Friedrichshöhe«, Villen und Pensionen folgten. Aus den abgeschiedenen Waldsiedlungen wurde ein gernbesuchter Kurort. Ortsnahe gibt es ideales Skigelände für Anfänger und Fortgeschrittene, eine Rodelbahn, Slalom- und Abfahrtsstrecke. Vom Kurort aus lassen sich interessante Wanderungen und Skitouren unternehmen.
Auskunft über den Ort, seine Umgebung und den Nachweis von Zimmern erteilt die Kurverwaltung.

Bärenfels, Landkreis Dippoldiswalde. Der Ort, einer der drei osterzgebirgischen Kurorte, liegt 16 km südlich der Kreisstadt entfernt von Wald umschlossen auf einer Hochfläche 700 ü. NN. Flankiert wird der Ort von der Tellkoppe, 757 m und der Stephanshöhe, 804 m hoch.

Zu erreichen ist der Kurort auf der B 170, die von Dresden zum Grenzübergangspunkt Zinnwald führt. Dicht hinter dem Kurort Kipsdorf biegt man rechts ab und gelangt auf der Ortsverbindungsstraße zum Ziel. Mit der Eisenbahn fährt man auf der Linie Freital/Hainsberg – Kurort Kipsdorf bis zur Endstation. Von dort sind es bis nach Bärenfels 1,5 km Fußweg. Am Bahnhof stehen Taxis bereit. Zum Ort gibt es Busverbindung.

Bärenfels ist eine der vielen Spätgründungen im Osterzgebirge. Sie ging aus einem 1509 auf Rodeland gebauten Gutshof hervor. Der Ort wurde nach dem Wappentier des Gutsherren von Bernstein auf Schloß Bärenstein bezeichnet. 1617 wurde das »Jagdhaus Bärenfels« als Sitz eines Oberforstmeisters erwähnt, zu dem 10 Feuerstellen gehörten, bewohnt von Waldleuten. Aufschwung in den Ort kam, nach der Fertigstellung der Eisenbahnlinie bis Kipsdorf. Durch die Waldlage und das ausgeprägte Mittelgebirgsklima wurde der Ort für den Fremdenverkehr entdeckt und avancierte zum Kurort.

Bärenfels war die Wirkungsstätte des Oberforstmeisters Hermann Krutzsch, des Begründers der vorratspfleglichen Waldwirtschaft. An der Böhmischen Straße wurde ihm ein Denkmal gesetzt. Im Bärenfelser Kurpark befindet sich ein Glockenspiel mit Meißener Porzellanglocken, ein Geschenk der Staatlichen Porzellanmanufaktur Meißen an den Ort aus dem Jahre 1947. Ortsnahe hat Bärenfels ideales Skigelände. Auskunft über den Ort und seine Umgebung und Zimmernachweis erteilt die Kurverwaltung.

Bärenstein, Landkreis Annaberg. Zur Gemeinde gehören die Ortsteile Kühberg und Stahlberg.

Straßenverbindung: Von Chemnitz über die B 95 in Richtung Oberwiesenthal. Bahnverbindung von Chemnitz über Annaberg-Buchholz, von Zwickau über Aue-Schwarzenberg. Busverbindungen in verschiedene Richtungen.

Der Ort liegt am Fuße des gleichnamigen Berges im Tal des Pöhlabaches, der hier die Grenze zur ČSFR bildet. Unmittelbar jenseits der Grenze liegt die Stadt Weipert (Vejprty). Nahezu drei Kilometer streckt sich Bärenstein an der Straße Annaberg-Oberwiesenthal, Entfernung von Annaberg-Buchholz: neun Kilometer, von Oberwiesenthal: zehn Kilometer. Ortsmitte in einer Höhenlage von 705 m über NN.

Wahrscheinlich liegt der Ursprung des Ortes in einer Ansiedlung von Bergleuten und Waldarbeitern um 1500, die lange der Stadt Annaberg unterstand. 1551 wird sie als »ahm Bernsteyn« bezeichnet. Nach 1627 kamen böhmische Exilanten, die auch die Orte Stahlberg und Niederschlag gründeten. Mit dem Nachlassen des Bergbaus entwickelten sich verschiedene Gewerbe: Spitzenklöppelei, Bortenwirkerei und Posamentenindustrie. Später Textilindustrie und andere Gewerbe. Nach dem 2. Weltkrieg für einige Jahre Uranbergbau durch die SDAG Wismut. In der Landwirtschaft dominiert Weide- und Viehwirtschaft.

Beherrscht wird das Landschaftsbild durch den 898 m hohen Bärenstein, einen Tafelberg aus Nephelinbasalt, dessen Absonderungen plumpe Säulen darstellen. Der Berg hat vorspringende Aussichtsfelsen, einen Aussichtsturm, er ist von Buchen-, Fichten- und Tannenmischwald bestanden (auch Biotop seltener Gebirgspflanzen). Bärenstein ist Erholungsort mit jährlich mehr als 10 000 Feriengästen.

Zu den Sehenswürdigkeiten gehört die 1655 geweihte Erlöserkirche. Schmale Fenster gliedern den mit einem schiefergedeckten Walmdach auf starken Mauern gegründeten Bau, der sich über dem Tal in der Südostecke des Friedhofes befindet. Den Dachreiter krönt eine Barocklaterne. Das Innere Saal mit flacher Decke und doppelten Emporen. Klassizistischer Kanzelaltar. Großes barockes Deckengemälde. – Sehenswert sind auch der Basaltbruch am Bärenstein, der Postmeilenstein an der Alten Annaberger Straße zwischen Kühberg und Bärenstein. – In der Nähe Talsperre Cranzahl, erbaut 1948/51, dient der Trinkwasserversorgung.

Ortsteil Kühberg steigt vom Pöhlbach bis nach Königslust auf ca. 1000 Meter um 100 Meter an. Ursprünglich Siedlung von Bergleuten und Waldarbeitern, Abbau von Eisenerz schon im 15. Jahrhundert. Die Bahnlinie Annaberg-Bärenstein mit Haltepunkt Kühberg durchquert die Siedlung.

Stahlberg, seit 1896 Ortsteil von Bärenstein, alter Waldort, der 1557 im Zusammenhang mit der Pechnutzung genannt wird. 1622 wurde am Stahlberg auf Zinnerz geschürft. Der Stahlberg lieferte Brenn- und Bauholz, Grubenholz für Bergwerke.

Auskünfte und Ferienzimmervermittlung: Gemeindeverwaltung.

Bärenstein, Landschaftsschutzgebiet, Landkreis Annaberg. Landschaftsschutzgebiet seit 1962, 259 Hektar groß, westlich vom Ort Bärenstein in 700–898 m Höhenlage. Mittelpunkt des Gebietes ist einer der charakteristischen Basaltberge, die dem hohen westlichen Erzgebirge vorgelagert sind. Der Berg wurde als Härtling durch die Reliefumkehrung aus der Abtragungsfläche herausmodelliert. Seine Kuppe ist abgeflacht, die Flanken steigen steil an.

Zu erreichen ist das Landschaftsschutzgebiet auf der B 95, die von Chemnitz kommend zum Grenzübergangspunkt Oberwiesenthal führt und in Bärenstein das Gebiet nahezu berührt. Will man das Ziel mit der Eisenbahn erreichen, benutzt man die Linie Chemnitz – Bärenstein bis zur Endstation. Es besteht Busverbindung.

Das Gebiet ist mit geschlossenem Nadelwald bewachsen. In ihm leben Hoch-, Reh-, Schwarz- und Niederwild, zahlreiche Sing- und Greifvögel. Westlich von Bärenstein befindet sich die von 1948/51 erbaute Trinkwassertalsperre, die durch Erdaufschüttungen, den Lampertusbach staut.

Im Gebiet herrscht ein niederschlagsreiches Mittelgebirgsklima. Das Landschaftsschutzgebiet eignet sich vorzüglich zum Wandern und Skilaufen. Am Westrand befindet sich eine Sprungschanze, auf dem Bergplateau kann man in einer Gaststätte rasten. Vom Aussichtsturm bietet sich ein schöner Weitblick. Der in den Wald eingebettete Stausee mit dem hochaufragenden Bärenstein gilt als landschaftliche Schönheit.
Auskunft über das Landschaftsschutzgebiet und Quartiernachweis erhält man durch die Gemeindeverwaltung Bärenstein.

Bärenstein, Landkreis Dippoldiswalde. Der Ort liegt ca. 20 km südostwärts der Kreisstadt an der Müglitz zwischen der Sachsenhöhe (632 m ü. NN), Kesselhöhe (655 m ü. NN) und der Börnichner Höhe (582 m ü. NN). Das Ortsbild wird wesentlich geprägt durch das Schloß Bärenstein.

Zu erreichen ist der Ort auf der B 170, die von Dresden zum Grenzübergangspunkt Zinnwald führt. Von ihr biegt man in Altenberg links ab und fährt über Geising. Mit der Eisenbahn befährt man die Strecke Heidenau – Altenberg und erreicht nach 25 km den Zielbahnhof »Bärenstein (b. Glashütte/Sachs.)«. Es besteht Busverbindung.

Aus einer Ansiedlung ging Ende des 12. Jahrhunderts das Schloß Bärenstein hervor. Es war der Sitz eines gleichnamigen Adelsgeschlechtes. Zur Besitzung gehörte ein großer Wald, er war der wichtigste Teil des Ritterlehens. In ihm gab es frühzeitig Bergbau auf Eisenstein und mehrere Hammerwerke. Erste Zinnfunde um 1400. Zinnerzbergbau im festen Gestein wird seit 1436/40 betrieben. Aus den Bergbaugewinnen konnte sich die Burg, »das Schloß Bernstein« entwickeln. Durch Zukauf zwischen 1462/65 vergrößerte sich das Ritterlehen. Und 1501 begann Hans von Bärenstein am Schloß das Städtlein anzulegen, das aus dem großen Marktplatz, mit einem Rathaus in der Mitte, und einigen Häusern bestand. Zu der Zeit hieß es »Naustettlin Bernstein«, Neustädtlein Bärenstein, um es vom Dorf Bärenstein zu unterscheiden. Mit Stadtrechten wurde der Ort Anfang des 16. Jahrhunderts ausgestattet. Bis zur Eingemeindung des Dorfes im Jahre 1926, war Bärenstein die kleinste Stadt Sachsens, aber Sitz eines herrschaftlichen Amtes.

Georg Baumgarten.

Baumgarten, Georg, Forstmann, Erfinder des ersten lenkbaren Luftschiffs. Geboren wurde er am 21. Januar 1837 in Johanngeorgenstadt als Sohn eines Zollgrenzaufsehers. Auf der Dreikönigsschule in Dresden erwarb er die Voraussetzungen, um von 1857 bis 1859 die Forstakademie in Tharandt besuchen zu können. Erfolgreich das Studium beendet, wurde er Forstgehilfe auf dem Augustusburger Revier. 1866 war er Förster in Borstendorf und dann in Rossau. Die Oberförsterei Pleißa übernahm er 1869, und nach dem Krieg von 1870/71 die von Grüna. In geistiger Umnachtung starb er am 23. Juni 1884 in Colditz. – Ein Leben lang verfolgte Baumgarten die Idee, ein lenkbares Luftschiff zu bauen und zu betreiben. Dazu hatte er im Verlauf der Jahre acht Patente angemeldet. Bereits in seinen ersten beiden Anmeldungen von 1879 und 1881 nennt er seinen Versuchsballon »Flügelluftschiff mit Lenkvorrichtung«. Die weiteren Patente befassen sich mit Neuerungen an diesen Luftschiffen und an den Wendeflügeln. Obwohl finanziell dazu kaum in der Lage, baute er die Luftschiffe nach den eigenen Plänen. Flugversuche machte er damit 1879 in Grüna, 1880 bei Leipzig, 1881 bei Chemnitz und 1882 in Berlin. Diese erfolgreichen Unternehmungen führten 1881 in Berlin zur Gründung des »Vereins zur Förderung der Luftschiffahrt«. Von den drei Luftschifftypen, die Baumgarten entwickelte, glich der zweite dem späteren Zeppelin-Typ.

Berghabit, Das Standesbewußtsein der sächsischen Erzbergleute äußert sich in der Festtracht, dem »Berghabit« oder »Festwichs«. Vom Obersteiger abwärts haben alle vor

Ort arbeitenden Bergleute schwarze Grubenkittel, gelbe oder weiße Kniebundhosen und in der Regel weiße Strümpfe. Die Grubenkittel sind mit goldfarbenen Knöpfen besetzt, auf denen die Initialien des Bergbaus aufgeprägt sind. Sie tragen Bergleder und Kniebügel. Tscherperscheide und Grubenmesser stehen nur Steigern und Häuern zu. Besondere Rangabzeichen der Steiger sind Schachthutbortierung, weiße Halskrause und das Berghäckel, das sie bei Paraden und Aufzügen in der Hand führen. Die Häuer tragen dafür die geschulterte Barte. Sie steht dem Berggesellen nicht zu. Sie gehen mit einem Stock, den sie sonntags mit bunten Bändern schmücken. Auch andere im Bergwesen Beschäftigte wollen durch ihre Tracht ihre Verrichtung und Stellung ausdrücken, wie die Bergschmiede, Zimmerer, Maurer. Die über Tage oder in bergmännischen Nebenbetrieben Arbeitenden, schließen sich davon nicht aus, wie die Schwefelhütten- und Blaufarbenwerker oder Hammerschmiede, um Beispiele zu nennen. Die Vielfalt der bergmännischen Standeskleidung wird bei den Aufzügen der Bergbrüderschaften und Bergknappschaften deutlich. Hier bilden die einzelnen Berufsgruppen im Gefüge der Bergreviere eigene Marschabteilungen.

Bergmannshaus, Bergleute, die nicht wie Steiger oder Hutmänner, im Huthaus wohnten, bauten sich ihr Haus selbst. Das Erdgeschoß besteht aus Bruch- oder Lesesteinen, zuweilen auch mit Umgebinde versehen. Darauf sitzt ein steiles, hohes Dach, das auffällig ein Stück vorkragt. Zum Schutz gegen Wind und Wetter ist der Fachwerkgiebel mit Brettern, Schiefer oder Schindeln beschlagen. Unter dem Dach befinden sich die Schlafstätten und das Lager für Heu und Stroh, das durch die Heuluke über der Haustür beschickt wird. Als Bedeckung des Dachs dienen Schiefer, Schindeln oder Bleche. Der Haustür vorgelagert ist als Windfang das Vorhäuschen. Der Hausflur, mit Schieferplatten ausgelegt, dient zugleich als Wasch- oder Futterküche. Das Kellerloch wird durch eine Falltüre verwahrt. Über die Hintertür gelangt man zum Wasserhaus, Holzplatz und Schuppen. Durch eine Seitentür erreicht man vom Flur aus die »Große Stube« mit vier Fenstern. In ihr steht ein mehrstöckiger gußeiserner Ofen. An der Giebelseite des Hauses befindet sich die Dungstätte. Sie ist durch ein Mistloch mit dem Stall verbunden. Darüber befindet sich in einem kleinen Anbau der Abort, »Freischwinger« genannt. Die Fenster des Bergmannshauses werden bei anbrechender Dunkelheit mit Läden verschlossen. Nahe des Hauses steht meist ein Vogelbeerbaum. Unter dem Schleppdach des Bergmannshauses befindet sich der Stall.

Bergparade, Bei festlichen Anlässen formierten sich die erzgebirgischen Bergleute zu Bergaufzügen oder Paraden. Es gab eine streng geordnete Reihenfolge, entsprechend der Bedeutung des Standes im Bergwesen. Den Zug eröffnete der Oberberghauptmann zu Pferde, mit Säbel und Steigerhäckchen. Obersteiger und Steiger begleiteten die Bergfahne, die der älteste Steiger tragen durfte. Ihm folgten die Berghandwerker, die Bergschmiede, Maurer und Zimmerlinge. Sie waren an den handwerklichen Abzeichen zu erkennen, wie Hämmer, Kellen, Zimmermannsbeile und trugen Schurzfelle. Danach folgten die Berghoboisten, geführt vom Musikmeister, dem die Kesselpauken folgten, von zwei kräftigen Grubenjungen getragen. Die Bergmusiker verwendeten Blech- und Holzblasinstrumente. Der folgende Häuerzug wurde von Obersteigern und Steigern angeführt. Die Häuer trugen die Bergbarte geschultert. Nach den Fahnen folgten die Hüttenleute und Blaufarbenwerker. Sie führten statt der Bergbarte Holzlöffel mit, Rührgeräte, die bei der Schmelzarbeit nötig waren. Den Schluß bildeten die sog. »Drackiten«, sie trugen Arbeitskleidung mit Filzhüten statt der Grubenmützen, auf der Brust die Grubenblende, in der Hand den Gehstock, das sind die ungelernten Hilfsarbeiter, wie Haspelzieher und Karrenläufer. Ihnen schließen sich bergfertige Bergleute an, Invaliden und Rentner in schwarzem Zeug. Den Schluß der Bergparade bildeten die Grubenjungen, die »Stacklegunge«, geführt vom jüngsten Steiger. Heute werden nur noch Bergaufzüge durchgeführt, ihre Träger sind die »Erzgebirgischen Bergbrüderschaften«.

Bermsgrün, Landkreis Schwarzenberg. Mit dem Ortsteil Jägerhaus. Bäuerliche Landgemeinde und Wohnsiedlung. Sie liegt am Westhang des Schwarzwassertales und auf der geneigten Hochfläche zwischen Rockelmann (581 m ü. NN) und Hohe Henne (732 m ü. NN) in etwa 550 m Höhenlage. Bermsgrün ist ohne Industrie und schließt sich unmittelbar an die nördlich liegende Kreisstadt an.

Zu erreichen ist der Ort auf der Autobahn Dresden – Plauen, Ausfahrt Stollberg. Von hier aus benutzt man die B 169 bis Aue, die B 101 bis Schwarzenberg und biegt im

Bergparade in Schneeberg.

Stadtteil Neuwelt rechts ab auf die Ortsverbindungsstraße oder man fährt von Schwarzenberg in Richtung Johanngeorgenstadt um von Erla aus, nach Überqueren von Bahnlinie und Schwarzwasser, den Ort zu erreichen. Einen Eisenbahnanschluß hat Bermsgrün nicht. Der nächste Bahnhof ist Erla an der Linie Leipzig, bzw. Zwickau – Johanngeorgenstadt. Zum Ort besteht Busverbindung.

Wann Bermsgrün angelegt wurde, bleibt unbestimmt. Der Ort gehörte von Anfang an zur Herrschaft Schwarzenberg. Er wurde als doppelseitiges Waldhufendorf gegründet. 1448 heißt er »Bermeßgrün« und 1536 »Bermaßgrün«. Abgeleitet ist der Name von »Bermann«, einem Locator, dem die vor allem im Vogtland übliche Beifügung »grün« angehängt wurde, die für »Rodung« steht. Typisch für die Siedlung sind »Räume«, in den Wald getriebene Rodeflächen. 1568 gab es davon 9, die oft weit vom Dorf entfernt lagen. Da viele Bewohner Holzfäller, Hammerschmiede, Bergleute waren, Landwirtschaft nur nebenbei betrieben, bildeten sich Halbbauern heraus. Lindner bemerkt 1848: »Die ganze Bevölkerung besteht aus Bauern, welche den Hammerwerken Eisenstein, Flöße, Kohlen und andere Bedürfnisse zuführen und nebenbei ihre Felder bestellen... «
Bis heute haben sich viele der kleinen Dreiseithöfe erhalten.

Auf der 1642 begonnenen Bergwerksanlage »Himmelfahrt Tiefer Erbstollen« wurde über 150 Jahre lang gefördert, um 1791 hauptsächlich Roteisenstein und Roter Glaskopf. Abgesehen vom kurzfristigen Aufleben des Uranerzbergbaus nach 1945, betrieb man auf Bermsgrüner Flur den Bergbau bis um 1864. Über die Zeiten hinweg arbeiteten viele Bewohner im nahen Erlahammer und Walzwerk, und heute im Eisenwerk Erla.

Der Ortsteil Jägerhaus, auf einer großen Waldlichtung in 780 m ü. NN, liegt 5 km westlich der Hauptgemeinde. Er besteht aus wenigen Häusern mit einer Gaststätte und ist völlig von Wald umschlossen. Das erste Haus entstand vermutlich nach dem Erlaß der Holzordnung von 1560 als Wohnung für einen Forstknecht. Seit 1694 ist Bierausschank gestattet. Wilhelm von Holstein zog sich 1699 hierher zurück und starb 1711.

Das von Bermsgrün aus westlich auf der Höhe stehende Arbeiterheim wurde von 1928 bis 1932 unter großen Opfern von Arbeitslosen errichtet. Von Bermsgrün aus gelangt man auf Wanderwegen zur Morgenleithe, am sagenumwitterten Stein vorüber, im Volksmund »Weiße Frau« geheißen, der an die Forstvermessung von 1786–1794 erinnert.

Bermsgrün wurde bekannt durch seine Traditionen im Klöppeln und Schnitzen (Eine kleine Privatsammlung von Schnitzereien ist im Haus von H. Schmidt zu besichtigen). Um die Weihnachtszeit sind im Ort mehrere Ortspyramiden aufgestellt. Die Hänge eignen sich vorzüglich für den Wintersport.
Auskunft über den Ort und Nachweis von Fremdenzimmern erteilt die Gemeindeverwaltung.

Blauenthal, Landkreis Aue (mit Ortsteilen Wolfsgrün und Neidhardtsthal). Gemeinde am Ausgang des Tales der Großen Bockau ins Muldental, mittlere Höhenlage 470 m ü. NN.

Der Kraftfahrer erreicht den Ort auf der Bundesautobahn 7 über die Abfahrten Stollberg oder Hartenstein, dann weiter über Aue Richtung Eibenstock. Bahnverbindung an der Strecke Aue-Eibenstock-Adorf. Busverbindungen nach Aue, Sosa, Eibenstock, Schwarzenberg, Schneeberg.

Ortsname nach Andreas Blau aus Nürnberg, der 1533 die hier gelegene Mahl- und Brettmühle kaufte und ein Hammerwerk errichtete. Blau war ein bedeutender Zinnverleger, der im Erzgebirge mehrere Hammerwerke anlegte, Gründer der »Neuen Gesellschaft des Blechhandels«. Von den Nachkommen wurden Hammerwerk und Mühle verkauft. 1677 Bau des Herrenhauses Blauenthal mit frühbarockem Holzportal. Nach Erlöschen der Hammerwerkstätigkeit Holz- und Papierindustrie. Mit dem Bahnanschluß 1875 Zunahme des Tourismus.

Wolfsgrün, 1937 eingemeindet, ist ebenfalls eine Gründung von Andreas Blau, Hammerherrenhaus von 1654. Neidhardtsthal 1939 teilweise eingemeindet (der andere Teil kam an Hundshübel), zwei Hammerwerke »Schwefelhütten« genannt, da aus Pyrit neben Eisen auch Schwefel geschmolzen wurde.

Das landschaftlich reizvolle Gebiet mit weiten Waldungen und Bergen (Gerstenberg 642 m , Hainberg 623 m), ist Ausgangspunkt für Wanderungen ins Auersberggebiet und an die Talsperre Muldenhammer (s. Eibenstock), er entwickelte sich zu einem viel besuchten Feriengebiet.
Auskünfte: Gemeindeverwaltung

Bleigießen, Ein über ganz Deutschland verbreiteter, jedoch im Erzgebirge und Vogtland besonders bodenständiger Weihnachts- und Silvesterbrauch. Das alterzgebirgische Heiligabendlied beginnt mit:

»Heit is dr Heil'ge Obnd, ihr Maad
kummt rei, mer gießen Blei...«

Man gießt geschmolzenes Zinn oder Blei in eine mit Wasser gefüllte Schüssel, um aus den sich daraus ergebenden Gebilden die Zukunft ausdeuten zu können. Die Wirkungsweise wird erhöht, wenn dies durch den Kamm eines Kreuzschlüssels, Griff eines Erbschlüssels oder aus einem Erblöffel durch einen Erbschlüssel in eine Erbschüssel erfolgt. So bedeuten Sterne Glück, Kreuze Leiden, Blätter reiche Früchte, Männchen- oder Sackformen Reichtum. Aus Buchstaben will man den Vornamen des künftigen Freiers erraten oder aus anderen Figuren seinen Beruf. Nägel deuten auf einen Schmied hin oder Zimmermann, Gabel oder Sense auf einen Bauern, Hund auf einen Fleischer oder Jäger, Federn auf einen Schulmeister. – Das Bleigießen spielte im Mittelalter eine verhängnisvolle Rolle als Mittel der Hexenerkennung. Kirchlicherseits wurde es den Christen als böse Zauberei untersagt. Heute ist das Bleigießen eine scherzhafte Unterhaltung am Weihnachts- oder Silvesterheiligabend.

Bockau, Landkreis Aue. Staatlich anerkannter Erholungsort, ca. 10 km südlich der Kreisstadt, in einer Mulde des Dorfbaches gelegen. Die Ortsmitte liegt etwa 500 m ü. NN. Den Ort umgebende Höhen steigen bis über 800 m an.

Zu erreichen ist Bockau auf der Autobahn Dresden – Plauen, Abfahrt Stollberg. Von hier aus befährt man die B 169 in Richtung Aue, die man auf der Auer Marktkreuzung verläßt und rechts abbiegend die Landstraße nach Eibenstock benutzt. Die Straße berührt den unteren Ortsausgang von Bockau. Der Ort hat Eisenbahnanschluß an der Linie 404 Chemnitz – Blauenthal und Busverbindungen.

Angelegt wurde Bockau als Waldhufendorf um 1200 von fränkischen Bauern. Der Ortsname läßt sich vom slawischen Begriff »buk« herleiten, was »Rotbuche« heißt, »bukowy« also »Buchenwasser«. Auch könnte er vom Gründer der Siedlung stammen, also »Aue des Bucco«. Der Bock im Gemeindewappen ist irreführend. Er geht auf die Sage zurück, daß ein entlaufener Ziegenbock wertvolle Arzneikräuter auf der Weide entdeckte, die dem Ort einigen Wohlstand brachten. 1470 heißt der Ort »Bockaw«, 1534 »Von der Buckaw«, 1820 noch »Buckau«. Im 16. Jahrhundert hatte der Ort 25 Güter. Die Bauern waren fronpflichtig der Herrschaft in Schwarzenberg. 50 Männer arbeiteten im Bergbau, der sich immer mehr entwickelte. Geschürft wurde auf Blei, Silber, Wismut, Kobalt. 1730 wurde an der Morgenleithe Schmirgel abgebaut. Die Fundgrube »Gelbe Birke« am Ochsenkopf lieferte Gelberde (Ocker). Von 1725 bis 1732 brachte die Fundgrube »Käsebarbara« Weiße Erde (Kaolin) für die Meißener Porzellanmanufaktur zu Tage. Topase fanden sich in der Fundgrube »Weinstock«. Der allmählich untergegangene Bergbau wurde nach 1945 mit der Suche nach Uranpechblende nochmals für kurze Zeit aufbewältigt.

Frühzeitig begannen die Bockauer Bauern Arzneipflanzen anzubauen. Seit dem 16. Jahrhundert ist der feldmäßige Anbau von Angelika bekannt. In Laboratorien bereiteten Laienapotheker Arzneimittel, die vor allem Wanderhändler vertrieben, bis Anfang des 18. Jahrhunderts der Wanderhandel verboten wurde.

Das Ensemble von Kirche und Pfarrhaus stammt aus dem Jahre 1700. Der 41 Meter hohe Kirchturm wurde 1719 bis 1722 errichtet. Etwa 3 Kilometer, nach steilem Aufstieg, erreicht man das Naturschutzgebiet Conradswiese. Hier findet sich der Restbestand eines Tannen-, Fichten-, Laubholz-

Altbestandes. Vom an der Mulde liegenden und zu Albernau gehörenden »Rechenhaus« führt der Floßgraben ab. Er wurde 1556 bis 1559 für die Holzflöße zu den Schneeberger Gruben gebaut. Als Geologisches Naturdenkmal bekannt, ist die Kontaktzone 100 Meter oberhalb des letzten Auer Granitbruchs. Hier haben sich Phyllit mit Granit im Felsblock verbunden. An einem an der Straße liegenden Felsen ist eine Tafel angebracht mit der Aufschrift: »Hier ruhen Vulkan und Neptun im Granit als Hammerschmied.«

Beliebte Ausflugsziele von Bockau aus sind die Conradswiese, Morgenleithe, Talsperre Sosa, »Kanzel« bei Albernau und das Jägerhaus am Ochsenkopf. In Bockau lebte der Bergmannsdichter Michael Bauer (1662–1745).

Von Bockau aus führen gutmarkierte Wanderwege durch Fichtenwälder, die sich auch zum Skiwandern eignen. Um den Ort herum gibt es ideales Skigelände. Der Ort verfügt über eine Kegelbahn, ein Freibad, eine Sprungschanze mit bewirtschafteter Skihütte und Langlaufpisten mit verschiedenen Schwierigkeitsgraden. Sehenswert ist die im Sommer aufgebaute und vom Rentner Walter Siegel begründete Miniaturlandschaft »Gretelsruh«, am Dorfbachweg gelegen.
Auskunft über den Ort und Nachweis von Ferienquartieren oder Übernachtungen durch den Feriendienst der Gemeindeverwaltung.

Bönhoff, Leo, Geschichts- und Siedlungsforscher, der sich besonders mit dem Leben und Werk des Scheibenberger Pastors und Chronisten Christian Lehmann befaßte, einem weit über das Erzgebirge hinaus bekannten Manne. Geboren wurde Bönhoff am 2. Oktober 1872 in Halle-Troda. Von 1903 bis 1912 war er Geistlicher an der Sankt Annenkirche in Annaberg und beschäftigte sich mit der Erforschung der sächsischen Geschichte. Seit 1899 publizierte er beachtliche Arbeiten auf dem Gebiet der erzgebirgischen Siedlungs- und Kirchengeschichte, über Ämter und Burgen. 1910 gab er Lehmanns »Deutsche Kriegschronik« neu heraus. Lic. Dr. Bönhoff verbrachte die letzten Jahre seines Lebens in Radebeul und starb dort 1937.

Börnichen, Landkreis Zschopau. Das Dorf liegt etwa 10 km ostwärts der Kreisstadt in 480–540 m Höhenlage im Einzugsbereich der Flöha. Es wird nahezu von Wald umschlossen.

Zu erreichen ist Börnichen von Chemnitz aus auf der B 174. Auf ihr fährt man bis Gornau. Von dort gelangt man auf der Ortsverbindungsstraße über Waldkirchen zum Ziel. Man kann auch auf der B 173 von Chemnitz bis Flöha fahren und von hier auf Ortsverbindungsstraßen über Augustusburg – Waldkirchen zum Ziel. Der Ort hat keinen Eisenbahnanschluß. Der nächste Bahnhof ist Floßmühle an der Linie Chemnitz – Marienberg. Es besteht Busverbindung.

Börnichen ging aus einem Radialwaldhufendorf hervor. Urkundlich wird der Ort erstmals 1350 als »Burnichin« erwähnt, was soviel heißt, wie »Ort an einem kleinen Quellbach, einem Born«. Das Dorf gehörte zum Herrschaftsbereich der Burg Schellenberg, später der Augustusburg. Kirchlich wurde es 1900 von Waldkirchen losgelöst und erhielt eine eigene Pfarrstelle. Um diese Zeit wurde nach den Plänen von Baumeister Duderstädt die Kirche erbaut. In Börnichen werden seit 1835 Kisten hergestellt, später kamen andere Holzerzeugnisse hinzu.
Auskunft über den Ort und Quartiernachweis erteilt die Gemeindeverwaltung.

Bornkindel, Der Name wurde früher als »geborenes Kindlein« gedeutet, heute neigt man zur Auffassung, er kommt von »Bare« (Krippe) her. Es ist eine zur Weihnachtszeit bis Hohneujahr, besonders aber zur Christmette, in bestimmten Kirchen des Westerzgebirges aufgestellte Figur, wie in Bärenwalde, Zwönitz, Zschorlau, Thierfeld, Schneeberg, um nur einige Orte zu nennen. Die Figur ist kindesgroß, holzgeschnitzt, bemalt und stellt das Jesuskind dar. Sie ist immer bekleidet. Die Kleider sind oft Modeströmungen einer Zeit unterworfen. Das Bornkindel steht auf einem Sockel, in der einen Hand die Weltkugel mit Kreuz, die andere Hand segnend erhebend. Der Platz des Bornkindels ist auf dem Altar. Die Figuren stammen aus der Zeit der Nachreformation. Einige entstanden Ende des 16. Jahrhunderts, die meisten in der ersten Hälfte des 17. Jahrhunderts. Gelegentlich bringt man die Figur in Beziehung zum »Prager Jesulein«. – Als »Bornkindel« wird aber auch die Figur verstanden, die Hans Rupperich begleitet, wenn er umgeht, um den Kindern zu bescheren. – »Es ist ja heit Bornkinnel!« heißt es in einem alten erzgebirgischen Weihnachtsgedicht. – Aber auch die eigentlichen Weihnachtsgeschenke werden »Bornkinnel« genannt.

Brand-Erbisdorf, Landkreis Brand-Erbisdorf. Kleinste Kreisstadt im Regierungsbezirk Chemnitz. Liegt sieben Kilometer südlich von Freiberg an der B 101.

Der Kraftfahrer erreicht von Chemnitz aus die Stadt über Flöha, Freiberg (B 101) oder über die A 7 Abfahrt Hainichen, Landstraße Bräunsdorf, Freiberg. Busverbindungen in mehrere Richtungen, u. a. Dresden, Marienberg, Annaberg-Buchholz. Bahnverbindung besteht über Freiberg (umsteigen) in Richtung Langenau (Sa.).

Brand-Erbisdorf besteht aus den einstmals selbständigen Orten Brand und Erbisdorf, die 1912 vereint wurden.

Erbisdorf ist der ältere Teil der heutigen Kreisstadt. Vermutlich erste Erwähnung 1209 in einem Kaufvertrag des Klosters Altenzella als »Erlwinesberc«, später Erlewinstorph (1250), Erwinsdorff (1404), dann Erbisdorff (1428). Mit dem Namen verbindet sich die Legende von einem Erlewin, der fränkische Bauern hier am oberen Ende des zur Striegis hinfließenden Baches, Erbisdorfer Wasser, ansiedelte. Ursprüngliche Anlage als Waldhufendorf, 1532 von Herzog Georg dem Bärtigen vom Kloster Altenzella erworben. Bedeutendes Bergbaurevier – gemeinsam mit Brand – seit 1500. Hier existierte der Bergbau bis zu Beginn des 20. Jahrhunderts, nach 1945 wurden durch die SDAG Wismut einzelne Schächte wieder eröffnet, später auch Bergbau durch die Freiberger Bleierzgruben. 1969 wurde der Erzbergbau aufgegeben. Im gesamten Stadtgebiet heute noch Zeugnisse des Bergbaus, Reußenhalde und Sonnenwirbelhalde, das sogenannte Röschenhaus, ehemaliges Wohnhaus des Grabensteigers.

Brand selbst ist eine Bergbaugründung, vermutlich nach 1500. Auf Erbisdorfer Flur siedelten sich hier Bergleute »uffm Brande« (1538) an. Die Ortsbezeichnung resultiert aus einem Flurnamen. Obwohl schon 1590 Brand als Stadt bezeichnet wurde, erhielt es das volle Stadtrecht erst 1834. Im Stadtwappen Schlägel und Eisen mit Bienenkorb.

Sehenswert die Erbisdorfer Kirche mit mittelalterlichem rechteckigem Westturm, aus ursprünglich gotischem Bau entstanden. Mehrfache Umbauten. Portalgewände zur Sakristei aus der Mitte des 16. Jahrhunderts. Reste eines Schnitzaltars von Franz Ditterich d. Ä. von 1603, Statue eines steinernen Bergmanns, vermutlich von Samuel Lorentz um 1585. Schönes zinnernes Taufbecken mit Gravierungen (aus St. Michaelis Landkr. Brand-Erbisdorf) von 1516. Das alte Pfarrhaus mit großem Walmdach wurde

1708/10 erbaut, 1881 verändert. In Brand am Markt findet sich das einstige Erbgericht, ein frühklassizistischer Bau vom Ende des 18. Jahrhunderts. Wahrscheinlich aus dem bereits 1526 erwähnten »Schenkhauß uff Brand« entstanden. – Bergbaudenkmale in Brand-Erbisdorf: Hörningschacht (Jahnstraße 14) mit Huthaus, Pulverhaus und Halde. Kohlhäuslerschacht (westlich des Brander Marktes) mit Kunstgrabenbrücke und ehemaligem Wassergöpel-Treibehaus, Teile der Neuglück- und Drei-Eichen-Fundgrube (Kirchweg und Fabrikstraße, Gelobt-Land-Fundgrube mit alter Bergschmiede (Langenauer Straße 9) und Gelobt-Land-Teich. Einzelne Huthäuser: Sonnenwirbel und Brüllender Löwe (Brüllender Löwe 1 und 2), Junger Schönberg, Grube Strauß und Goldene Schelle (Ernst-Thälmann-Str. 31 und 72, Straße des Friedens 26) u. a.

Die höchste Erhebung des Stadtgebietes ist der Kuhberg mit 516 m ü. NN. Von hier aus Wanderweg zum Landschaftsschutzgebiet »Unterer Freiwald«.
Auskünfte: Stadverwaltung.

Breitenbrunn, Landkreis Schwarzenberg. Mit den Ortsteilen Breitenhof, Am Güterbahnhof, Carolatal, Halbmeile, Sorge und Rabenberg. Die ländliche Dorfgemeinde liegt auf wenig geneigten Fluren in etwa 680 m Höhenlage am Großen und Kleinen Ortsbach, 7 km südostwärts der Kreisstadt, am Osthang des Schwarzwassertales. Der Ort ist von Wald umgeben. Die nächste Höhe ist der Rabenberg (913 m ü. NN). Bis zum ostwärts liegenden Fichtelberg (1214 m ü. NN) sind es 12 km, bis zum westlich liegenden Auersberg (1019 m ü. NN) 6 km. Im Ort gibt es kaum Industrie. Einige Betriebe liegen am Schwarzwasser. Der Ortsteil Halbmeile befindet sich an der Staatsgrenze zur ČSFR.

Zu erreichen ist Breitenbrunn auf der Autobahn Dresden – Plauen, Ausfahrt Stollberg. Von hier aus befährt man die B 169 bis Aue, die B 101 bis Schwarzenberg und von da aus die Ortsverbindungsstraße Schwarzwasser aufwärts, an der Breitenbrunns Ortsteile Breitenhof, Am Güterbahnhof und Georgental liegen. Breitenbrunn hat Eisenbahnanschluß an der Linie Leipzig bzw. Zwickau – Johanngeorgenstadt. Der Ort hat Busverbindung.

Erstmals wird Breitenbrunn 1380 durch die Verleihung eines Bergwerks »zum breitinprun« erwähnt. Der Name des Ortes stammt vom Wallgraben, dem »breiten Brunnen«. 1464 heißt der Ort »Breytenborn«, 1531 »Bretenbrun« und

Breitenbrunn, Kirche mit Blick zum Gebirgskamm.

1587 »Zum Breitenbrun«. Im Ort wurde von Anfang an Landwirtschaft und Bergbau betrieben. Die bäuerliche Erstbesiedlung und bergmännische Nachbesiedlung, bestimmen bis zur Gegenwart das Ortsbild. Rodeflächen, »Räume«, von Siedlern in den Wald getrieben, sind auch heute noch vorhanden. Der Bergbau galt Gold, Silber, Zinn, Schwefel, Kupferkies und Eisen. 1413 wurde durch Besitzerwechsel auch der Zinnseifenbetrieb und das Zinnschmelzen bekannt. 1534 gibt es am Lerchenberg 9 Bergwerke, 2 am Kegelsberg. Von 1558 bis 1827 arbeitete im Ortsteil Breitenhof, die Wasserkraft nutzend, ein Hammerwerk. Im Tal gab es eine Brettmühle, ein Pochwerk und von 1642 bis 1893 eine Papiermühle, in der man Lumpenpapier herstellte. Auf Breitenhofer Papier soll Johann Sebastian Bach seine Noten geschrieben haben. Bis 1893 war »Sankt Christoph« eines der wichtigsten Bergwerke am Ort. Der nach 1945 einsetzende Bergbau auf Uranpechblende veränderte das Ortsbild wesentlich. Aus dieser Zeit stammen die Bergarbeitersiedlungen Am Güterbahnhof und Rabenberg.

Auffälligstes Detail des Oberdorfes ist die Ruine eines Jagdschlosses, ein turmartiger, quadratischer Bau, von einem Graben umgeben. Im 12. Jahrhundert war es der Wachtturm einer Wegebefestigung, auch »Vorwerk mit steinernem Stock« genannt, bevor die Anlage Kurfürst Johann Georg von Sachsen 1610 zu einem Jagdschloß umbauen ließ. Nach 1700 verfiel sie.

Die Kirche des Ortes stammt aus dem Jahre 1559, wurde mehrfach restauriert, zuletzt 1959, und hat ein 1740 gestiftetes Deckengemälde. Von einigem Wert ist die Schnitzfigur der heiligen Barbara aus dem 16. Jahrhundert. Auf dem Friedhof ist das Grabmal für den Hammerherrn Müller von Berneck aus dem Jahre 1619 und ein Gedenkstein an den Pestpfarrer W. Uhle. Im unteren Ortsteil steht ein schönes Umgebindehaus, dessen Ursprung geht auf das 16. Jahrhundert zurück. Am Mühlanger ist ein Haus mit Andreaskreuzen zu sehen. Im Tal des Kleinen Ortsbaches befindet sich das Naturdenkmal »Arnikawiesen«, im Ortsteil Halbmeile ein Naturschutzgebiet mit seltenen Pflanzen. Geologisch interessant ist der Hefekloßfelsen, im Volksmund »Hefeklöße« genannt. Im Tal des Schwarzwassers gelegen, an der Einmündung des Steinbach, türmen sich 12 Meter hoch, fünf übereinanderliegende Wülste aus Turmalingranit. Sie gelten als Lehrbeispiel der Granitverwitterung. Der im »Entenschnabel«, einer auffälligen Grenzausstülpung liegende Ortsteil Halbmeile, wurde 1592 aufgeführt als »zwey Häuslein vfm Finkenfloch sonst vf der halben Meile« genannt. Der Ortsname ruht von der Entfernung zum Mutterdorf her. Breitenbrunn ist der Wirkungsort von Christian Gottlob Wild (1785–1839), dem Begründer der erzgebirgischen Mundartliteratur.

Ortsnahe befindet sich ideales Skigelände mit Skilift. eine Kindersprungschanze ist vorhanden, Kegelanlage und ein Freibad.
Auskunft über den Ort und Quartiernachweis erhält man durch die Gemeindeverwaltung.

Breuer, Peter, Bedeutender spätgotischer Zwickauer Bildschnitzer. Geboren wahrscheinlich um 1472, gestorben am 12. September 1541 in Zwickau. Die Fakten aus Peter Breuers Leben sind spärlich, sie beschränken sich auf Eintragungen in Ratsakten und Kirchenbüchern: So nimmt man an, daß er sich als Geselle um 1492 auf Wanderschaft in Würzburg befand, sein Vater war vermutlich der Messerschmied

Hans Breuer (1461–1487). Das Bildschnitzerhandwerk erlernte er wahrscheinlich in einer Zwickauer Werkstatt. 1498 wird Peter Breuer erstmals in Zwickau erwähnt, das Bürgerrecht erwirbt er 1504, in diese Zeit fällt auch seine Heirat mit Barbara Rudel. Breuer, der eine eigene Werkstatt führte, brachte es zu bescheidenem Wohlstand. Das letzte bekannte Werk, ein Kruzifix für die Zwickauer Ratsstube, entstand 1539. Sein Tod wird im Kirchenbuch der Katharinenkirche von Zwickau dokumentiert: »Peter Breuer ist vorschieden Montag nach natiuzatis marie 41«.

Sein heute noch erhaltenes Werk umfaßt 26 Altäre mit 146 Figuren, 7 Altarteile mit 41 Figuren und 21 Einzelfiguren. Altäre von Breuer finden sich in der Kirche zu Steinsdorf, Katharinenkirche Zwickau, Annenkirche Annaberg, Schloß Gnandstein, u. a. Eine Reihe Bildwerke sind heute in Museen, so im Museum für Kunsthandwerk Leipzig, im Städtischen Museum Gera, im Städtischen Museum Zwickau, Stadt- und Bergbaumuseum Freiberg. (Werkverzeichnis in Hentschel, Peter Breuer, eine spätgotische Bildschnitzwerkstatt, 2. Aufl. Berlin 1952). Die künstlerische Bedeutung der Werke Breuers liegt einerseits in ihren Zusammenhängen mit der Zwickauer Plastik, den Impulsen, die er aus Werken Tilman Riemenschneiders aus Würzburg und Gregor Erharts aus Ulm empfing, wie in der eigenständigen, schöpferischen Fähigkeit, mit der seine Formen sich in kunstvoller Weise mit der Körperlichkeit seiner Figuren auseinandersetzen, »der Widerstreit zwischen Körper und Gewand gewinnt an Bedeutung« (W.-D. Röber). Breuers umfangreiches Werk gehört zu den Glanzpunkten der spätgotischen Bildschnitzerei Westsachsens.

Buckelbergwerk, Auch »Guckkasten« oder »Bergwerkshucke« genannt. Das ist ein auf dem Rücken (Buckel) in einem hölzernen Kasten untergebrachtes tragbares Bergwerksmodell. Nach Absetzen auf eine Bank oder einen Tisch lassen sich die beiden Kastentüren öffnen und geben das geschnitzte Modell einer oberirdischen und im Schnitt dargestellten unterirdischen Bergwerksanlage frei, mit Schächten, Stollen, Fahrten, Seilzügen, Haspeldrehern, Pochwerken und arbeitenden Bergleuten. Beim Drehen einer seitlich eingeführten Kurbel wird ein hinter der Szene versteckter Mechanismus, bestehend aus Wellen, Rädern, Exentern, in Bewegung gesetzt, der durch verschiedene

Vorrichtungen den sichtbaren Teil des Modells verlebendigt. Buckelbergwerke wurden meist von Berginvaliden angefertigt, die damit Messen und Märkte bereisten und gegen eine kleine Gabe das Modell vorführten und erklärten. Erste Bergwerksmodelle dieser Art gibt es seit Anfang des 18. Jahrhunderts. Heute gehören sie zu den Raritäten erzgebirgischer Museen.

Burkhardtsdorf, Landkreis Chemnitz. Gemeinde im Zwönitztal nahe Chemnitz. Langgezogene Dorfanlage mit beiderseitiger Bebauung im Flußtal ca. 4,5 km. Durchschnittliche Höhenlage von 400 m, nördlich des Dorfes Niclasberg (481 m).

Burkhardtsdorf ist von Chemnitz aus auf der B 95 in Richtung Annaberg-Buchholz erreichbar. Es ist Bahnstation an der Strecke Chemnitz-Aue. Busverbindungen in verschiedene Richtungen.

Um 1200 Nennung eines Klosterdorfes von Chemnitz »abtatis«, möglicherweise identisch mit Burkhardtsdorf. 1331 wird »Burckersdorff« erstmals als Klosterort von Chemnitz urkundlich erwähnt. Name vermutlich nach dem Abt Burkhardt des Benediktinerklosters Chemnitz. Der Ort ist fränkisches Siedlungsgebiet. Nach der Einführung der Reformation kam Burkhardtsdorf mit anderen Klosterorten in den Besitz des Annaberger Münzmeisters Wolf Hühnerkopf, der Herr auf Neukirchen wurde. Seit 1673 hat die Gemeinde Marktrecht. Neben der Landwirtschaft seit 1600 Leinweberei, seit der Mitte des 17. Jahrhunderts Strumpfwirkerei wie im gesamten Zwönitztal. Strumpfwirkerinnung von Burckhardtsdorf, Neukirchen und Klaffenbach bestand bis 1899. 1875 Bau der Bahnlinie Chemnitz-Aue, begünstigte industrielle Strumpf- und Wirkwarenproduktion. Heute ist ein Chemieunternehmen der bedeutendste Betrieb des Ortes.

Sehenswert sind zwei Fachwerkhäuser im Zentrum des Ortes: Gegenüber der Apotheke und das Haus mit Sonnenuhr und Bienenfluglöchern am Markt. Mittelalterliches Steinkreuz nahe der Schule. Postmeilenstein an der alten Poststraße.
Auskünfte: Gemeindeverwaltung.

Carlsfeld, Landkreis Aue. Gemeinde im westlichen Erzgebirge mit Ortsteilen Weitersglashütte, Blechhammer, Wiltzschmühle, Wiesenhaus.

Der Kraftfahrer fährt von Chemnitz über Aue-Eibenstock. Busverbindungen nach Schönheide-Süd, Wildenthal und Eibenstock. Bahnverbindung existiert nicht, nächster Bahnhof Johanngeorgenstadt oder Aue.

Carlsfeld liegt in einer zur Kammlandschaft des westlichen Erzgebirges auslaufenden Mulde in einer Höhe von 840 bis 920 m. Nähe zum Vogtland mit Schneehübel (978 m). Carlsfeld entstand 1678 als Bergbausiedlung. Veit Hans Schnorr (s. d.) ließ hier ein Eisenhütten- und Eisenhammerwerk errichten. Name vermutlich nach Amtshauptmann Carl von Carlowitz. Im 19. Jahrhundert Ende der Bergbau- und Hüttentätigkeit, später Uhrenwerk und Glashütte, Musikinstrumentenbau. Erholungs- und Wintersportort.

Sehenswürdigkeiten: Dreifaltigkeitskirche, 1684/88 von Johann Georg Roth erbaut, ältester sächsischer sakraler Zentralbau, der später von Georg Baehr in der Dresdner Frauenkirche vollendet angewandt wurde. Sanft geschweifte, achteckige Kuppel in Holzkonstruktion. Im Inneren Kanzelaltar von Johann Heinrich Böhme 1688. – Umgebindehäuser aus dem 17. und 18. Jahrhundert – Naturschutzgebiete »Hochmoor Weitersglashütte« und »Großer Kranichsee«. In der Nähe auch Talsperre Weiterswiese, 1927/29 erbaut, sie staut das Wasser der Wiltzsch.
Auskünfte: Gemeindeverwaltung.

Cämmerswalde, Landkreis Brand-Erbisdorf. Mit den Ortsteilen Neuwernsdorf, Deutschgeorgenthal und Rauschenbach. Die Dorfgemeinde liegt am Oberlauf der Flöha, von Wäldern eingerahmt, in 600 bis 700 m Höhe, nahe der Landesgrenze zur ČSFR. Flankiert wird der Ort von der Friedebacher Höhe mit 735 m ü. NN und dem Hinteren Stangenberg, 797 m hoch. Unmittelbar am Ort erhebt sich der 625 m hohe Steinberg.

Cämmerswalde erreicht man auf der B 101 von Freiberg in Richtung Annaberg-Buchholz, wenn man in Obersaida links abbiegt und über Sayda fährt. Mit der Eisenbahn kommt man zum Ziel auf der Linie Chemnitz – Neuhausen. Von hier benutzt man ein Taxi. Es besteht zum Ort auch Busverbindung.

Cämmerswalde wurde im Zuge der Gebirgsbesiedlung 1207 von durch Zisterziensermönche angeworbenen Bauern gegründet. Der Name Cämmerswalde wird abgeleitet von »Dorf, nahe des Waldes eines Kämmerers«. Im Gebrauch ist er seit 1213. Über die Jahrhunderte hinweg lebten die Bewohner vor allem von Landwirtschaft. Seit Beginn des 19. Jahrhunderts kam die Holzverarbeitung hinzu. Neuwernsdorf ist die Gründung böhmischer Exulanten, die 1660 das Waldland rodeten und ein Dorf anlegten.

Von 1963/67 entstand nahe dem Ortsteil Rauschenbach eine Talsperre zur Versorgung von Chemnitz mit Trinkwasser. Die 346 m lange, 46 m hohe Mauer staut auf 100 Hektar Fläche 15,2 Millionen Kubikmeter Wasser. 9 Hektar der Wasserfläche befinden sich in der ČSFR. Über den Stausee führt am oberen Ende eine Spannbetonbrücke. Aus der Unterkunft der Talsperrenerbauer wurde ein Ferienobjekt.

Bekannt wurde Cämmerswalde wegen seiner schindelbeschlagenen Häuser. Die schlichte Dorfkirche von 1419/22 auf einer Anhöhe wird von einer Mauer mit einem Torhäuschen umgeben. Sie hat eine schöne barocke Holzdecke. Die Orgel baute 1763 A. G. Oehme.
Auskunft und Quartiernachweis erteilt die Gemeindeverwaltung.

Chemnitz, Stadt mit ca. 290 000 Einwohnern im erzgebirgischen Becken gelegen, »Tor zum Erzgebirge« genannt. Sitz des gleichnamigen Regierungsbezirkes im Freistaat Sachsen. Bedeutender Industriestandort, Zentrum von Wissenschaft und Kultur in Westsachsen.

Chemnitz hat drei Anschlußstellen zur Bundesautobahn Hof-Dresden-Berlin und einen Anschluß zur Bundesautobahn in Richtung Gera-Eisenach. Der Hauptbahnhof ist Knotenpunkt einer Reihe von Fernlinien und im Streckennetz des Erzgebirges. Vom Zentralen Busbahnhof (Schillerplatz) führen Verbindungen in alle Kreisstädte des Regierungsbezirkes.

Das Stadtgebiet umfaßt heute eine Fläche von ca. 128 qkm. Chemnitz liegt in einem Kessel, der von dem gleichnamigen Fluß durchzogen wird (Quellflüsse Zwönitz und Würschnitz vereinigen sich bei Altchemnitz zur Chemnitz). Begrenzt wird das Territorium im Norden vom Totensteinzug und der Röhrsdorf-Bornaer Höhe, im Osten vom Beuthenberg (428 m), im Süden vom Adelsberg (508 m) und Pfarrhübel (432 m) und im Westen vom Landgraben zwischen Mittelbach und Grüna.

Das Chemnitzer Gebiet, eine weitläufige Waldgegend, ist vermutlich bis ins 11. Jahrhundert unbesiedelt geblieben. Die slawischen Flußnahmen Chemnitz, Würschnitz,

Chemnitz, Roter Turm mit Stadthalle und Hotel »Kongreß«.

Gablenz verweisen eher darauf, daß sie von deutschen Siedlern bei gemeinsamer Rodetätigkeit mit Slawen übernommen wurden. Erschlossen wurde das Chemnitzer Becken im wesentlichen im 12./13. Jahrhundert durch deutsche Siedler. Kaiser Lothar hatte 1136 das Benediktinerkloster Chemnitz begründet. Die Stadt entstand um 1165 an einer Stelle, wo mehrere nach Böhmen führende Fernstraßen sich trafen. Chemnitz hatte so von Anfang an eine Funktion als Fernhandelsmarkt. Seit der Gründung war es Reichsstadt, in der die Waldenburger als Vögte fungierten. Durch das Bleichprivileg von 1356 entwickelte sich hier die Leineweberei und der Leinenhandel. Seit 1470 gab es einen Kupferhammer und eine Saigerhütte, Chemnitzer Handelsherren waren an Bergwerken in Annaberg und Joachimsthal beteiligt. Georg Agricola (s. d.), Begründer der Montanwissenschaften war seit 1531 Einwohner, seit 1546 Bürger und Bürgermeister der Stadt. Nach 1600 wurde Chemnitz zum bedeutendsten Ort der Textilfabrikation in Sachsen.

Mit der beginnenden Industrialisierung entstanden in Chemnitz vor allem im 19. Jahrhundert große Betriebe des Maschinenbaus. Der Unternehmer Schönherr produzierte schon 1856 den 1000. Webstuhl, in Richard Hartmanns Maschinenbaufabrik feierte man zwei Jahre später den Bau der 100. Lokomotive. Chemnitz erhielt den Beinamen »sächsisches Manchester«. Industriestandorte siedelten sich auch in den benachbarten Orten (später in die Stadt eingemeindet) an. Hermann und Alfred Escher begründeten 1890 in Siegmar eine Werkzeugfabrik, Carl Hamel verlegte 1896 seine Zwirnereimaschinenfabrik nach Schönau. Hier entstanden auch aus einer kleinen Mechanikerwerkstatt um 1885 die späteren Wanderer-Werke. Dies führte zu einem sprunghaften Anstieg der Bevölkerungszahlen: Lebten 1850 hier ca. 30 000 Menschen, waren es 1883 schon 100 000, Chemnitz wurde Großstadt, 1935 zählte man 350 000 Einwohner. Am 5. März 1945 wurde die Stadt durch Bombenangriffe schwer getroffen. Fast völlige Zerstörung des Stadtzentrums, von 1500 kleinen und mittleren Betrieben, Beschädigungen von mehr als 230 Großbetrieben, die Hälfte des Wohnungsbestandes wurde zerstört, 4000 Menschen fanden den Tod.

Der Wiederaufbau begann unmittelbar nach Kriegsende, das Stadtzentrum wurde mit einer Reihe von Gesellschaftsbauten erneuert, einige Altstadtbereiche (Brühl, Sonnenberg) erfuhren eine grundlegende Sanierung, während andere Stadtviertel verfielen. In den Außenbezirken entstanden neue Wohngebiete. Chemnitz, seit 1952 Bezirksstadt in der DDR, wurde 1953 in »Karl-Marx-Stadt« umbenannt. Aus diesem Grund wurde im Zentrum eine monumentale Karl-Marx-Büste aufgestellt, deren künstlerische Bedeutung ebenso umstritten ist wie die Frage, ob sie an diesem Standort belassen werden soll. Auf Initiative von Bürgerkomitees erhielt nach einer Einwohnerbefragung Chemnitz 1990 wieder seinen alten Namen.

Eng mit der Wirtschaftsgeschichte des Territoriums verbunden ist die Entwicklung des Schul- und Hochschulwesens: 1831 entstand in der Nähe des heutigen Schauspielhauses die erste Chemnitzer Bürgerschule. 1836 wurde die Königliche Gewerbeschule begründet, seit 1900 Gewerbe-Akademie, seit 1928 Staatliche Akademie für Technik. Aus mehreren technischen Fachschulen wurde 1953 die Hochschule für Maschinenbau gebildet, seit 1963 Technische Hochschule, jetzt Technische Universität Chemnitz.

Sehenswürdigkeiten: Der Rote Turm im Stadtzentrum, dessen Fundamente noch aus dem 12. Jahrhundert stammen, ist das älteste erhaltene städtische Baudenkmal. Er wurde als Wohnturm des Stadtvogtes errichtet und dann in die Stadtbefestigung einbezogen. Den Namen erhielt er wahrscheinlich nach der rötlichen Farbe des Porphyrgesteins. – Rathaus: Altes und Neues Rathaus. Das alte Rathaus wurde 1496/98 erbaut, mit Turm in barocker Gestalt von 1746, nach 1945 erneuert. In der ehemaligen Ratsherrnstube von 1557 ist heute der Trausaal des Standesamtes. Beim Wiederaufbau des Alten Rathauses nach der Kriegszerstörung zwischen 1946/1951 wurde das Renaissanceportal von 1559 – das Judith-Lukretia-Portal, an der Vorderseite angebracht, das einstmals ein Bürgerhaus am Markt geschmückt hatte. – Nach Plänen des Architekten Richard Möbius entstand zwischen 1907/11 direkt im Anschluß und im Verbund mit dem Alten Rathaus das Neue Rathaus in einem Neorenaissancestil mit deutlichen Jugendstileinflüssen. Vor allem im Inneren dominiert der Jugendstil: In der Eingangshalle ein Brunnen von Richard König, im 2. Stock Deckenbilder von Paul Perks, im Saal der Stadtverordneten ein Gemälde von Max Klinger »Arbeit-Wohlstand-Schönheit.«

Angeschlossen an das Rathaus die Pfarrkirche St. Jakob, ein rechteckiger Saalbau mit eingezogenem Chor und Apsis. Vermutlich schon um 1165 begründet, später mehrfach umgebaut. Nach Kriegszerstörung Chor und Langhaus wieder aufgebaut, Innenausbau noch nicht beendet. Aus der Johanniskirche kam 1945 der Flügelaltar von Peter Breuer (s. d.) hierher. – Am Marktplatz findet sich auch das 1953/54 rekonstruierte ehemalige Siegertsche Haus, ein viergeschossiger Bau mit barocker Schmuckfassade von 1737/41. Neben dem Siegertschen Haus Neubau an der Stelle, wo vermutlich das Wohnhaus Georg Agricolas stand. Mit Büste und Gedenktafel: »Er diente dem Fortschritt der Menschheit als

Begründer der neuzeitlichen Mineralogie, Geologie, Bergbau- und Hüttenkunde, als Arzt und Apotheker, Lehrer und Sprachwissenschaftler, Diplomat und Geschichtsschreiber. Hier lebte er von 1531 bis 1555«.

Bereich Theaterplatz: Die heutige Gestalt des Theaterplatzes entstand auch nach Plänen von Richard Möbius zwischen 1909/1928. 1909 wurde das neue Opernhaus eröffnet, nach Kriegszerstörung Wiederaufbau, seit 1989 völlige Rekonstruktion. An der Südwestseite Museumsbau von Richard Möbius mit Städtischer Kunstsammlung, Graphikkabinett, Textil- und Kunstgewerbesammlung und dem Museum für Naturkunde. An Ostseite des Museums »Steinerner Wald« (s. d.). An der Nordseite des Platzes wurde 1928 das Hotel »Chemnitzer Hof« errichtet, daneben Petrikirche (1885/88) mit 82 m hohem Turm. – In den siebziger Jahren entstand im Zentrum das Stadthallenensemble mit dem Hotel »Kongreß«. Orgel im Großen Saal der Stadthalle mit 5531 Pfeifen und 67 Registern. Bettenhaus des Hotels 92 m hoch. – Im Zentrum auch das nach Entwürfen von Erich Mendelssohn zwischen 1929/30 errichtete ehemalige Kaufhaus Schocken. – Schloßkirche auf einem Höhenzug über dem Tal der Chemnitz entstand aus der ursprünglichen Kirche des Benediktinerklosters. Dreischiffige Hallenkirche anstelle des romanischen Bauwerkes vermutlich zu Beginn des 16. Jahrhunderts entstanden. Chor mit romanischen Nebenchören. Hauptportal von Hans Witten begonnen, beendet von Franz Maidenburg (zwischen 1505 und 1525). Geißelsäule von 1515 von Hans Witten, zwei Gemälde von Lukas Cranach dem Ä. – Das ehemalige Klostergebäude (heute Schloßbergmuseum) ist nur in Teilen der Klausur enthalten. Nach 1546 Umbau der Klausur in ein kurfürstliches Schloß, Umbau und Umgestaltung. Museum (z. Zt. im Umbau) mit interessanten Sammlungen zur Kunst-, Kultur- und Wirtschaftsgeschichte.

Im Stadtteil Ebersdorf, 1919 eingemeindet, ist der spätgotische Bau der Stiftskirche »Unser Lieben Frauen« zu besichtigen. Eine zweigeschossige Hallenkirche mit Kreuzrippengewölbe, deren Entstehung auf das 15. Jahrhundert datiert wird, mit zwei erhaltenen Türmen einer ehemaligen Wehranlage, ist im Zusammenhang mit der Wallfahrt des sächsischen Kurfürstenpaars nach der glücklichen Auffindung ihrer beiden Söhne beim sogenannten »Prinzenraub« 1455 zu sehen. Im Inneren ein dreiflügeliger Hochaltar mit Gemälde von Hans Hesse 1513. Kruzifix von 1515 von Hans

Witten, von dem auch der Grabstein des Dietrich von Harras stammt. – Sehenswert auch Burg in Rabenstein mit Bergfried und zweigeschossigem Wohngebäude mit Burgmuseum. Rabensteiner Felsendome, Schaubergwerk im ehemaligen Kalkwerk Niederrabenstein seit 1936.

Stadtnahe Erholungswälder Zeisigwald (491 ha), Küchwald mit 94 ha) und Crimmitschauer Wald (88 ha). In unmittelbarer Umgebung liegen die Landschaftsschutzgebiete »Augustusburg-Sternmühlental«, »Talsperre Einsiedel« und »Rabensteiner Wald« sowie »Lichtenwalde«.

Informationen: »Chemnitz-Information« (Straße der Nationen), Hotel-Service: Hotel »Kongreß«.

Die Städtischen Kunstsammlungen verfügen über reiche Bestände, vor allem der Malerei des 19. und 20. Jahrhunderts: Carus, Kersting, Spitzweg, Rayski, Liebermann, Slevogt, Hofer, Schmitt-Rottluff, auch bedeutender Plastik: Rodin, Degas, Lehmbruck, Barlach, Kolbe u. a. Im Graphikkabinett ca. 8000 Blätter Druckgraphik u. a. Daumier und Kollwitz.

Cotta, Bernhard von, Montanwissenschaftler, Geologe und Paläontologe. Geboren als Sohn Heinrich von Cottas (s. d.) im Jagdhaus auf der Kleinen Zillbach am 24. Oktober 1808, gestorben am 14. September 1879 in Freiberg.

Cotta, der seine Kindheit in Tharandt verbrachte und später die Kreuzschule in Dresden besuchte, studierte von 1827 bis 1831 in Freiberg Geologie und Mineralogie, 1832 ging er für ein Jahr nach Heidelberg und promovierte bei dem Vulkanisten C. C. von Leonhardt. Er war danach als Sekretär der Tharandter Forstakademie, später in der sächsischen Regierung für die geologische Kartierung Sachsens tätig und wurde 1842 als Professor für Geognosie und Versteinerungslehre an die Bergakademie Freiberg berufen. Von seinen Schriften sind hervorzuheben »Geognostische Wanderungen« (1836/38), »Anleitung zum Studium der Geologie und Geognosie« (1839), »Geologie der Gegenwart« (1865). Cotta unternahm viele wissenschaftliche Reisen u. a. nach Ungarn, dem Banat und Serbien. Eine seiner Hauptleistungen lag auf dem Gebiet der Erforschung von Erzlagerstätten. Cotta, 1862 zum Bergrat ernannt, wurde auf dem Freiberger Donatsfriedhof beigesetzt. Sein Grab deckt ein Block aus Lausitzer Granit.

Heinrich von Cotta.

Cotta, Heinrich von, Bedeutender sächsischer Forstwissenschaftler. Geboren am 30. Oktober 1763 im Jagdhaus auf der Kleinen Zillbach (Kreis Schmalkalden), gestorben 25. Oktober 1844 in Tharandt. Cotta, der zunächst in Zillbach eine private Fortlehranstalt begründete, wurde 1810 zum Direktor der Tharandter Forstmessungsanstalt berufen, 1811 entstand hier sein Privatforstlehrinstitut. Sein Konzept bestand darin, die bisher einseitig jagdbetonte Ausbildung der Forstleute zu verändern. Er orientierte mit seinen Schriften auf eine waldbauliche Praxis, der Begriff »Waldbau« wurde von ihm geprägt, die wirtschaftliche Erfordernisse ebenso berücksichtigte wie die Notwendigkeit, wissenschaftliche Erkenntnisse in die Forstpraxis umzusetzen. 1816 wurde die »Königlich Sächsische Forstakademie« in Tharandt unter seinem Direktorat eröffnet, der er bis zu seinem Tode 1844 vorstand.

Cranzahl, Landkreis Annaberg. Gemeinde an der Sehma gelegen. Mittlere Höhenlage 600 m ü. NN.

Der Kraftfahrer erreicht den Ort über die B 95 von Chemnitz über Annaberg-Buchholz. Bahnverbindung von Chemnitz über Annaberg, die früher weiter nach Böhmen führte, hier auch Abzweig der noch existierenden Kleinbahnstrecke nach Oberwiesenthal. Busverbindungen nach Annaberg und Neudorf.

Der Ort liegt in einer typischen erzgebirgischen Gneismulde. 1367 erste urkundliche Erwähnung als Craenzahl (1413 Kraentzagill), bedeutet Krähenschwanz, Name vermutlich im Hinblick auf die Anlage der Flur. 1413 wurde Cranzahl Klosterdorf von Grühnhain, Bergbau auf Silber und Eisen. Später wie in anderen erzgebirgischen Dörfern Waldwirtschaft und Spitzenklöppelei. Heute verschiedene Textilbetriebe.

Sehenswert die Himmelfahrtskirche von 1556, die ihre heutige Gestalt erst 1910 erhielt. Im Vorraum der Kirche Schnitzaltar von Peter Breuer (s. d.) aus dem Jahre 1514. Im Mittelschrein plastische Gruppe der Anna Selbdritt, in den gemalten Seitenflügeln Heiligendarstellungen. Staffelbild von Hans Hesse mit heiliger Veronika. – Interessante Flora am Pollmerfelsen, einem Glimmerschiefergebiet, mit Flachmoor. – Zwischen 1948 und 1951 entstand die Talsperre Cranzahl (Trinkwasserversorgung) auf rund 30 Hektar, Staudamm am westlichen Bergfuß des Bärensteins 420 Meter lang und 37 Meter hoch. Staudamm aus Gneisstücken, der erste Talsperrenbau nach dem 2. Weltkrieg in der sowjetisch besetzten Zone.

Crottendorf, Landkreis Annaberg. Gemeinde an der oberen Zschopau gelegen, 650 m ü. NN. Ortsteil Wolfener Mühle westlich von Crottendorf.

Der Kraftfahrer kommt über die Autobahn B 7 von Chemnitz, Abfahrt Stollberg und dann weiter über Zwönitz, Elterlein, Scheibenberg. Keine direkte Bahnverbindung (1946 als Reparation der sowjet. Besatzungsmacht abgebaut). Busverbindungen nach Scheibenberg, Schlettau, Annaberg-Buchholz, Walthersdorf.

Ortsentstehung vermutlich in der ersten Siedlungsperiode im Erzgebirge im 12. Jahrhundert als Waldhufendorf. Name wird auf Krote – Kröte zurückgeführt (1539 Krotendorf). Im Ortssiegel Bildnis einer Schildkröte.

Lage im Tal der oberen Zschopau mit einer Länge von ca. 5 km. Ausgedehnte Fichtenwälder begrenzen den Ort, erstrecken sich bis zur 8 km entfernten Grenze zur ČSFR. Ursprünglich Gemeinde mit landwirtschaftlichen- und Waldgewerben: Holz- und Mahlmühlen an der Zschopau, Glashütte an der Neudorfer Straße, wegen zu hohen Holzverbrauchs abgebrochen. An gleicher Stelle heute Gaststätte. Auch Bergbau in Crottendorf, später Metallfabriken. Seit langem einziger Ort des Erzgebirges, in dem die »Räucherkerzen« für die Räuchermänner, Figuren des erzgebirgischen Weihnachtsbrauchtums, hergestellt werden. Im Dorfbild zahlreiche Fachwerkhäuser, in der Schillerstraße Reste eines Umgebindehauses. Kirche, nahe dem ehemaligen Bahnhof, gleicht durch ein aus Bruchsteinen gemauertes Rundbogentor den erzgebirgischen Wehrkirchen (s. d.). Chronist Christian Lehmann (s. d.) berichtet 1699 Crottendorf habe eine Wehrkirche gehabt, 1643 war sie von den Schweden niedergebrannt worden. 1654 Neubau, 1896 Erweiterung durch Apsisanbau. Das große barocke Altarwerk mit zwei Gemälden von Andreas Warnitz wurde 1699 errichtet. In der Nähe des Altars befinden sich barocke Grabmäler aus Crottendorfer Marmor. Pfarrhaus mehrgeschossiger Fachwerkbau aus dem ausgehenden 18. Jahrhundert.

Der Ortsteil Wolfener Mühle liegt in einem kleinen waldreichen Talkessel, wo das Erbisbächel in die Große Mittweida mündet. Schon im 16. Jahrhundert gab es hier eine Brettmühle, während des Dreißigjährigen Krieges war es ein Versteck für Bewohner der Nachbarorte. 1640 brannten plündernde Schweden die Mühle nieder. Seit 1930 gab es hier eine Sommerfrische, später ein Erholungsheim. Schöner Ausgangspunkt für Fichtelbergwanderungen.

Deutscheinsiedel, Landkreis Marienberg. Zur Dorfgemeinde gehört der Ortsteil Brüderwiese. Sie liegt 23 km fast ostwärts von der Kreisstadt entfernt, zwischen dem Kurort Seiffen und der Landesgrenze zur ČSFR, abseits großer Straßen, vom Kammwald umgeben.

Zu erreichen ist Deutscheinsiedel auf der B 101, die von Freiberg nach Annaberg-Buchholz führt. In Pockau biegt man links ab und fährt über Olbernhau, Kurort Seiffen zum Ziel. Mit der Eisenbahn befährt man von Chemnitz die Linie nach Neuhausen. Von dort benutzt man für die letzten Kilometer ein Taxi. Deutscheinsiedel hat auch Busverbindung.

Durch Exilanten wurde der Ort nach dem Dreißigjährigen Krieg angelegt, der 1660 »zum deutschen Einsiedel« hieß. Seit 1850 gilt die amtliche Bezeichnung »Deutscheinsiedel«. Brüderwiese wurde 1696 von Seiffen aus wiederbesiedelt. Bis zur Einführung der Reformation im Jahre 1535 bestand hier eine Einsiedelei des Zisterzienserklosters Osek. Von den »Brüdern auf der Wiese« dürfte die Ortsbezeichnung herrühren. 1653 verkauften die Purschensteiner Grundherrn den ostwärtigen Teil ihres Einsiedler Waldbesitzes an den Kurfürsten. Noch heute wird deshalb von

einer königlichen Seite gesprochen, die dem Amt Lauterstein unterstand und von einer herrschaftlichen Seite, die nach Neuhausen gehörte. – Ein sehenswertes Kulturdenkmal ist das Hammerherrenhaus in Brüderwiese.
Auskunft über den Ort und seine Umgebung und Nachweis von Ferienquartieren erteilt die Gemeindeverwaltung.

Dippoldiswalde, Kreisstadt im Osterzgebirge. Sie liegt 23 km südlich der Landeshauptstadt Dresden in 350 m Höhe im Tal der Roten Weißeritz. Die sie umgebenden Höhen sind etwa 430 m hoch. Nahe der Stadt befindet sich das Landschaftsschutzgebiet »Poisenwald – Willisch – Dippoldiswalder Heide«.

Zu erreichen ist die Kreisstadt auf der B 170, die von Dresden zum Grenzkontrollpunkt Zinnwald führt. Der Ort liegt auf der Hälfte der Wegstrecke. Mit der Eisenbahn befährt man die Strecke Freital/Hainsberg – Kurort Kipsdorf bis Dippoldiswalde. Die Stadt hat günstige Busverbindungen.

Dippoldiswalde entstand um 1200. Urkundlich wird die Ansiedlung erstmals 1218 genannt. Sie entwickelte sich im Zusammenhang mit der auf einem Bergsporn errichteten markgräflichen Burganlage. Mit dem Einsetzen des Bergbaus auf Silbererz um 1266 gewann der Ort an Bedeutung. Vor allem im 15. und 16. Jahrhundert, nun auch auf andere Erze ausgedehnt, blühte das Bergwesen. Es konnte sich bis 1864 halten, bevor die letzte Anlage schloß. Im 13. Jahrhundert erlangte Dippoldiswalde Stadtrecht, seit 1360 war die Stadt mit einer Mauer versehen. Die markgräfliche Burg hatte einen bis weit ins Gebirge hinauf reichenden Besitz. Auf ihr saßen im 14. Jahrhundert die Burggrafen von Dohna und von 1503 bis 1568 war sie an die von Miltitz verlehnt. Ab 1569 wurde sie landesherrliches Amt. Mehr und mehr wurde sie herrschaftlichen Bedürfnissen angepaßt und zum Schloß umfunktioniert. Als der Ort 1882 Eisenbahnanschluß erhielt, konnte sich auch das Wirtschaftsleben entfalten. Belebung brachte die 1887 von Roßwein nach Dippoldiswalde private Lehranstalt einer Müllerschule.

Sehenswert ist in der Stadtkirche St. Lorenz die Holzkassettendecke von 1642 mit Malereien von Hans Planitz und das Kreuzigungsgemälde des Altaraufsatzes von Johann Fink. – Die Nikolaikirche hat eine gut erhaltene Basilika im Übergangsstil aus der Zeit um Mitte des 13. Jahrhunderts. – Das Schloß dient als Verwaltungsgebäude. – Der rechteckige Rathausbau stammt aus der Zeit Ende des 15. Jahrhunderts.

Nahe der Stadt befinden sich die Talsperren Klingenberg, Lehnmühle und Malter, die bis an die Stadtgrenze reicht.
Auskunft über die Stadt und ihre Umgebung und Quartiernachweis erhält man durch die Stadtverwaltung.

Dorfchemnitz, Landkreis Stollberg. Gemeinde im Zwönitztal. Mittlere Höhenlage 470 m ü. NN.

Die Gemeinde liegt an der Bahnstrecke Chemnitz-Aue. Der Kraftfahrer erreicht den Ort von der Autobahn Plauen-Chemnitz über die Abfahrt Stollberg. Weiterfahrt in Richtung Zwönitz, Abzweig Brünlos bis Ortseingang Thalheim, dann links abbiegen. Busverbindungen nach Chemnitz, Schwarzenberg, Stollberg, Auerbach u. a. Orten.

Erstbesiedlung vermutlich bereits im 12. Jahrhundert. Waldhufendorf mit »30 gesesenen Mann« erstmals 1447 in einer Urkunde erwähnt. Der Ortsname ist slawischen Ursprungs (s. Chemnitz) nach dem gleichnamigen Fluß, der ursprünglich auf der ganzen Länge Chemnitz hieß. Später erhielt der Oberlauf bis zur Einmündung der Würschnitz den Namen Zwönitz (s. d.). Das alte Ortssiegel zeigt einen Acker mit Bach und einen Steinberg. Das Dorf gehörte zur Herrschaft Stollberg, 1624 erhielt es die erbliche Gerichtsbarkeit. Ehemaliges Erbgericht seit 1938 unter Denkmalschutz. Fünf Mühlen bestimmten einst den Charakter des Dorfes. Die erste Kirche soll schon 1241 erbaut worden sein, 1483 entstand ein neuer Kirchenbau, der heutige Kirchbau wurde 1893 geweiht. Im Pfarrhaus wurde der Rechtswissenschaftler und Historiker, Samuel Pufendorf (s. d.), am 8. Januar 1632 geboren. Sehenswert ist die Dorfchemnitzer »Knochenstampfe«, vermutlich 1744 entstanden, heute als Museum und Heimatzentrum eingerichtet. Hier wird auch über den wichtigsten Industriezweig des Ortes, die Strumpfindustrie, informiert.
Auskünfte: Gemeindeverwaltung.

Döhnel, Carl Friedrich, Durch das gemeinsame Arbeiten der erzgebirgischen Klöpplerinnen während der »Klippelsteig« oder »Rix«, entstanden viele Arbeitslieder, »Klöppellieder« genannt. Eines der bekanntesten ist das von Carl Friedrich Döhnel gedichtete »Ich bi e gebirgisches Maadel. . .«. Durch ihn avancierte er in die Reihe der Mitbegrün-

Dorfchemnitz, Museum »Knochenstampfe«.

der der erzgebirgischen Mundartdichtung. – Geboren wurde Döhnel am 12. Juni 1772 in der Bergstadt Schneeberg als Sohn eines Gemeindevorstehers, Kauf- und Handelsherrn. Nach dem Schulbesuch schickte er den Jungen auf die Universität um Rechtswissenschaften studieren zu können. Der frisch mit dem Doktorgrad versehene Advokat ließ sich 1796 in Wiesenburg bei Zwickau nieder. Dort wirkte er sein Leben lang als Rechtsanwalt und Advokat. Feierlich beging er im Oktober 1846 in Zwickau sein goldenes Dienstjubiläum. Gestorben ist Döhnel am 28. Juli 1853.

Sein schriftstellerisches Werk ist vielseitig. Oft zeichnete er nur mit »D-1«, »W-g« oder »-1«. Unter seinen Veröffentichungen findet sich auch Mundartliches. Das obengenannte Lied ließ er bereits 1819 im »Zwickauer Wochenblatt« erscheinen. Döring nahm es dann 1839 in seine »Sächsischen Bergreyhen« auf, allerdings als »mündlich überliefert«. Bekannt wurde auch sein Tschumperlied »Do drübn of'n Anger...« Außer Sonderdrucken seiner Gedichte, dazu zählt z. B. ein Festgedicht von 1820, das er zur Hochzeit eines Grafen von Schönburg für den Rat und die Bürger von Lößnitz geschrieben hatte, gibt es auch zwei Bücher von ihm, das eine betitelt mit »Kilian, ich komme wieder!« oder »Meiner Frau wirkliche Erscheinung nach dem Tode«, das 1805 unter dem Decknamen D. Kilian Zebedäus Spiznagel erschien und den Glauben an Totenerscheinungen lächerlich macht, und das größere Buch »Skelette«, mit skizzenhaften ironischen Erzählungen und dem geistvollsten Stück daraus »Fragment einer Reise in die Hölle«.

Drechseln, Darunter wird die Bearbeitung von Holz oder anderer weicher Werkstoffe verstanden, die in eine Drechselbank eingespannt, in Drehbewegung versetzt werden. Bei der Holzbearbeitung spricht man je nach Einspannung von Lang- und Querholzdrechseln. Mit Hilfe bestimmter Werkzeuge, die schruppend oder spanabhebend wirken, erfolgt die Bearbeitung und Formung des Werkstückes. Verwendet werden vor allem Schrupppröhre zur Grobbearbeitung, Drechselröhre zum Profildrehen und Drechselmeißel zum Spitz- und Runddrehen oder Schlichten. Die rotationssymmetrischen Körperformen werden mit dem Abstechstahl vom Rohling bei laufender Maschine getrennt. Ausübende dieses Berufes heißen Drechsler, im Gegensatz zu der in der Metallbranche nach ähnlichem Prinzip arbeitende Dreher. – In der Gegend von Seiffen hat sich besonders das Drechseln von Figuren (Räuchermänner, Nußknacker, Lichterengel und -bergmann), Spielzeugen und Gebrauchsgegenständen zu einer verbreiteten, meist in Hausindustrie, betriebenen Beschäftigung entwickelt. Als eine weltweite Sonderheit gilt das dort zu Beginn des 19. Jahrhunderts erfundene und noch heute geübte Reifendrehen. Mit dieser Technik stellt man vor allem Spielzeugtiere her, die »Reifentiere«.

Drebach, Landkreis Zschopau. Das Dorf liegt im Tal des gleichnamigen Baches, einem Seitenarm der Zschopau.

Der Kraftfahrer fährt auf der B 95 über Burkhardtsdorf, Ehrenfriedersdorf, dann Abzweig nach Drebach oder über Landstraße Einsiedel, Weißbach, Gelenau, Venusberg. Busverbindungen nach Ehrenfriedersdorf, Scharfenstein, Zschopau u. a. Orten. Ein direkter Bahnanschluß existiert nicht (nächste Bahnstation Scharfenstein).

Das Waldhufendorf Drebach ist eine Gründung fränkischer Bauern zwischen 1200 und 1250. Waldhufenflur noch heute erkennbar. Erste urkundliche Erwähnung 1386. Trotz Bergbau auf Zinn, Blei und Eisenerz vom 15. Jahrhundert bis 1861 blieb Drebach immer eines der größten Bauerndör-

Drebach, Krokuswiesen.

fer des Erzgebirges. Im 19. Jahrhundert Strumpfwirkerei, heute neben kleineren Gewerbebetrieben Fabrik für meteorologische Instrumente.

Bekannt ist Drebach durch seine Krokuswiesen. Von Ende März bis Anfang April blüht auf Wiesen und in Gärten eine besondere Spezies des Krokus, die im Volksmund »Nackte Jungfer« genannt wird. Die Crocus vernus Wulf. forma drebachensis kommen nur hier vor. Ihre Einführung wird dem Pfarrer David Rebentrost (1614–1703) zugeschrieben. Die Legende erzählt, daß Rebentrost, der auch als Apotheker und Arzt wirkte, sich diese Pflanze aus dem kurfürstlichen Garten zu Dresden für eine ärztliche Hilfeleistung erbeten habe. Drebach hat seit den achtziger Jahren auch eine Volkssternwarte mit Planetarium.
Auskünfte: Gemeindeverwaltung.

Dudelskirche, Landkreis Schwarzenberg. Kirchenruine an der Ortsverbindungsstraße Schwarzenberg-Wildenau und Waschleithe, hier rechter Hand am Ortseingang. Der eigentliche Name ist Oswaldskirche. »Dudelskirche« ist abgelei-

Dudelskirche.

tet von »Dult«, was soviel wie Jahrmarkt oder Lustbarkeit bedeutet. Denn hier hielten die Bürger von Grünhain ehemals bei der Kirche ihre Märkte ab.

Die Sage will wissen, daß die Kirche einstmals von den beiden Hammerherrn Klinger erbaut worden sei, als Sühne für den von ihnen erschlagenen Elterleiner Stadtrichter. Als bei der Einweihung ein böses Gewitter aufzog, daß keiner die Glocken läuten wollte, versuchte es einer der beiden Hammerherrn. Beim ersten Glockenschlag fuhr ein Blitz aus den Wolken, erschlug ihn und legte die Kirche in Schutt und Asche. Da man den Leichnam nahe der Kirche verscharrt hatte, geistere er noch heute des nachts in den Gemäuern.

Wann eine hölzerne Kirche in den Wiesen erbaut wurde, bleibt ungewiß. Sie diente den Annaberger Bürgern als Wallfahrtskirche, wenn sie zum Bilde der »Kleinen Anna selbdritt« nach Grünstädtel und zum Grünhainer Kloster zogen. Der Holzbau wurde 1507 durch einen steinernen ersetzt und 1515 eingeweiht. Durch die Reformation und Aufhebung des Klosters Grünhain wurde die Wallfahrtskirche überflüssig und verfiel. Bereits 1535 ist sie zu einer Ruine geworden.

Ehrenfriedersdorf Landkreis Zschopau. Stadt am Rande des Greifensteinmassivs im Tal der oberen Wilisch.

Der Ort ist erreichbar von Chemnitz aus über die B 95 in Richtung Oberwiesenthal. Die Schmalspurbahn, 1911 errichtet, die die Stadt an das Bahnnetz anschloß, wurde in den siebziger Jahren eingestellt. Seither nur Busverbindungen nach Thum, Zschopau, Drebach, Chemnitz, Oberieenhal.

Ehrenfriedersdorf entstand als Waldhufendorf vermutlich durch fränkische Siedler am Ende des 12. Jahrhunderts. Bedeutende Zinnfunde führten zur Bergwerksgeschichte des Ortes, die erst in der Gegenwart (1990) endete.

Die erste Erwähnung des Ortes von 1339 lautet »Erinfritstorf« (Dorf eines Erinfrid). 1456 wird es als Markt und 1460 als Städtchen bezeichnet. Zu den interessanten Fakten aus der Geschichte gehört die Verschüttung des Bergmanns Oswald Barthel am Sauberg 1508, der 1568 unverwest wieder ausgegraben wurde. Daraus entwickelte sich eine bekannte erzgebirgische Sage, die mit ähnlichen Sagenstoffen aus anderen europäischen Bergwerkslegenden korrespondiert (Bergwerk von Falun). An die »Lange Schicht« von Ehrenfriedersdorf erinnert das Oswald-Barthel-Denkmal, das 1928 auf dem Sauberg errichtet wurde.

Sehenswert ist die Alte Wehrkirche St. Niklas mit einem vermauerten Wehrgang und einem sechsflügeligen Schnitzaltar des Meisters Hans Witten, der als einer der bedeutendsten mittelalterlichen Altäre Sachsens gilt. Gemeinschaftsarbeit mit dem Maler Hans von Cöln. Die Kirche selbst ist ein zweischiffiger spätgotischer Bau mit Kreuzrippengewölbe. In der Nähe von Ehrenfriedersdorf liegt das Landschaftsschutzgebiet »Greifensteine« (s. d.).
Auskünfte: Stadtverwaltung.

Elterlein Landkreis Annaberg. Die Kleinstadt liegt an der Straße Zwönitz-Scheibenberg im westlichen Erzgebirge.

Der Kraftfahrer erreicht den Ort über die Autobahn Chemnitz–Plauen, Anfahrt Stollberg, dann Landstraße über Zwönitz. Busverbindungen nach Annaberg, Geyer, Schwarzenberg und Zwönitz. Kein Bahnanschluß.

1406 erste urkundliche Erwähnung, 1470 »Altarlein«, Ortsname resultiert vermutlich aus Altardienst ohne eigene Pfarrei. Entstehung der bäuerlichen Siedlung wohl im Zusammenhang mit befestigter Wegwarte zum Schutz des Böhmischen Steigs. Bergbau auf Silber, Fundgrübner Hans

Messerschmidt oder Kling(n)er von Elterlein hat entscheidenden Anteil an der Entwicklung des Bergbaus. 1514 wurde hier als Tochter des Bergherrn Heinrich von Elterlein Barbara Uttmann (s. d.) geboren. Sie organisierte den Spitzenhandel und die Spitzenherstellung im Erzgebirge. Seit 1869 Klöppelschule in Elterlein. Nach dem Rückgang des Bergbaus im 16. Jahrhundert dominiert bäuerliche Struktur mit Kleinbetrieben.

Sehenswürdigkeiten: Rathaus auf dem Marktplatz mit Wappen, das einen Altar zeigt (Stadtname), außerdem eigentliches Stadtwappen über dem Portal. – Brunnenartiges Denkmal, 1910 durch Felix Pfeiffer geschaffen, für Barbara Uttmann. – St. Laurentiuskirche, ursprünglich spätgotisch, wurde nach 1676 als Barockbau wieder errichtet. 1862 wurde der Turm von der Nord- zur Südseite versetzt. Barocke Innenausstattung erhalten. Kindergestalten als plastischer Schmuck am Taufstein von Sebald Tauscher (1697). Pfarrhaus, Fachwerkbau mit Tonnengewölbe und Walmdach.

Alexander von Humboldt, der die Stadt besuchte, rühmte Weitsicht über das Erzgebirge. Blick auf Kammlinie mit Fichtelberg und Keilberg, davor die näher gelegenen Basaltkegel von Scheibenberg, Pöhlberg und Bärenstein. Auskünfte: Stadtverwaltung.

Eibenstock Landkreis Aue. Eine durch Kleinindustrie geprägte Stadt in 620 m Höhenlage. Der Ort liegt auf einer Hochfläche zwischen dem Landschaftsschutzgebiet »Talsperre Eibenstock« im Nordwesten und dem Landschaftsschutzgebiet »Auersberg« im Süden. Er ist eingebettet von weitreichenden Wäldern. Die höchste Erhebung in Stadtnähe ist der Auersberg, 1020 m ü. NN.

Zu erreichen ist die Stadt auf der Bundesautobahn Dresden–Plauen, Abzweig Stollberg. Von hier aus befährt man die B 169 bis Aue, biegt in der Stadtmitte rechts ab und gelangt über Bockau zum Ziel oder man wählt von Aue aus den Weg über Schneeberg nach Eibenstock. Einen Eisenbahnanschluß hat die Stadt nicht. Der nächste Bahnhof ist Blauenthal an der Linie Chemnitz–Blauenthal. Zur Stadt bestehen gute Busverbindungen.

Vermutlich wurde Eibenstock im 12. Jahrhundert von oberfränkischen Siedlern als Abart eines Waldhufendorfes gegründet. Keimzelle dabei waren drei Freihöfe. Statt der sonst üblichen streifenweisen Fluranlage, verliefen sie hier,

Eibenstock, Blick auf Stadt und Auersberg.

durch das Gelände bedingt, radial. Dabei zogen sich die Fluren um den Stadtkern, wie die Radien eines Kreises um den Mittelpunkt. Urkundlich wird der Ort erstmals erwähnt 1378 als »Ybenstock« und 1380 als »Ewinstock«. Der Ortsname weist auf die sich durch Stockausschlag vermehrende Eibe hin. Von Anfang an gehörte die Siedlung zur Herrschaft Schwarzenberg. Frühzeitig setzte neben der Landwirtschaft der Seifenbergbau ein. An die bergbaulichen Anfänge erinnert Eibenstocks Wappenbild mit Seifengabel und Keilhaue. Der gut florierende Bergbau brachte dem Ort 1550 die Stadtrechte ein, er wurde Bergstadt mit Bergamt und Bergamtsrevier. Durch das geförderte Eisenerz, entstanden in der Umgebung bedeutende Hammerwerke, wie Carlsfeld, Muldenhammer, Schönheiderhammer, Blauenthal. Bergleute legten 1555 den 8 km langen Grünen Graben an. Er führte aus der Großen Bockau Aufschlagwasser in das nördlich der Stadt liegende Bergbaugebiet Grün heran. Hier gab es im 17. Jahrhundert 288 Mutungen auf Fundgruben und Stollen, 33 Pochwerke und 10 Zinnseifen. Im »Kessel« und am Auersberg gab es etwa 300 Bergwerke oder bergbauliche Anlagen.

Bergmannshäuser aus dieser Zeit, in Blockständerbau, mit Blechdach, Giebelverkleidung und steilem Dach, finden sich noch heute im Stadtbild, besonders im Rehmer Viertel (Reme = Riemen = schmaler Streifen). Im 18. Jahrhundert verlor der erstmals 1524 erwähnte Bergbau seine Bedeutung. Die dadurch einsetzende Verarmung der Bevölkerung konnte durch das 1775 von Clara Angermann (1754 – nach 1809) (s. d.) eingeführte Tambourieren, Sticken mit der Häkelnadel, gemildert werden. Es wurde zum wesentlichen Broterwerb. Die 1857 in die Stadt gebrachte Stickmaschine, begründete die Stickereiindustrie, die um 1900 ihre Blüte erlebte. Leupoldt beschreibt Eibenstock 1868 mit dem Satz: »Eibenstock liegt mitten in prächtig gewässertem Wiesenlande; sächsisches Sibirien ...« Das Stickereiwesen hat sich bis heute erhalten. Zu ihm kamen im Verlauf der Jahrzehnte mittelständige Betriebe anderer Branchen.

Die geologischen Verhältnisse hielten den nach 1945 einsetzenden Uranerzbergbau von der Stadt fern. Durch den Bau der Trinkwassertalsperre, kam es zu wesentlichen Einschnitten in das Stadtgefüge. Das dadurch entstandene Ferienhotel belebte den Fremdenverkehr.

Beachtenswert ist die von 1864–1868 nach Plänen von Oskar Sommer errichtete neuromanische Stadtkirche mit dem 64 m hohen Turm. Sie beherbergt u. a. in der Eingangshalle ein lebensgroßes Kruzifix aus dem frühen 16. Jahrhundert. An der Totenhalle auf dem Friedhof sind gußeiserne Grabplatten für Fr. und A. Siegel zu sehen, die aus dem 17. Jahrhundert stammen. Das Rathaus im Jugendstil entstand 1907. Schöne alte Bergmannshäuser befinden sich am Carlsfelder Steig, in der Lohgasse und Vorderen Rehmerstraße. In Eibenstock wirkte eine Zeit lang der Mundartdichter Stephan Dietrich (1898–1969). Es ist der Geburtsort des vogtländisch-erzgebirgischen Mundartdichters und Volkssängers Hilmar Mückenberger (1855–1937).

Die Umgebung der Stadt hat interessante Wanderziele, die auf stillen gutmarkierten Wanderwegen zu erreichen sind, wie der Auersberg, Kuhberg, das Hochmoor Kranichsee oder die Talsperre Sosa. Von besonderem Reiz ist der Weg entlang des Grüner Grabens, einem bergbautechnischen Denkmals. Die Stadt verfügt über ein Freibad, Tennisplätze. Skigelände gibt es an der Skihütte am Reutersberg, ferner Möglichkeiten zu Pferdeschlitten- oder Kutschfahrten und zum Reiten. Das Ferienhotel hat eine Kegelbahn, eine Sauna und Ski- und Fahrradverleih. Besuchenswert ist die Städtische Heimatschau mit Exponaten der Stadt-, Kultur- und Wirtschaftsgeschichte.

Auskunft über die Stadt und Quartiernachweis erteilt das Fremdenverkehrsamt der Stadtverwaltung.

Eibenstock Talsperre, Landkreis Aue. Die von 1976 bis 1980 erbaute Trinkwassertalsperre wurde 1981 in Betrieb genommen. Die 350 Hektar große Wasserfläche erstreckt sich in den Waldtälern zwischen Eibenstock, Schönheide, Stutzengrün und Hundshübel. Sie ist knapp 7 km lang und über 2 km breit. Wollte man sie umwandern, wären 28 km zurückzulegen. Gespeichert werden 78 Millionen Kubikmeter Wasser. Die Staumauer, eine aus 300 000 Kubikmetern Beton bestehende Hubmauer, wurde im Muldental zwischen dem Gerstenberg und den Ausläufern der Paßleithe errichtet. Sie ist 305 m lang, 65 m hoch, hat eine Sohlenbreite von 40 m und auf der Krone mißt sie 7,5 m. Die mögliche Stauhöhe beträgt 52 m. 1550 Litersekunde ist die Wasserabgabe. Durch einen 11,4 km langen Wassertunnel in 20 bis 80 m Tiefe, gelangt das Rohwasser zur Aufbereitung nach Burkersdorf im Landkreis Zwickau. Versorgt mit Trinkwasser werden Chemnitz, Zwickau und andere bevölkerungsreiche Landstriche.

Eibenstock Städtische Heimatschau, Eibenstock, Landkreis Aue, Platz des Friedens. Öffnungszeiten: Dienstag, Mittwoch, Freitag 9–12, 14–16 Uhr, sonnabends, sonntags 9–12 Uhr.

Die 1955 eröffnete Schau gewährt einen Einblick in die Geschichte der Stadt und seiner Umgebung. Ausgestellt sind u. a. eine Mineraliensammlung aus Funden des Eibenstocker Bereichs und Zinngerät des 16. bis 18. Jahrhunderts heimischer Zinngießer. Es werden schöne Klöppelarbeiten gezeigt und Beispiele der heimischen Stickerei. Ein Themenkreis befaßt sich mit der Forstwirtschaft, ein anderer mit der Talsperre im Muldental. Von ihr ist auch ein Modell ausgestellt.

Einsiedel Landkreis Chemnitz. Der Ort liegt 8 km südostwärts von Chemnitz, nordwestlich des Landschaftsschutzgebietes »Talsperre Einsiedel-Kemtauer Wald«. Die ortsnahe Talsperre dient der Trinkwasserversorgung von Chemnitz.

Zu erreichen ist Einsiedel auf der Ortsverbindungsstraße von Chemnitz über Erfenschlag oder auf der B 174 von Chemnitz in Richtung Zschopau, wenn man nach Altenhain rechts abbiegt. Mit der Eisenbahn erreicht man den Ort, wenn man die Linie Chemnitz–Aue benutzt. Es bestehen Busverbindungen.

Der Ort ist mit dem seit 1299 nachweisbaren Herrengeschlecht derer von Einsiedel verbunden, das in der sächsischen Geschichte Verdienste erwarb. Hier, in Einsiedel war ihr Stammsitz. Seit dem 16. Jahrhundert gehört das Dorf zu den Einsiedelschen Rittergütern Scharfenstein und Weißbach. In das große Bauerndorf kamen 1820 Baumwollspinnereien und die Strumpferzeugung. Die Trinkwassertalsperre entstand Ende des 19. Jahrhunderts. In den letzten Kriegstagen des Jahres 1945 wurde Einsiedel stark beschädigt. Die Dorfkirche aus den Jahren 1822/27 von Christian Friedrich Uhlig brannte aus und wurde erneuert.

Auskunft über den Ort und das nahe Landschaftsschutzgebiet, sowie Quartiernachweis, erteilt die Gemeindeverwaltung.

»Entenschnabel«, Grenzausstülpung, Rittersgrün, Breitenbrunn, Landkreis Schwarzenberg.

Der bizarre Verlauf der Staatsgrenze zur ČSFR, südlich von Rittersgrün, südostwärts von Breitenbrunn, führt, seiner Form gemäß, die Bezeichnung »Entenschnabel«. Entstanden ist er bei einer Grenzziehung in den Jahren 1557 und 1558, indem man sich auf folgende Bezugspunkte einigte: Quelle des Mückenbaches, Quelle des Ortbaches und Mündung des Breitenbaches in das Schwarzwasser. Dadurch, daß man diese Punkte mit gerader Linie verband, entstand der kuriose Grenzverlauf.

Erdmannsdorf, Landkreis Flöha. Mit dem Ortsteil Kunnersdorf. Das industriereiche Dorf liegt 6 km südlich der Kreisstadt und 8 km von Chemnitz entfernt in etwa 350 m Höhenlage an der Zschopau und am Fuße der Augustusburg. Es ist von Waldungen umgeben.

Zu erreichen ist Erdmannsdorf auf der Ortsverbindungsstraße Chemnitz–Erdmannsdorf-Augustusburg. Oder man befährt von Chemnitz aus die nach Freiberg führende B 173 und biegt in Flöha rechts ab auf die Ortsverbindungsstraße, die nach Erdmannsdorf führt. Der Bahnhof Erdmannsdorf-Augustusburg liegt an der Eisenbahnlinie Chemnitz–Flöha-Bärenstein. In Erdmannsdorf befindet sich die Talstation der Standseilbahn nach Augustusburg. Es besteht Busverbindung.

Erdmannsdorf ging im Verlauf der deutschen Ostbesiedlung Ende des 12. Jahrhunderts aus einem Herrengut mit

Ansiedlung hervor. Gegründet wurde es von einem Geschlecht der Burgmannen von Zschopau, die sich nach ihrem neuen Sitz nannten. Das Herrengut ist erstmals 1206 belegt, 1230/54 schrieb man das Waldhufendorf »Ertmarsdorph«, das heißt soviel wie »Dorf des Ertmar oder Erkmar«. Zuerst wird ein Werner von Erdmannsdorf genannt. Seine Nachkommen verkauften 1290 Oberhermsdorf dem Kloster Chemnitz. 1378 wurde Erdmannsdorf der Burg Schellenberg unterstellt, später der Augustusburg. 1490 kaufte das Gut und Dorf die Chemnitzer Familie Schütz, die es bis 1793 innehatte.

Das Doppelreihendorf erstreckt sich an das Rittergut anschließend nach Westen. Ein Zain- und Eisenhammer, vom Meister Grunewald errichtet, gehört zum Rittergut. Um 1800 gibt es im Dorf einzelne Geigenmacher und Strumpfwirker.

Der südlich der Hauptgemeinde liegende Ortsteil Kunnersdorf ging aus einem einreihigen Waldhufendorf hervor. Es befindet sich links der großen Zschopauwindung zwischen den Mündungen von Schwarzbach und Dittersdorfer Bach. Erstmals wurde es erwähnt 1344 als »Kunradsdorf«. 1539 heißt es »Khonnersdorf«, was soviel heißt wie das »Dorf eines Konrad«.

Das Rathaus von Erdmannsdorf stammt aus dem Jahre 1910. Die Kirche ist sehenswert, besonders das dazugehörige Pfarrhaus. Es stammt aus dem Jahre 1812 und ist zweigeschossig. Auf dem massiven Erdgeschoß liegt ein Fachwerkaufbau mit einem abgewalmten Mansardendach. Vom oberen Ortsausgang bietet sich eine schöne Fernsicht zum oberen Erzgebirge und in das Flöhatal.

Die Standseilbahn, 1910/11 erbaut, verkehrt zwischen Bahnhof Erdmannsdorf-Augustusburg und Augustusburg montags–freitags von 4.30 bis 23 Uhr, sonnabends und sonntags von 5.45 bis 22.25 Uhr. Jeder der beiden Wagen faßt 75 Personen. Die Fahrtzeit beträgt 8 Minuten. In dieser Zeit legt die Bahn eine Strecke von 1282 m zurück bei einer Steigung von durchschnittlich 14 %, maximal 20 %. Die Talstation liegt 292 m ü. NN, die Bergstation 461 m.
Auskunft über den Ort und seine Umgebung und Quartiernachweis erteilt die Gemeindeverwaltung.

Erla, Landkreis Schwarzenberg. Mit dem Ortsteil Crandorf. 2 km südlich der Kreisstadt in einer Weitung des Schwarzwassertales und an dessen Südosthang gelegen. Erla ist durch ein Eisenwerk geprägt. Crandorf mehr durch die Landwirtschaft. Der Ortsteil ist ohne jede Industrie.

Erla ist zu erreichen auf der Autobahn Dresden–Plauen, Ausfahrt Stollberg. Von hier befährt man die B 169 bis Aue, die B 101 bis Schwarzenberg und biegt auf die Straße ein, die dem Schwarzwassertal aufwärts nach Johanngeorgenstadt führt. Erla liegt an dieser Straße. Der Bahnhof des Ortes befindet sich an der Linie Leipzig, bzw. Zwickau–Johanngeorgenstadt. Es besteht Busverbindung.

Man nimmt an, daß Crandorf im 12. Jahrhundert von mainfränkischen Siedlern gegründet wurde. Erla ging aus einer Hammerwerkssiedlung hervor. 1380 wird von einem »hoffe zu Crandorf« und einem »hammer in der erel« berichtet. Ein Kunz Ortband und dessen Ehefrau erhielten von der Schwarzenberger Herrschaft beides zu Lehen. Der Name Erla wird von den am Bach wachsenden Erlen abgeleitet, Crandorf von »Krähendorf«. Im 13. Jahrhundert, nach Funden von Zinn und Eisen, gewann das Schwarzwassertal an Bedeutung. Neben kleinbäuerlicher Betätigung, waren die Bewohner vorwiegend beschäftigt mit dem Schürfen und Aufbereiten von Erzen. Die Eisenverhüttung setzte möglicherweise um 1250 ein. Unter den Hammerwerken des Erzgebirges, ist das »in der erel« eines der ältesten. 1530 heißt es von Crandorf, »ein neu Dorff bestehend aus 3 Höfen dazu 10 Anwesen«. Angesiedelt hatten sich Berg- und Hammerleute, Holzfäller und Köhler. Das Dorf lag an der Paßstraße von Schwarzenberg über Breitenbrunn nach Joachimsthal und besaß damit eine gewisse Verbindung zur Außenwelt. Neben dem Hammer taucht 1583 auch die Zeche auf »St. Johannes am Rothen Berg«, in der nach Roteisen gesucht wurde. Sie lag zwischen Erla und Crandorf am Hang. Einzelne Überreste davon sind bis heute erkennbar. 1795 wurde sie das berühmteste Eisenerzbergwerk Sachsens genannt. In guten Zeiten fuhren bis zu 200 Bergleuten an, die in Tiefen bis zu 200 m arbeiteten. Noch Mitte des 19. Jahrhunderts brachte man jährlich um die 300 Fuder Eisenstein zu Tage. In romantischem Überschwang schreibt Lindner 1848 über den Ort: »Mit Ackergeräthe zieht der Landmann zu Felde, Berg- und Hüttenleute wechseln die Schichten, und der Holzmacher schreitet in den Wald mit Aexten und magerer Kost im Kober – Alle nebeln ihr Pfeiflein, von welchem der Schwamm am besten riecht.« Obwohl die Zeche noch nicht ausgebeutet war, fiel der Betrieb 1865 ausländischer Konkurrenz zum Opfer. Übrig blieb aus alter

Bergbauzeit das heutige Eisenwerk. Von 1946 bis etwa 1958 wurde rund um den Ort Bergbau auf Uranpechblende betrieben. Wohnsiedlungen für Bergarbeiter entstanden vor allem in Erla. Halden in Ortsnähe begrünen sich und lassen den Bergbau nur noch ahnen.

Die Dorfkirche am Hang, mitten in Crandorf, ein Barockbau aus dem Jahre 1712, mit einem Westturm von 1864, hat umlaufende Emporen. Als interessant gilt der Kanzelaltar mit einem Kreuzigungsgemälde vor dem Kanzelkorb. Straßenabwärts steht auf der rechten Seite eine guterhaltene Postmeilensäule. Sie ist ein markanter Punkt an der alten Verbindungsstraße zwischen Schwarzenberg und Johanngeorgenstadt. Auffälligster Bau in Erla ist der aus dem 18. Jahrhundert stammende Herrenhof mit einem Park voll alter Bäume. Darunter eine mächtige Ulme, als Naturdenkmal geschützt. Sie steht direkt an der Straße. Der Herrenhof genießt Denkmalschutz. Er wird bestimmt durch ein Fachwerkgebäude mit hohem Walmdach. In der Mitte des Firstes über einer Gaupe ein Dachreiterturm mit Uhr und Laterne. Die zum Gebäudekomplex gehörenden Bauten bilden einen quadratischen Innenhof, zu dem man von der Straße aus durch eine überdeckte Durchfahrt gelangt. Der Gasthof »Eisenhütte« stammt aus der 1. Hälfte des 19. Jahrhunderts und steht auf altem Bergwerksgelände. Am Hang des Rothen Berges, im Wald versteckt, findet sich der aus alter Bergwerkszeit erhaltene Pulverturm. Einen schönen Rundblick über die Umgebung hat man vom Hohen Rad, auf das Dorf selbst, von Bermsgrün aus. Wanderziele sind die Kreisstadt, Antonsthal mit der »Silberwäsche« oder die Morgenleithe. Der Ort liegt nahe am Wald. Die Wiesen in Ortsnähe bieten gute Wintersportmöglichkeiten.
Auskunft über den Ort und Nachweis von Quartieren erhält man durch die Gemeindeverwaltung im Ortsteil Crandorf.

Erzengelteich, Landschaftsschutzgebiet, auch Erzengler-Teich. Landkreis Brand-Erbisdorf. Landschaftsschutzgebiet seit 1962, 113 Hektar groß, davon 8 Hektar Wasserfläche. Im wesentlichen Erholungsgebiet für die Bewohner von Brand-Erbisdorf. Der flachwellige Gebirgsrumpf liegt in 500 m Höhe (die Wasserfläche des Erzengelteiches in 495 m ü. NN). Die wenig tief eingeschnittenen fließenden Gewässer bilden nur sanft geneigte Hänge.

Das Landschaftsschutzgebiet hat die Form eines Flugdrachens. Es liegt etwa 1,5 km südostwärts von Brand-Erbisdorf. Zu erreichen ist es auf der B 101, die von Freiberg heranführt und über Annaberg-Buchholz, Aue zustrebt. Sie führt dicht am Schutzgebiet vorüber. Man erreicht es zu Fuß von Brand-Erbisdorf aus über den 516 m hohen Kuhberg. Brand-Erbisdorf liegt an der Eisenbahnlinie Freiberg–Großhartmannsdorf. Es bestehen Busverbindungen.

Die klare Wasserfläche des Kunstteiches ist von Nadelwald umgeben. Das Mittelgebirgsklima wird durch den schützenden Wald gemildert. Grundgestein des Gebietes ist Grauer Gneis mit verschiedenen Einlagerungen. Außer einigen Zweckbauten, gibt es keine Niederlassungen im Landschaftsschutzgebiet. Der Teich wird von dem aus südlicher Richtung zufließenden Münzbach gespeist.

Gestaut wurde der Münzbach zu einem Teich von Bergleuten vor 1568. Er faßt 145 000 Kubikmeter Wasser. Es wurde über Kunstgräben zu bergbaulichen Anlagen geleitet und zu deren Betrieb verwendet. Zum nördlich gelegenen Rotbächer Teich führt eine Rösche, ein unterirdisch angelegter Wasserlauf. Bis der Münzbach bei Halsbrücke in die Freiberger Mulde mündet, durchfließt er eine Anzahl von künstlich angelegten Teichen.

Am Erzengelteich befindet sich ein öffentlicher Badeplatz mit den entsprechenden Anlagen. In beiden Teichen wird Fischzucht betrieben.

Auskunft über das Landschaftsschutzgebiet und den öffentlichen Badeplatz erteilt die Stadtverwaltung von Brand-Erbisdorf.

Erzgebirgisches Eisen und Zinn, Museum, Schwarzenberg, Obere Schloßstraße 36. Öffnungszeiten: dienstags bis sonntags, 13–17 Uhr.

Die Ausstellung gibt wesentliche Einblicke in den erzgebirgischen Bergbau im allgemeinen, die Eisenlagerstätten, Eisen- und Metallverhüttung und -weiterverarbeitung, ferner in die Schloß- und Stadtgeschichte von Schwarzenberg. Eine Sammlung von Eisen- und Zinngeräten wird gezeigt und speziell erzgebirgischer Handklöppelspitzen. In Modellen sind Zinngießer-, Klempnerwerkstatt und Löffelschmiede zu sehen. Das Museum verfügt über interessante Beispiele erzgebirgischer Schnitz- und Bastelkunst, wie Krippen, Heimat- und Weihnachtsberge, Pyramiden, Lichtträger, Baumschmuck, Holz- und Blechspielwaren.

Essen und Trinken, Bedingt durch die geographische Lage, wurden im Erzgebirge vorzugsweise Kartoffeln angebaut. Seit ihrer Einführung gelten sie als Hauptnahrungsmittel. Wenn möglich, kellert sich eine Erzgebirgsfamilie mehrere Doppelzentner als Wintervorrat ein. Berlet im Jahre 1904: »Der Erzgebirger hat dem Niederländer voraus, daß er aus Kartoffeln allerhand verschiedene und schmackhafte Gerichte zu bereiten versteht. Er kann alltäglich in der Woche Kartoffeln essen und ißt doch an keinem Tage das gleiche Gericht.« An erster Stelle der Beliebtheit stehen die grünen Klöße, auch »Toppkließ« genannt. Sie sind das »Staatsessen«, kommen Weihnachten und an Sonn- und Feiertagen auf den Tisch zu Rinder- oder Schweinebraten, Hammel, Gans, Kaninchen, ja selbst Karpfen. Auch die in der Pfanne gebackenen Klöße, Getzen, Klitscher, Fratzen haben ihren Zuspruch. Beliebtes Alltagsessen sind Pellkartoffeln, »Schöleraardäppeln« geheißen, dazu ißt man Hering, Butter, Wurst oder Quark. Zu Bratwurst reicht man Kartoffelbrei. Zu all den Speisen fehlt das Sauerkraut nicht, das bei traditionsbewußten Familien selbst »eingeschnitten« wird. Ein typisches Arme-Leute-Essen ist »Rauchemad«, hergestellt lediglich aus Kartoffeln und Mehl. Hier ist auch die Kartoffelsuppe, und ihre Abart, die »Zudelsupp« zu nennen. Große Sorgfalt verwendet die erzgebirgische Hausfrau auf die Zubereitung des Weihnachtsstollens. Als eine Spezialität gilt der erzgebirgische Kartoffel- und Schwarzbeerkuchen. Pilzsucher stellen freilich über alles gebratene oder »saure Schwamme«. – Zu allen möglichen Zeiten wird im Erzgebirge Kaffee getrunken, schwarzer Tee hat keinen hohen Stellenwert, eher schon Kräutertee. Das Hauptgetränk der Männer ist Bier. Wein gibt es bestenfalls bei festlichen Anlässen.

Fachwerk, Die ursprüngliche holzaufwendige Blockbauweise wurde durch das Fachwerk abgelöst. Bei ihm werden die zwischen dem Gefach befindlichen Flächen durch Lehm oder Ziegel ausgefüllt. Es kommt im Hausbau in verschiedener Ausführung vor. Beim sächsischen Haus hat die Schmuckfunktion untergeordnete Bedeutung und wird nur sparsam berücksichtigt. Im Vordergrund der Formgebung stehen die praktischen Erfordernisse. Für den Fachverband sind waagrecht liegende Schwellen erforderlich, stehende Pfosten, dazu Rahmen und Riegel. Sie bilden in ihrer Gesamtheit das Gefach. Die schräg liegenden Hölzer, Streben und Kopfbänder machen es stabil und unverschiebbar. Die Gestaltung der Giebelfläche ist von der Dachkonstruktion abhängig. Dabei können die Giebelflächen verbrettert, verschindelt oder verschiefert sein, vor allem sind sie es dann, wenn sie an der Wetterseite liegen.

Falkenau, Landkreis Flöha. Mit dem Ortsteil Hetzdorf. Falkenau liegt 4 km ostwärts der Kreisstadt in das Tal der Flöha gebettet. Nach Norden zu erstreckt sich der Oederaner Wald. Dort liegt auch die 499,2 m hohe Karolinenhöhe, eine Randerhebung des Erzgebirges.

Falkenau befindet sich an der B 173, die von Chemnitz nach Freiberg führt. Die Straße berührt nach Flöha den Ort. Der Eisenbahnhaltepunkt Falkenau-Süd liegt an der Linie Chemnitz–Marienberg, der Bahnhof Falkenau an der von Freiberg nach Glauchau. Zum Ort besteht Busverbindung.

Gegründet wurde Falkenau als Waldhufendorf. Rodebauern legten es auf beiden Seiten der Flöha an. Erstmalige Erwähnung erfolgte 1378 mit der Bezeichnung »Valkenow«, was soviel heißt wie »die in einer Flußaue liegende Siedlung eines Falkners«. Der obere Teil des Ortes wurde auf einer Terrasse links des Flusses errichtet. Die Siedlung gehörte zum Herrschaftsbereich der Burg Schellenberg, später der Augustusburg. Durch die Bachlage sind aus früher Zeit zahlreiche Mühlen bekannt. Im Zechengrund bauten seit Mitte des 16. Jahrhunderts mehrere Gruben auf Blei und Silber. Wegen geringer Erträge gingen 1616 die Bergwerke ein. 1734 wollte man den Bergbau wieder beleben. Alle bis 1842 angestellten Versuche blieben erfolglos. Flößerei, mit der sich Falkenauer Einwohner beschäftigten, ging bis 1887. Carl Ludwig Beaumont, der 1806 als napoleonischer Offizier in das Flöhatal gekommen war, richtete 1821 die erste Spinnerei ein und eröffnete 1836 im Schieferbachtal eine eigene Fabrik.

Der zu Falkenau gehörende Ortsteil Hetzdorf wird urkundlich erstmals 1378 genannt als »Heczelstorf«. Er ging aus einem einreihigen Waldhufendorf hervor. Bekannt ist die Hetzdorfer Eisenbahnbrücke (s. d.). Sie ist 325,5 m lang und 40 m hoch. Vom fahrenden Zug aus, hat man einen eindrucksvollen Blick in das Flöhatal.

Falkenau liegt waldnahe. Interessante Wanderziele vom Ort aus sind u. a. die Hetzdorfer Bastei, die Karolinenhöhe, Hausdorfer Höhe, »Klein-Erzgebirge« in Oederan.
Auskunft über den Ort erteilt die Gemeindeverwaltung.

Fastnacht, Abgeleitet wird der Begriff vom mittelhochdeutschen »Vasen«, was soviel heißt, wie »umherschwärmen«, »suchen«. Danach ist Fastnacht der Tag des Umherschwärmens, Possenreißens. Die erzgebirgische »Fosend« ist weit davon entfernt, ein buntes Karnevalstreiben zu sein. Sie lebt heute lediglich von Veranstaltungen der Gast- und Tanzgaststätten und der vereinzelt bestehenden Karnevalsvereine. Bei ihnen bestehen nur lose Verbindungen zu heimischen Überlieferungen.

Über Jahrhunderte hinweg war im Erzgebirge Fastnacht die große Lustbarkeit der Bergleute. Sie feierten den Tag mit Bergaufzug, Bergbier und abendlichem Quas, einem Trink- und Tanzgelage. Mit dem Rückgang des Bergbaus wurde Fastnacht immer mehr das Fest der Kinder. Sie »vermaschkerierten« sich an diesem Tag auf altmodisch, verkleideten sich als »Fosendknacker«, bevor sie auf die Straße »schwärmten«. Durch ihre Verkleidung wollten sie für unerkennbar gelten. Sie klopften an die Türen der Nachbarn, Bekannten, am liebsten an die der Bäcker und Fleischer zum »Spießeirecken« oder »Kräppleschießen«. Wurde ihnen geöffnet, reckten sie einen aus Holz geschnitzten Spieß empor und sagte dazu ein Verslein auf oder sangen ein Liedchen. Als Dankeschön bekamen sie Äpfel, Brezeln oder Pfannkuchen an den Spieß gesteckt.

Am Abend hielt die verkleidete Dorfjugend ihren »Fosendball«. Das konnte auch ein »Burkert« sein, ein Ball verkehrt, bei dem die Mädchen aufzuführen hatten. Einem alten Brauch gemäß schlichen am Aschermittwoch junge Burschen in die Schlafräume und beschütteten die Schlafenden mit Asche und Wasser. Auch das »Aschetragen« war üblich: Herzugeschlichene Burschen warfen einen mit Asche gefüllten Topf in den Hausflur oder gegen die Stubentür, daß er zersprang. Man versuchte auch, dem anderen unbemerkt ein Aschesäckchen anzuhängen oder den Rükken mit Asche zu bestäuben.

Fatzer, Fatzer nannten sich ehemalige Berg- und Gelegenheitsmusikanten aus Gottesgab im böhmischen Erzgebirge. Sie hatten sich zu kleinen Kapellen, den »Fatzerbanden«, zusammengschlossen, um als Wandermusikanten Deutschland oder das Ausland zu bereisen. Die berühmtesten Kapellen kamen bis nach Ägypten und Indien. Der Begriff »Fatzer« stammt aus ihrer »Musikantensprache«, eine Art Rotwelsch, und bedeutet soviel wie »Musikmacher, Spieler«. Fatzerkapellen verwendeten vor allem Blas- und Streichinstrumente. Sie gaben regelrechte Konzerte, machten aber auch Tanz- und Gelegenheitsmusik. Gern gesehen waren sie auf allen deutschen Messen. Um als ehemalige Bergleute erkannt zu werden, trugen sie auf ihren Reisen Bergmannskleidung, auch dann, wenn sie nie etwas mit dem Bergbau zu tun hatten. Die aus der Nachbarstadt Preßnitz in die Welt ziehenden Musikanten nannten sich »Schaller«, die aus Rittersgrün »Bergmusikanten«. Die berühmteste Rittersgrüner Bergkapelle leitete der »Dicke Fritz«, der mit seiner Kapelle vor allem auf der Frankfurter Messe einen Namen hatte.

Fichtelberg, höchster Berg Sachsens, Landkreis Annaberg. Der Berg liegt an der Landesgrenze zur ČSFR, am Fuße seines Südostabhangs befindet sich der Kurort Oberwiesenthal. Mit 1214 m ü. NN ist der Fichtelberg, nach dem Keilberg (ČSFR) mit 1244 m der zweithöchste des Erzgebirges. Mit dem 1206 m hohen Hinteren Fichtelberg bildet er einen Sattel.

Zu erreichen ist das Gelände von Chemnitz aus auf der B 95 über Annaberg-Buchholz. Kurz vor dem Grenzübergang biegt man rechts ab und gelangt auf der Fahrtstraße in Richtung Gipfel. Auf halber Höhe befindet sich der Parkplatz. Die Weiterfahrt bis zum Gipfel ist verboten. Das letzte Stück Weg geht man zu Fuß. Man kann auch das Fahrzeug auf einem der Parkplätze in Oberwiesenthal belassen, zu Fuß den Aufstieg unternehmen oder mit der Seilschwebebahn die Höhe erreichen.

Der Doppelgipfel des Fichtelberges besteht im wesentlichen aus kristallinen Gesteinen, darunter Muskovitschiefer. Auf dem Südosthang gibt es ein weitreichendes Skigelände. Der Berg selbst ist bewaldet. In der Gipfellage haben die Bäume lediglich Krüppelwuchs (Windflüchter).

Seit der ersten Hälfte des 19. Jahrhunderts gab es auf dem Berg ein von der Forstbehörde errichtetes Holzgerüst, das durch einen sechseckigen Turm mit einer Außentreppe abgelöst wurde. Baufällig geworden und innen ausgebrannt, konnte es nicht mehr benutzt werden. Daraufhin errichtete der Erzgebirgsverein nach Plänen von Baumeister Puschmann-Johanngeorgenstadt ein festes Haus, das 1889 eingeweiht wurde. Es mußte 1899 und 1910 erweitert werden. Durch Kinderhand entzündet, brannte es in der Nacht vom 25. zum 26. Februar 1963 nieder. Das heutige Haus wurde 1967 eingeweiht. Es ist viermal größer als das alte.

Auf dem Bergplateau befindet sich eine Säule der Gradmessung mit der Aufschrift: »Station Fichtelberg der mitteleuropäischen Gradmessung. – Königreich Sachsen 1864.« Ein anderer Stein in der Nähe der Bergstation der Seilschwebebahn erinnert an die Aufforstung des Berges von 1848 bis 1864.

Seit 1916 gibt es auf der Höhe eine Wetterwarte, die nach 1950 zum Bergobservatorium ausgebaut wurde. Daneben hat die Technische Universität Dresden einen Versuchs-Pflanzgarten angelegt.

Die vom Kurort Oberwiesenthal zum Gipfel führende Seilschwebebahn wurde, als erste ihrer Art in Deutschland, 1924 in Betrieb genommen. Die Strecke ist 1175 m lang und überwindet in sechs Minuten einen Höhenunterschied von 305 m. Jede Kabine faßt 44 Personen.

Vom 42 m hohen Aussichtsturm eröffnet sich ein umfassender Weitblick über das Erzgebirge, sein Vorland, weite Teile des Vogtlandes und in böhmisches Gebiet. Bei günstigem Wetter beträgt die Sicht bis 100 km weit.

Das Fichtelberggebiet hat gut markierte Wanderwege. Abfahrtsstrecken verschiedener Schwierigkeitsgrade sind markiert. Sessel- und Schlepplifts bringen die Wintersportler zur Höhe. Die Berggaststätte ist ganzjährig geöffnet. Auskunft über den Fichtelberg und seine Umgebung erhält man durch die Kurverwaltung Oberwiesenthal oder die Leitung des Fichtelberghauses.

Fichtelberg, Landschaftsschutzgebiet, Landkreis Annaberg. Landschaftsschutzgebiet seit 1962, 548 Hektar groß. Im wesentlichen Erholungs- und Wintersportgebiet für das westliche Erzgebirge und den Kurort Oberwiesenthal. Durch seine Höhenlage von 920 bis 1214 m ü. NN. schneesicher. Außer den Gebäuden auf dem Fichtelberg, der »Sachsenbaute« und dem »Neuen Haus«, gibt es im Gebiet keine anderen.

Das Landschaftsschutzgebiet erreicht man auf der B 95, die von Oberwiesenthal kommend, am Grenzübergang endet. Eine Zufahrt ist von Tellerhäuser aus möglich. Von dieser Straße führt die Auffahrt zum Fichtelberg ab. Auf halber Höhe befindet sich der für die Öffentlichkeit bestimmte Parkplatz. Zum Gipfel des Berges gelangt man auch vom Kurort Oberwiesenthal aus durch die Seilschwebebahn. An den Skihängen gibt es genügend Sesselifts.

Im Gebiet liegen die höchsten Erhebungen des sächsischen Erzgebirges mit den Gipfelkuppen des Fichtelberges (1214 m ü. NN) und des Hinteren Fichtelberges (1206 m ü. NN). Damit ist es die höchstgelegene Landschaft Sachsens. Die Begrenzung liegt ziemlich gleichmäßig entfernt vom Mittelpunkt, dem Fichtelberg. Lediglich durch die Grenzausstülpung, in der sich der Zechengrund entlangzieht, gleicht es einem seitlich geneigten Laubbaum.

Zum größten Teil ist das Fichtelberggebiet mit Nadelwald bestockt, der teilweise auf sauer-humosem Boden wächst und urwaldartigen Charakter hat. Ursache sind die in ihm befindlichen wasserstauenden Verebnungsflächen. Im Gebiet gibt es unterschiedlich steile Hänge, teilweise tief eingeschnittene Kerbtäler und junge Erosionsrinnen. Im wesentlichen besteht die Landschaft aus gerundeten Abtragungsrümpfen des veristischen Gebirges. Während seiner Bildung im Karbon wurden zu kristallinen Schiefern umgewandelte Gesteine Muskovitschiefer und dunkle Schiefergneise mit Quarziteinlagerungen. Die Große Mittweida, Zschopau und Weiße Sehma haben im Fichtelberggebiet ihren Ursprung. Auf dem Gipfel befindet sich ein Aussichtsturm, das Fichtelberghaus und eine meteorologische Station. Der Wald im Landschaftsschutzgebiet wird forstwirtschaftlich nur durch Pflegemaßnahmen genutzt, die seinem Erhalt dienen. Es gilt überhaupt als eine Meisterleistung sächsischer Forstleute, die den Wald bis zum Gipfel begründeten und bis heute erhielten.

Innerhalb des Landschaftsschutzgebietes oder unmittelbar angrenzend befindet sich im Osten des Naturschutzgebietes »Schönjungferngrund«, südlich der tief eingeschnittene »Hüttengrund« und in westlicher Richtung die »Schilfwiese«.

Das gesamte Gebiet läßt sich zu Fuß oder mit den Skiern erschließen. Es gibt zahlreiche markierte Wanderwege und Pisten. Im Interesse des Landschaftsschutzes sollte man von ihnen nicht abweichen. Für den Kraftfahrer stehen im Kurort Oberwiesenthal ausreichend Parkplätze zur Verfügung.

Filzteich, Bergsee, Landkreis Aue, 1,5 km südwestlich von Schneeberg-Neustädtel, im Waldgebiet des Hartmannsdorfer Forstes, 545 m ü. NN. Zu erreichen ist der Bergsee auf der B 169 von Schneeberg in Richtung Rodewisch, wenn man unmittelbar hinter Schneeberg-Neustädtel rechts abbiegt oder den Fußweg wählt, der von Neustädtel durch die alte

Bergbaulandschaft des Hohen Gebirges zum Bergsee führt. Im Sommerhalbjahr besteht Busverbindung zum Filzteich von Aue und Schneeberg aus, das ganze Jahr über bis Wolfgangmaßen.

Der Schneeberger Berghauptmann Heinrich Starschädel kaufte 1483 mooriges Waldgelände oberhalb des Bergbaugebietes und ließ von 1483 bis 1485 von Bergleuten einen 5,60 m hohen Damm schütten, der das Wasser des Filzbaches staute. Diese Talsperre, eine der ältesten Sachsens, lieferte über Stollen und Graben das Aufschlagwasser für Poch- und Schlämmwerke und für die Kunstgezeuge in den Schächten.

Heute steht die Anlage als technisches Denkmal unter dem Schutz des Gesetzes. Die Wasserfläche ist 23 Hektar groß, stellenweise bei 300 m breit und 4,80 m tief. Der Staudamm ist 240 m lang. Gestaut werden 369 000 Kubikmeter Wasser. Im Anschluß an den Filzteich erstreckt sich nach Südosten ein ausgedehntes Hochmoorgebiet mit seltenen Moorpflanzen und Seggen.

1786, geleitet von seinen bergbaulichen Interessen, war Goethe am Filzteich. Er schreibt darüber: »Der Große Filzteich ist deshalb so genannt, weil seine Südseite an ein Terrain anstößt, das aus Granitverwitterung besteht und mit Torf, welches vom Volk Filz genannt wird, bedeckt ist. Der Bergsee, ein Naturwunder, überwältigend schön im Anblick der herrlichen Wasserfläche, umgeben von tiefgrünen, stundenweiten Fichtenwäldern, liegt auf einer bewaldeten Hochebene bei der alten Bergstadt Schneeberg im Erzgebirge.«

Der Filzteich ist seit 1933 eines der größten und schönsten Strandbäder des Erzgebirges. Die während des Zweiten Weltkrieges stark vernachlässigte Anlage wurde nach Kriegsende wieder hergerichtet und ist seit 1952 ein vielbesuchtes Naherholungsgebiet für das Westerzgebirge und das Südostvogtland.

Das Strandbad ist über Sommer geöffnet. Es sind Sportanlagen vorhanden, gastronomische Einrichtungen, ein Wasserrettungsdienst. Für Kraftfahrer stehen Parkplätze zur Verfügung. Auskunft erhält man durch das Fremdenverkehrsamt der Stadtverwaltung Schneeberg.

Paul Fleming.

Fleming, Paul, Bedeutender Barockdichter. Geboren am 5. 10. 1609 in Hartenstein/Erzgebirge, gestorben am 2. 4. 1640 in Hamburg.

Der Vater des Dichters, Kandidat der Theologie, Abraham Fleming wirkte seit 1609 als Schulrektor. Er heiratete die Kammerjungfer Dorothea Müller 1607. Im alten Schulhaus zu Hartenstein, Kirchgasse Nr. 123, wurde 1609 Paul Fleming geboren. 1615 zog die Familie nach Topfseifersdorf bei Mittweida, wo der Vater eine Pfarrstelle erhielt. Fleming absolvierte in Mittweida die Lateinschule und später die Thomasschule in Leipzig. Anschließend studierte er Medizin und nahm gemeinsam mit Adam Olearius an einer mehrjährigen Expeditionsreise nach Rußland und Persien teil. 1640 promoviert er zum Doktor der Medizin in Leiden. Auf der Rückreise nach Reval, wo er sich als Arzt niederlassen wollte, verstarb er, erst dreißigjährig, in Hamburg.

Flemings dichterisches Werk in lateinischer und deutscher Sprache gehört zu den künstlerischen Höhepunkten der deutschen Barockliteratur. Viele seiner weltlichen Verse (»Wie er wollet geküsset sein«) und seiner Kirchenlieder (»Ein getreues Herz zu wissen«) sind bis heute lebendig geblieben. Obwohl seine Dichtung stofflich kaum mit seinem Geburtsort verknüpft ist, haben ihm die Bürger Hartensteins ein treues Andenken bewahrt. Spenden aus allen Bevölkerungsschichten machten es möglich, am 28. Mai 1896 ein Denkmal auf dem Marktplatz einzuweihen, das der Berliner Bildhauer Max Meißner geschaffen hatte. Im Heimatmuseum Burg Stein gibt es eine gut gestaltete Gedenkstätte mit frühen Ausgaben seiner Schriften und zeitgenössischem Bildmaterial.

Flöha, Kreisstadt. Sie liegt am Fuße des unteren Erzgebirges, 10 km ostwärts von Chemnitz, und ist eingebettet in das Flöhaer Becken, gebildet von den Flüssen Flöha und Zschopau, die hier zusammentreffen und gemeinsam weiterhin die Zschopau bilden. Hauptindustrie in der Stadt ist die Baumwollspinnerei. Flöha ist ein wichtiger Eisenbahnknotenpunkt.

Die Stadt liegt an der B 173, die von Zwickau über Chemnitz nach Freiberg weiterführt. Benutzer der Bundesautobahn Dresden–Plauen, verlassen sie in Frankenberg und fahren von da auf der Ortsverbindungsstraße zum Ziel. Der Bahnhof Flöha liegt an der Strecke Freiberg–Glauchau; Dresden–Plauen; Chemnitz–Bärenstein und Chemnitz–Marienberg. Die Stadt hat günstige Busverbindungen.

Entstanden ist Flöha aus einem Waldhufendorf der deutschen Ostbesiedlung »aus wilder Wurzel« Ende des 12. Jahrhunderts. Der Ortsname wird zuerst als Flußbezeichnung genannt, 1399 taucht das Dorf auf »zcu der Flaw« an der wichtigen Handelsstraße aus dem Reich über Chemnitz–Dresden nach Bautzen gelegen. Es gehört zur Herrschaft Schellenberg, der späteren Augustusburg. Unter seinen 24 Bauerngütern befand sich ein Erblehnrichtergut. Die Siedlung entwickelte sich erst im 19. Jahrhundert zu einem Industriestandort. 1821 entstand die erste Baumwollspinnerei. Aus ihr erwuchs Flöhas wichtigster Industriezweig.

Durch den Zusammenschluß der Dörfer Glücksberg, Plaue, Bernsdorf mit Flöha wurde 1933 die Stadtgemeinde Flöha. Regellos zusammengefügt fehlt ihr der Stadtkern bis heute.

Sehenswert ist die Stadtkirche St. Georg. Sie stammt aus dem 15. Jahrhundert, mit einem aus dieser Zeit erhaltenen Chor. Der einfache Saalbau hat einen schieferbeschlagenen Dachreiter. Die Kirche verfügt über einen Schnitzaltar aus der Zeit um 1500, im Mittelschrein Maria darstellend, zwischen dem heiligen Georg und Martin. Man vermutet in ihm eine Schöpfung des Meisters des Ebersdorfer Hochaltars. Die Kanzel ist reichgeschnitzt und stammt aus dem Jahre 1676, den Taufstein in Kelchform schuf 1595 Michael Hegewald. Im Pfarrhaus zu Flöha verbrachte der Staatsrechtslehrer Samuel Pufendorf (1632–1694) seine Kindheit. Hier wirkte sein Vater von 1633–1644 als Pfarrer.

Auskunft über den Ort und seine Umgebung und Zimmernachweis erteilt die Stadtverwaltung.

Flurtyp, Bei der Landnahme, der Rodung und Besiedlung, wurden unterschiedlich die Fluren aufgeteilt, abhängig u. a. von der Bodenbedeckung, Bodenbeschaffenheit und Geländeausformung. Dadurch entstanden Flurtypen. – Die ursprünglichste und häufigste Aufteilung der deutschen Kolonialisten war die nach Waldhufen. Es entstand die *Waldhufenflur*. Eine Hufe war ein gleichgroßer oder gleichwertiger Anteil am Ackerland und an der Nutzung des nichtaufgeteilten Gemeindelandes. Die Größe der Hufe (abgeleitet von »Behufs«, »was jedem zukommt«) richtete sich ursprünglich nach dem Unterhaltsbedarf eines bäuerlichen Hauswesens und danach, wieviel ihm Arbeitskräfte zur Hand waren. Von der durchgehenden Straße aus, an der in fortlaufender Reihe die Gehöfte lagen, führte die dazugehörige Hufe geschlossen in einem einzigen Streifen bis möglichst zur Grenze der Gemarkung. Dem am Haus liegenden Baum- und Grasgarten folgten Wiesen, Felder, Weiden und schlossen mit dem Wald ab. Da Hufe an Hufe lag, gab es kein zerstückeltes, unzusammenhängendes Land. Die zwischen den Hufen hinführenden Fahrwege machten jeweils zwei Hufen zusammenhängend und zugängig. Die später hinzukommenden Siedler mußten sich an den Enden anreihen. – Viele dieser Hufen wurden später parzelliert, dadurch entstand die *Wiesenstreifenflur*. Zwischen den einzelnen kleinen Feldstücken zogen sich 3 bis 5 m breite Wiesenstreifen hin, der Grasnutzung dienend, die der Flur ein kariertes oder gestreiftes Aussehen gab. Oft liefen diese Wiesenstreifen auch zwischen den einzelnen Hufen hin. – War die Flur in ganzer Ausdehnung in regelmäßige, oft schnurgerade und gleichbreite Bänder zerlegt, entstand die *Feldbreitenflur*. Hier gingen die Feldstreifen, wie bei den Waldhufen, rechtwinklig vom Zweireihendorf ab. Sie waren jedoch bedeutend kürzer. Nur kleine Teile konnten sich dem Gehöft anschließen, der überwiegende Teil lag frei da. In den Walddistrikten wurde Land auch in kleinsten Parzellen vergeben. Auf dies Weise entstand die *Parzellenflur*. Sie war dort üblich, wo sich Heim- und Fabrikarbeiter niederließen. – Durch die Großraumwirtschaft in der Landbestellung wurden die alten Strukturen meistenteils zerstört. Nur wenige der ursprünglichen Typen konnten sich als Reste erhalten.

Schloß Frauenstein.

Frauenstein, Landkreis Brand-Erbisdorf. Gemeinde an der Grenze zwischen unterem und oberen Osterzgebirge gelegen, mittlere Höhenlage 650 m (Marktplatz). Liegt auf einem Granitporphyrrücken zwischen dem Tal der Bobritzsch und der Gimmlitz.

Frauenstein ist erreichbar über die B 170 und B 171 Dippoldiswalde von Dresden aus, von Chemnitz über die B 173 über Freiberg. Keine direkte Bahnverbindung mehr, von Chemnitz oder Dresden über Freiberg bis Klingenberg-Colmnitz, dann Busanschluß, Busverbindungen auch nach Olbernhau, Freiberg, Freital, Altenberg u. a. Orten.

1218 wird der Name Frauenstein als »castrum Vrowenstein« urkundlich erstmals erwähnt. Vermutlich entstand die Burg schon um 1200 als Grenzfeste des Markgrafen von Meißen. 1411 erhielt der Ort das Stadtrecht, die Stadt wurde gegen Ende des 15. Jahrhunderts auf den Bergrücken verlegt, von der alten, ursprünglichen Siedlung gibt es keine ummittelbaren Zeugnisse mehr. Heinrich von Schönberg ließ zwischen 1585 und 1588 unterhalb der Burg einen Schloßbau im Renaissancestil errichten. Der Stadtbrand von 1728 ließ die Burg zur Ruine verfallen, das Schloß erhielt seine heutige Gestalt nach dem Wiederaufbau. Von der Burg, einer der schönsten mittelalterlichen Anlagen im Osterzgebirge, sind Hauptturm und Gewölbe, Teile des Pallas mit Kapellenfenstern, Ringmauer mit Wehrgang und sechs Türmen und Teile der inneren Burg erhalten. Sehenswert auch das Renaissanceportal am Schloß, im Erdgeschoß Kreuzgewölbesaal, heute als Heimatmuseum genutzt. Friedhofskapelle mit Schindeldach, Ende des 14. Jahrhunderts erbaut, um 1616 erneuert. – Postdistanzsäule von 1725 vor dem Postamt. – In der Hayngasse 102 Gedenktafel am Haus, in dem der Orgelbauer Gottfried Silbermann (s. d.) seine Jugendjahre verlebte. In Kleinboritzsch, Ortsteil von Frauenstein Geburtshaus. Frauenstein ist ein beliebter Ferien- und Wintersportort. Vom »Dicken Merten«, dem Hauptturm der Burgruine schöne Aussicht über weite Teile des Ost- und Westerzgebirges.

Freiberg, Kreisstadt im Regierungsbezirk Chemnitz, liegt in 360/450 m Höhe im unteren Osterzgebirge.

Freiberg ist Knotenpunkt des Straßen- und Eisenbahnverkehrs. Der Kraftfahrer erreicht die Stadt über die B 173 von Dresden oder Chemnitz oder die Autobahn Dresden–Chemnitz, Anschlußstelle Siebenlehn. Freiberg liegt an der Bahnstrecke Dresden-Chemnitz, es ist Ausgangspunkt für die Bahnlinie nach Nossen, Holzhau, Langenau. Busverbindung existiert nach Dresden, Leipzig, Chemnitz, Meißen, Annaberg, Olbernhau, Frauenstein, Marienberg, Dippoldiswalde, Eppendorf und in alle Orte des Kreises. Bushaltestellen auf dem Bahnhofsvorplatz.Stadtverkehr mit Omnibussen.

Freiberg ist eine alte Bergstadt mit vielen bedeutsamen historischen und kunsthistorischen Sehenswürdigkeiten, industrielles Zentrum und Stadt mit verschiedenen Bildungseinrichtungen.

Zwischen 1156 und 1162 entstand die Bauernsiedlung Christiansdorf am östlichen Ufer des Münzbaches im Zusammenhang der Besiedlung des südlichen Teils der Mark Meißen durch Markgraf Otto von Meißen. Dorfmittelpunkt war die alte Jakobikirche. Silberfunde brachten den Zuzug niedersächsischer Bergleute, dadurch Vergrößerung der Siedlung, genannt »Sächsstadt«, Errichtung von befestigten Höfen und einer markgräflichen Schutzburg (später Schloß Freudenstein). Als Handwerkerniederlassung entstand das

Freiberg, Rathausportal am Obermarkt.

Nikolaiviertel um 1180 und wenig später die Kaufmannssiedlung um den Alten Markt (später Untermarkt). Zwischen 1210 und 1215 planmäßige Anlage der Oberstadt mit Obermarkt, Petrikirche und Rathaus. Regelmäßige, gitterförmige Straßeneinteilung. Stadtmauer mit fünf Stadttoren. Um 1186 Verleihung des Stadtrechtes. Gründung dreier Klöster: 1233 Fransziskanerkloster, vor 1243 Dominikanerkloster, vor 1248 Maria-Magdalenen-Kloster. Seit 1244 Münzstätte.

Das mittelalterliche Freiberg hatte ca. 5000 Einwohner und war damit eine der größten Städte im meißnisch-sächsischen Raum. Dominanz des Silberbergbaus, dadurch auch Gründung von Handwerker-Innungen, Fernhandel bis nach

Frankreich, Flandern und Italien. Um 1500 Beginn der montanwissenschaftlichen Forschung durch den Freiberger Bürgermeister, Arzt, Mathematiker und Bergbauforscher Ulrich Rülein von Calw (1465 oder 69–1523). Er veröffentlichte das erste deutschsprachige Buch über den Bergbau. Dank des reichen Silbersegens wurde Freiberg auch ein Zentrum der Baukunst, Wissenschaft und des humanistischen Geistesleben. 1515 wurde das erste humanistische Gymnasium auf sächsischem Boden hier gegründet. Bürgermeister Rülein holte zwei Leipziger Professoren nach Freiberg: Johann Rhagius und Petrus Mosselanus. 1542 kam die Lateinschule in die »Thümerey« am Untermarkt, wo sie bis 1875 ihr Domizil hatte. Die Bibliothek der Lateinschule ist die älteste Bücherei der Stadt. Nach der Reformation kamen hierher auch die Bestände des Domstifts, der Dominikaner- und Franziskanerklöster. In der Bibliothek befinden sich »Codex fribergensis« von 1380, eine dreibändige Vulgata, die 1408 von Johannes von Wermersdorf geschrieben wurde, mehr als 500 Inkunabeln u. a. Viele Kunsthandwerker: Die Glockgießerfamilie der Hilliger, die in ganz Deutschland berühmt wurde, Goldschmiede, wie Valerius Hessing (1588–1643), David Winkler (1617–1655) u. a. International bekannt wurde die Bergakademie. Sie entstand aus dem Wirken des Chemnitzer Bürgermeisters Georgius Agricola (s. d.) und Rülein von Calw, die erste montanwissenschaftliche Publikationen herausgaben. Ab 1617 Privatunterricht für Markscheider, Metallurgen und technische Beamte. Seit 1702 Einrichtung einer Stipendienkasse. Bergrat Johann Friedrich Henckel (1675–1744) unterhielt chemisch-metallurigsches Unterrichtslabor. Berühmtester Schüler war der russische Gelehrte M. W. Lomonossow (1711–1765). Durch Generalbergkommissar Friedrich Anton von Heynitz und Oberberghauptmann Friedrich Wilhelm von Oppel Vorschlag zur Gründung einer Bergakademie, durch Dekret des sächsischen Regenten Prinz Xaver am 22. 11. 1765 Gründung der Bergakademie Freiberg, heute älteste montanwissenschaftliche Hochschule der Welt. 1766 erste Vorlesungen, hohes wissenschaftliches Niveau, deshalb Studenten aus der ganzen Welt. Mit der Bergakademie verbindet sich das Wirken von großen Wissenschaftspersönlichkeiten: Abraham Gottlob Werner (1749–1817), zu seinen Schülern zählten Alexander von Humboldt, Leopold von Bruch, Theodor Körner und Friedrich von Hardenberg (Novalis). Aber auch Wilhelm Ludwig Lampadius

Freiberg, Tulpenkanzel im Dom.

(1772–1842), Julius Ludwig Weisbach (1806–1871), Ferdinand Reich (1799–1882) haben in jener Periode große Verdienste um die Entwicklung der Bergbauwissenschaft. Gustav Anton Zeuner (1828–1907) reformierte die Bergakademie, Profil für Berg- und Hüttenwesen. Der Freiberger Professor Clemens Winkler (s. d.) entdeckte im Freiberger Erz das chemische Element Germanium. Nach dem 2. Weltkrieg Wiedereröffnung der Bergakademie am 8. 2. 1946. Ein wichtiges Forschungsergebnis der letzten Jahrzehnte: Entwicklung des Braunkohlen-Hochtemperatur-Koks durch Erich Rammler und Georg Bilkenroth. Bibliothek der Bergakademie 1765 gegründet.

Sehenswürdigkeiten und Museen: Spätmittelalterlicher Stadtkern mit Bürgerhäusern am Ober- und Untermarkt, Wohnhausbebauung aus dem 16. Jahrhundert und früher, Spätgotik und Renaissance: Hohe Traudächer, profilierte Fensterwände, Rundbogenportale, Erker aus dem 17. Jahrhundert – Rathaus am Obermarkt. Gründungsbau aus dem 13. Jahrhundert. Neubau im 15. Jahrhundert, im Keller mittelalterliche Gefängniszellen, im Obergeschoß Reste des ehemaligen Ratssaales mit drei Spitzbogenarkaden, frühere Ratsstuben mit Holzbalkendecke. An der Südwestecke das Ratssitzungszimmer mit Stichkappengewölbe, im Turm Lorenzkapelle mit Innenportal, Erker von 1578. Verwitterter Steinkopf, der den Prinzenräuber Kunz von Kauffungen (s. d.) darstellt, der schwarze Stein auf dem Obermarkt bezeichnet Stelle seiner Enthauptung. – Kaufhaus (heute Ratskeller) am Obermarkt, vermutlich von Sebastian Lorentz d. Ä. erbaut, dreigeschossiges Eckgebäude mit schönem Frührenaissance-Portal von 1545, Flachrelief zeigen Delphin- und Blattdekorationen lombardischer Prägung, die Zwickelmedaillons vermutlich Ratsherrnbildnisse, auf dem Gebälk ein Stadtwappen. – Dom, Unser Lieben Frauen. Als Pfarrkirche durch Markgraf Otto von Meißen im 12. Jahrhundert gegründet. 1480 Erhebung zum Dom, bei Stadtbrand 1484 zerstört, bis 1502 als spätgotische Hallenkirche neu errichtet. Hohes Satteldach mit kleinem Dachreiter über dem Ostgiebel, zwei asymmetrische Türme an der Westseite sind unvollendet geblieben. Gotischer Chor, der in den Untermarkt hineinragt, wurde in wettinische Grabkapelle der Renaissance umgebaut. Südlich und westlich des Doms spätgotischer Kreuzgang mit Annenkapelle. Vor der Goldenen Pforte Schutzbau im Jugendstil. Goldene Pforte (s. d.), bedeutendes Kunstwerk aus der Zeit der deutschen Spätromantik. Das Innere des Doms als dreischiffige Hallenkirche mit umlaufender Emporenarchitektur. Langhaus und Seitenschiffe kaum getrennt, schlanke Säulen heben sich fast ohne Übergang in die Rippen des Dachgwölbes. Fast in der Mitte des Raumes die Tulpenkanzel, ein frei im Raum stehendes vegetabiles Gebilde mit eigenartigem Figurenprogramm, geschaffen von Hans Witten um 1508/10 aus Porphyrtuff. In dem Bildwerk wird die Legende vom Ursprung des Silberbergbaus erzählt, der Engel, der dem

Freiberg, Bergwerk »Alte Elisabeth«.

Bergmann erschien. Am Fuße sitzt David, der Schutzpatron des Bergbaus, von Löwen umgeben. Bergmannskanzel von 1683, Korb und Treppe jeweils von einem Bergmann getragen, ein Werk der Renaissance von Hans Fritzsche. Große Orgel von 1711/14, von Gottfried Silbermann (s. d.) mit 45 Registern und 2674 Pfeifen gehört zu den fünf berühmtesten Instrumenten der Welt. Kleine Orgel von 1718/19, auf Ostempore, ebenfalls von G. Silbermann. Weitere bedeutende Teile des Interieurs: Triumphkreuzgruppe aus Eichenholz, um 1230 entstanden, einst Krönung des romanischen Lettners. Geschnitzter Hauptaltar von 1649. Kelchförmige Sandstein-Taufe, Frührenaissance mit zinnerner Schale von 1531. Fürstenempore mit sächs. und poln. Wappen. Zyklus von 13 Aposteln an den eingezogenen Strebenpfeilern am Pfeiler des Nordturms. Lebensgroße Schnitzfiguren mit gut erhaltener alter Fassung von 1500/1505. Annen-Kapelle von 1509/1514, im Nordwesten, schönes Rippengewölbe, großer hölzerner Altar von Johann Heinrich Böhme d. Ä. 1674. Die Annenkapelle und die Kreuzgänge im Süden und Westen der Kirche beherbergen viele Grabsteine und Kunstwerke, darunter die sogenannte Mohnhauptsche Madonna, 1513, vermutlich von Franz Maidburg. Begräbniskapelle mit Grabdenkmal des Kurfürsten Moritz von Sachsen, sogenannte Schwestern-Gruft, Grabmal mit barocken Figuren von Balthasar Permoser um 1703/04. – Nikolai-Kirche. Pfarrkirche, Romanischer Gründungsbau aus dem 12. Jahrhundert. Pfarrkirche, Romanischer Gründungsbau aus dem

12. Jahrhundert. Gotischer Chor vermutlich nach Erneuerung 1386 entstanden, Neubau des Langhauses nach 1484. Umgestaltung des Inneren durch Johann Christoph Knöffel und Johann Gottlieb Ohndorff 1750/52. Im Inneren Hochaltar 1752 von J. G. Stecher, Altarbild von C. W. Dietrich, Kanzel und Taufe 1752 von J. F. Geilsdorf. – Petrikirche auf dem höchsten Punkt der Altstadt, westlich des Obermarktes gelegen. Dreischiffige spätgotische Hallenkirche mit Querschiff und Kreuzgewölbe im Mittelschiff, im Westen zwei Türme (Fauler und Petriturm), ein dritter (Hahnenturm) an der Ostseite des südlichen Querschiffes. Guter Rundblick über die Stadt vom 71 m hohen Hauptturm. Im Inneren Orgel 1733/35 von Gottfried Silbermann. – Jakobikirche, neugotisch (1890/92) ebenfalls mit Orgel 1716/17 von Gottfried Silbermann, Altar 1710 von Bernhard Ditterich und Sebastian Grösgen. Sandstein-Taufe 1555 von H. W. (Hans Walther II.). – Johanniskirche, ursprünglich Kapelle des Johanneshospitals an der Straße nach Chemnitz vor dem Peterstor gelegen. Vereinfachte Wiederherstellung 1958, spätgotischer Flügelaltar aus dem 16. Jahrhundert. – Bergbauzeugnisse: Grube Alte Elisabeth, Fuchsmühlenweg, älteste Dampfförderanlage des Erzgebirges (1848/50), schindelgedeckte Gebäude, Schacht mit alter Radstube, bis 1925 in Betrieb, später Lehrschacht der Bergakademie. – Ehemaliger Abrahamsschacht, Himmelsfahrtsgasse, gut erhaltene Großanlage des Freiberger Bergbaus mit Treibhaus für Wassergöpelanlage, Bergschmiede, Scheidebank u. a.

Museen: Stadt- und Bergbaumuseum, Am Dom 1: Das Museumsgebäude ist das ehemalige Domherrenhaus von 1484, dreigeschossiges Eckhaus mit Treppenturm an der Südseite, Faltgewölbe und bemalte Balkendecken. Ausstellungen zur Stadt- und Bergbaugeschichte, bed. Exponate obersächsische Plastik um 1500, darunter Werke von Peter Breuer (s. d.), Kunsthandwerk des 17./18. Jahrhunderts. – Geologische und mineralogische Sammlungen der Bergakademie, Ausstellung im Abraham-Gottlieb-Werner-Bau, Brennhausgasse 14 (größter Teil der Sammlung im Clemens-Winkler-Bau): Mehr als 55 000 Mineralstufen, zählt zu den größten Sammlungen dieser Art in Europa. – Naturkundemuseum, Waisenhausstr. 10, Renaissance-Bau aus der 1. Hälfte d. 16. Jahrhunderts, Gartenfront mit barocken Elementen. Sammlungen zur Naturgeschichte des Freiberger Raumes, Bergbau und Umwelt.

Auskünfte: Stadtverwaltung.

Frohnauer Hammer.

Freiberger Mulde, Der Flußname Mulde ist in alten Zeugnissen als »Milda« überliefert, das wohl aus dem indogermanischen »mel« (zerreiben, mahlen) seine Herkunft hat. Die späteren Formen Moldava, Mulda gehen auf slawischen Einfluß zurück. Die Quelle der Freiberger Mulde liegt auf dem Gebiet der ČSFR, 840 m ü. NN. Zwischen dem Hermsdorfer Teichhaus und Holzhau durchbricht der Fluß den Gneis und den Granitporphyr in einer engen Schlucht. Über Jahrhunderte wurde hier das Holz für den Freiberger Bergbau eingeflößt. Wichtigste Zuflüsse sind die Große Striegis und Flöha. Die Länge des Flusses beträgt 107 km, ehe sie sich bei Sermuth mit der Zwickauer Mulde vereinigt und über 124 km als Vereinigte Mulde die Elbe erreicht.

Frohnauer Hammer, Bekanntes technisches Denkmal in Frohnau (Landkreis Annaberg). Das alte Waldhufendorf Frohnau wird erstmals 1397 urkundlich als »Fronawe« (Fro = Herr, ouwe = Aue) erwähnt. Erste Silberfunde auf Frohnauer Flur am Schreckenberg begründeten den Annaberger

Silberbergbau (s. d.). Der heutige Frohnauer Hammer entstand aus der Frohnauer Obermühle, erste Nennungen 1436, später verfallen und um 1629 durch einen Glaubensflüchtling aus der Steiermark als Scherenschmiede ausgebaut. Seit 1631 durch Jakob Kamnitzer als Kupfer- und Eisenhammer betrieben, 1641 wieder aufgegeben. 1692 Brand und später Neuaufbau durch Johann Clauß, der ihn schon 1684 erworben hatte. Bau eines barocken Herrenhauses (1697), heute Hammerschänke. Der Frohnauer Hammer blieb bis 1904 in Betrieb. Seit 1925 ist der Hammer technisches Museum. Die Hammerhütte ist ein niedriges Gebäude mit tief herabgezogenem Schindeldach.

Der dunkle Innenraum wird beherscht durch die drei Hämmer mit Gewichten von 2½, 4 und 6 Zentner. Die Hämmer werden durch Wasserkraft betrieben. Auch Blasebälge für die Kaminfeuer wurden mit Wasserkraft durch das Mühlrad bewegt. Über dem eigentlichen Hammerwerk lagen die Schlafräume der Hammerschmiede, durch deren Fenster man auf die Hämmer hinunterblicken kann. Im ehemaligen Münzraum sind Kunstschmiedearbeiten ausgestellt. In Frohnau wurden Silbermünzen geprägt, nicht im heutigen Hammer, sondern im alten Mühlgebäude, man nannte sie »Schreckenberger«, und der Volksmund dichtete: »Bist ein reicher Annaberger, hast den Sack voll Schreckenberger.«

Fröbe, Dr. Walter, Pädagoge, Heimatgeschichtsforscher und Schriftsteller. Geboren wurde er am 19. Januar 1889 in Geyer als 6. Kind des Obersteigers und Bergverwalters Ernst Julius Fröbe und seiner Frau Franziska, geborene Köhler. Aufgewachsen in Wildenau bei Schwarzenberg, besuchte von 1896 bis 1901 die Schwarzenberger Selektenschule und danach das Realgymnasium in Annaberg, an dem er 1908 das Abitur ablegte. An der Universität Leipzig studierte er Neue Sprachen, Geschichte und Germanistik, legte 1911 das Staatsexamen ab und promovierte zum Doktor der Philosophie. Vom Krieg heimgekehrt, erhielt er am 1. März 1919 eine Lehrerstelle an der Realschule Schwarzenberg. Fröbe formierte die Schule zu einem Realgymnasium um. Er leitete sie ab 1922 als Oberstudiendirektor bis 1946. Nebenher baute er das Volksbüchereiwesen seiner Stadt auf und gründete 1925 den Schwarzenberger Geschichtsverein, dessen Vorsitzender er war. Ab 1927 übernahm er das Amt eines Hauptschriftleiters der Zeitschrift »Glückauf«. Als

Heimatforscher und Schriftsteller erlangte er hohes Ansehen. Sein erstes Buch »Schwarzenberg. Ein politischer und wirtschaftlicher Abriß von Schloß, Stadt und Amt« erschien 1923. 1927 veröffentlichte er »Die Geschichte der Stadt Schwarzenberg«, 1933 »Ein Jahrtausend erzgebirgischer Geschichte«. Als sein Hauptwerk gilt »Herrschaft und Stadt Schwarzenberg bis zum 16. Jahrhundert«. Von seinen Erzählbänden seien genannt »Frau Ava«, »Huthaus Lampertus«, »Letzte Schicht« und »Dorf hinter den Bergen«. Nach schaffensreichem Leben starb Dr. Walter Fröbe am 3. März 1946 in Schwarzenberg.

Fürstenbrunn mit Köhlerhütte, Am Fürstenberg bei Waschleithe, Landkreis Schwarzenberg. Im Landschaftsschutzgebiet »Oswaldtal«. Ganzjährig zu besuchen. Eine steinerne Gedenksäule mit einer kleinen Kammer in der das Wasser des Fürstenbrunnen fließt. An historischer Stelle errichtet im Jahre 1822. Hier soll am 7. Juli 1555 der mit seinem Bruder Ernst aus dem Altenburger Schloß geraubten Prinz Albrecht durch den Köhler Schmidt befreit worden sein. Der Entführer, Kunz von Kauffungen, wurde beim Trinken am Quell überrascht und von dem Köhler gefangengesetzt. – Das dabeistehende Gasthaus »Köhlerhütte«, im Blockhausstil, wurde 1839 aus gesammelten Geldern, am Denkmal errichtet, oft umgebaut und erweitert. Die Gaststätte ist mit historischen Darstellungen und Belegen des Prinzenraubes ausgestaltet.

Geising, Aussichtspunkt, Landkreis Dippoldiswalde. Der Berg liegt 4,5 km nordostwärts von Altenberg und 4,5 km nordwestlich von Geising. Er ist der östlichste der erzgebirgischen Basaltberge mit einer Höhe von 824 m. Seine Kuppe gleicht einem Maulwurfshügel. Der Baumbewuchs des Berges ist spärlich. Zur Kuppe gelangt man von Geising oder an der Binge vorüber, von Altenberg aus.

Auf dem Bergplateau errichtete der Erzgebirgsverein 1891 einen 11 m hohen Aussichtsturm. 1906 entstand nach den Plänen von Baumeister Hübner-Lauenstein das Unterkunftshaus. Um auf den Turm zu gelangen, muß man 92 Stufen steigen. Von der Plattform aus ergibt sich ein weiter Rundblick. Oft wird er als einer der herrlichsten Fernsichten Sachsens bezeichnet. So sieht man nach Dresden und auf die Elbhöhen, die Tafelberge der Sächsischen Schweiz und bei klarem Wetter die Lausitzer Berge. Nach Westen zu ist der Lugberg bei Glashütte im Blickfeld und das Schloß Bärenstein.

Vom Geisingberg geht die Sage, ein geheimnisvoller Italiener mit seiner wunderschönen Tochter Blanka wandere nachts auf der Höhe umher, um die Schätze des Berges zu bewachen.

Um die Kuppe des Berges erstreckt sich das Naturschutzgebiet »Geisingbergwiesen« mit geschütztem Pflanzenbewuchs. Der sächsische Naturforscher Dr. Naumann: »Es gibt kaum etwas Herzerquickenderes als die Wiesen am Geising ...«

Die Berggaststätte ist ganzjährig geöffnet. Es bestehen Übernachtungsmöglichkeiten. Auskunft über den Berg und seine Umgebung erteilt die Kurverwaltung Geising oder das Fremdenverkehrsamt der Stadt Altenberg.

Geitner, Ernst August, Chemiker, Industrieller, Entdecker des Argentan. Geboren am 12. Juni 1783 in Gera, gestorben am 24. Oktober 1852 in Schneeberg.

Dr. Ernst Geitner war ein bedeutende Forscher- und Fabrikantenpersönlichkeit im Erzgebirge in der ersten Hälfte des 19. Jahrhunderts. Geboren als Sohn des Konrektors am Geraer Gymnasium interessiert er sich schon früh für die Naturwissenschaften. Als er 1801 in Leipzig ein Studium der Theologie beginnt, wechselt er schon bald in die Chemie und Physik über. Als Dreiundzwanzigjähriger veröffentlicht er seine ersten populärwissenschaftlichen Bücher über chemische Probleme. 1809 erwirbt er das medizinische Doktordiplom und läßt sich in Lößnitz als Arzt nieder. Aber gleichzeitig gründet er seine erste Fabrik für chemische Erzeugnisse. 1815 siedelt er nch Schneeberg über und widmet sich der Farbenproduktion. 1819 gelingt es ihm, aus Bleizucker und chromsauren Kali gelbe Farben zu entwickeln, die man für die Färbung von Geweben nützen konnte, ein Verfahren, das weltweit erst durch die Chromdruckfabrikate aus Frankreich drei Jahre später publik wurde. Die wichtigste Entdeckung gelang ihm zwischen 1822 und 1824 mit dem Argentan oder auch Neusilber genannt, denn schon lange war man in Deutschland auf der Suche nach dem »billigen Silber«, das als Packfong aus China kam und dort schon seit Jahrhunderten hergestellt wurde. Geitners Argentan wurde die Grundlage für die Besteckindustrie der Bergstadt Aue, die dann durch Christian Wellner und Franz Adolph Lange weiter entwickelt wur-

Geising, Marktplatz.

den. Geitner war ein außerordentlich vielseitiger Forscher und Unternehmer: Neben der Farbenfabrik kaufte er Porzellanunternehmen, begann mit der Anlage von Gewächshäusern in Cainsdorf, die er mit den Dämpfen aus Kohlenschwelbränden aus alten Schachtanlagen beheizte. Das Gärtnereiunternehmen in Planitz, das sein Sohn Gustav führte, fand auch das Interesse Alexander von Humboldts. Kurz vor seinem Tod beschäftigte er sich mit Versuchen, das Blaufärben ohne Indigo zu ermöglichen. So hat Dr. Ernst Geitner nicht nur den Grundstock für einen bedeutenden Industriezweig des Erzgebirges, die Besteckindustrie, gelegt, sondern er war auch ein vielfältig erfinderisch motivierter Wissenschaftler.

Geyer, Landkreis Annaberg. Stadt am Oberlauf des Geyerbaches. Mittlere Höhenlage 610 m ü. NN.

Der Kraftfahrer erreicht den Ort über die Bundesautobahn 7, Abfahrt Stollberg, Weiterfahrt über Stollberg und

Zwönitz. Keine Bahnverbindung (Schmalspurbahn von 1888 wurde 1967 stillgelegt). Busverbindungen nach Ehrenfriedersdorf, Tannenberg, Thum, Annaberg-Buchholz, Oberwiesenthal, Elterlein, Zwönitz, Chemnitz.

Der Name der Stadt resultiert nicht, wie das spätere Stadtwappen bedeutet (3 Geyerköpfe) aus einem Geyerhorst, sondern kommt von einem Personennamen. Vermutlich ist Geyer um 1390 als Bergbausiedlung entstanden, hier wurden neben Zinn auch auf Silber geschürft. 1467 wird Geyer bereits als Stadt bezeichnet. 1496 erhielt es sein erstes Rathaus. 1462 entstand aus mehreren Gruben das privilegierte Bergbauunternehmen »Thirmanns-Stollen-Gesellschaft«. Nach 1540 Rückgang des Bergbaus, durch ersten großen Pingenbruch 1703 Vernichtung von wichtigen Anlagen. Nach 1700 Spitzenklöppelei, um 1800 wurden 700 Klöpplerinnen gezählt, seit 1847 Klöppelschule. Auch das Posamentierhandwerk hielt Einzug in Geyer. In Siebenhöfen bei Geyer errichtete der 1801 aus Manchester gekommene Evan Evans (Grab auf dem alten Friedhof der Laurentiuskirche), um 1812 eine Baumwollspinnerei. Durch selbstentwickelte Maschinen hatte er bedeutende Verdienste um die Einführung der Baumwollverarbeitung in Sachsen. Mit dem Bergbau in Geyer ist auch der Name von Hieronymus Lotter (s. d.) verbunden, der hier mehrere Gruben besaß und zeitweilig in Geyer lebte.

Zu den Sehenswürdigkeiten der Stadt gehören die Pinge, die südöstlich am granitenen Geyerberg entstand, eine heute 50 Meter tiefe, 200 Meter breite und 250 Meter lange Einsturzstelle des alten Zinnbergbaugebietes. Erster Einbruch 1704, weitere Brüche 1791, 1795 und 1803. 1907 wurde hier der Bergbau nochmals aufgenommen, aber schon 1913 wurde er wieder aufgegeben. Die Pinge ist ein beeindruckendes Zeugnis des frühen erzgebirgischen Bergbaus. – Laurentiuskirche wurde 1491 Stadtpfarrkirche. Die heutige Form entstand 1908, wobei die alten Umfassungsmauern und der nördliche Turm mit einem hölzernen Wehrgang einbezogen wurden. Vor der Kirche liegt der alte Wachturm mit 42 m Höhe,in dem sich heute das Heimatmuseum der Stadt befindet. Der Unterbau des Turmes stammt aus den Anfängen der Ortsgeschichte, der achteckige Oberbau entstand zu Zeiten von Hieronymus Lotter. In den sieben Stockwerken des Museums umfassender Überblick über die Geschichte der Stadt. – Lotterhof, auf dem Geyerberg, von Hieronymus Lotter 1566 gekauft und umgebaut. –

Annaberg, St. Annenkirche. Tafelbild aus dem Bergaltar (1521) von Hans Hesse.

Blick auf Altenberg (Osterzgebirge).

Chemnitz. Rosenhof mit Altem und Neuem Rathaus.

Hartenstein. Fachwerk am Gasthaus »Weißes Roß«.

Lauterbach (Kreis Marienberg). Dorfkirche mit bemalter Kassettendecke (vermutl. 17. Jh.).

Burg Lauenstein (Kreis Dippoldiswalde).

Neuhausen mit Blick zum Schwartenberg (789 m).

Frühling in Oberwiesenthal, im Hintergrund Fichtelberg.

Ortspyramide in Schwarzenberg.

Burg Scharfenstein (13. Jh., nach Brand 1921 erneuert).

Lichterfest in Schneeberg in der Vorweihnachtszeit.

Geyer, Binge.

Auf dem Marktplatz Postdistanzsäule von 1730, 1970 restauriert. Am neuen Friedhof St. Wolfgangkapelle (ehemalige Hospitalkirche), einschiffiges Gebäude mit Dachreiter und dreiseitigem Chorschluß. In der Kapelle Schnitzfigur des heiligen Wolfgang vom Anfang des 16. Jahrhunderts. Geyer ist durch seine Nähe zum Greifensteingebiet (s. d.) eine Stadt, in der sich der Tourismus entwickelt hat.
Auskünfte: Stadtverwaltung und Heimatmuseum.

Gezäh, Das Arbeitswerkzeug des Bergmanns heißt in seiner Berufssprache »Gezäh«. Im wesentlichen gehören dazu die Feustel (Ritz-, Hand-, Treib- und Großfeustel), Eisen (Ritz- und Sumpfeisen), Keile (Fimmel, Keil, Plötz und Lageeisen), ferner Keilhaue, Kratze, Schaufel, Brecheisen und Brechstange. Das Bergeisen wird zu Dutzenden von Ersatzstücken an einem Riemen getragen, damit sie der Bergmann vor Ort wechseln kann.

Gleesberg, Aussichtspunkt, Landkreis Aue. Die 598 m hohe Kuppe liegt wenige Kilometer ostwärts von Schneeberg. Der Aufstieg erfolgt zu Fuß von Schneeberg oder die Fahrstraße entlang von Schneeberg-Neustädtel aus. Es ist der bekannteste Berg des westerzgebirgischen Bergbaugebietes. Er überragt das tiefeingeschnittene Schlematal und seine unmittelbare Umgebung um etwa 100 m. Der Gipfel liegt direkt vor dem Nordostrand der Kontaktzone zwischen

Eibenstocker und Schlemaer Granit. Am Nordwestabhang des Berges befinden sich große Granitsteinbrüche.

Der Name des Berges wird verschieden gedeutet. Am wahrscheinlichsten ist die Abteilung vom mittelhochdeutschen »glosen, glösen«, was soviel heißt wie flimmern, glänzen, schimmern.

Kurz nach seiner Gründung errichtete der Erzgebirgsverein Neustädtel im Jahre 1879 ein 13 m hohes Aussichtsgerüst, das aber wegen Baufälligkeit 1892 wieder abgerissen werden mußte. An seiner Stelle trat ein festes Haus. Bei seiner Einweihung im Jahre 1898 wurde der Grundstein für einen 18 m hohen Turm gelegt, der wenige Monate danach eingeweiht wurde. Dem Gründer des Erzgebirgsvereins zu Ehren, heißt der heute 25 m hohe Aussichtsturm »Köhlerturm«. Von ihm aus hat man einen guten Rundblick über das Erzgebirge, vor allem über die Schneeberg-Neustädtler Bergbaulandschaft. Die Fernsicht reicht bis zum oberen Erzgebirge.

1803 weilte häufig auf dem Gipfel Johann Gottfried Herder, als er seinen Sohn besuchte, der in Schneeberg Berghauptmann war.

Beim Aufstieg kommt man an einem Griebenherd vorüber. Die Berggaststätte ist ganzjährig geöffnet. Auskunft über den Gleesberg und seine Umgebung erteilt das Fremdenverkehrsamt der Stadt Schneeberg oder der Gleesbergwirt.

Goethe im Erzgebirge, Interessen für Geologie, Mineralogie und das Bergwesen bewegten Goethe dazu, 1785 von einer Karlsbader Kur aus nach Johanngeorgenstadt und Schneeberg zu reisen. In Johanngeorgenstadt besah er sich die Bergwerksanlagen. Sein Wunsch, in Schneeberg anzufahren, wurde ihm verwehrt. Lediglich durch die Vermittlung des Schneeberger Bergmeisters Beyer wurde sie ihm für ein Jahr später, für die Augusttage 1786 erteilt. In Begleitung der Frau von Stein reiste er von Karlsbad, mit einer Unterbrechung in Johanngeorgenstadt, nach Schneeberg. Hier trennte er sich von seiner Reisebegleiterin, die nach Weimar weiterfuhr. Goethe studierte drei Tage lang das Schneeberger Bergwesen, war unter Tage und lernte den Filzteich kennen.

Als er 1790 aus Schlesien zurückkommt, hält er für einen Tag in Freiberg an, vor allem Abraham Werners wegen. Häufigen Einladungen folgend, bringen ihn ein zweites Mal

Georgenfeld, Hochmoor.

nach Freiberg, diesmal 1810 zu Heinrich von Trebra und seiner Familie. Den Besuch benutzte er dazu, die Freiberger Lehranstalt und einige ihrer Professoren kennenzulernen. Von Freiberg kommend, bleibt Goethe über Nacht in Chemnitz. Hier interessieren ihn die Textilfabriken.

Das Frühjahr und den Sommer 1813 verbringt Goethe in Teplitz. Ungeachtet aller Warnungen von Badegästen, der Kriegsgeschehen wegen, über die Grenze nach Sachsen zu fahren, erreicht er in den Abendstunden des 9. Oktober 1813 Zinnwald. Hier quartiert er sich ein und besichtigt drei Tage lang die Bergwerksanlagen dieser Gegend. Darüber verfaßt er später einen Aufsatz.

Goldene Pforte, Die sogenannte »Goldene Pforte« im Dom zu Freiberg (s. d.) gehört zu den Höhepunkten der spätromanischen Portalkunst in Deutschland. Sie entstand um 1230 als Südportal für die später abgebrannte romanische Basilika. An ihrer Stelle wurde zwischen 1484 und 1501 die gotische Hallenkirche errichtet, die dieses Portal ans Querhaus versetzte. Heute ist sie durch einen Schutzbau von 1902 vor Umweltzerstörungen geschützt. In der Verbindung von Elementen der Plastik und Architektur, die dieses Bauwerk aus Grillenburger Sandstein verkörpert, zeigen sich französische Einflüsse, die sich mit der Leistung sächsischer und bayrisch-fränkischer Kunst verknüpften. Neunfach ist das Portal gegliedert, in dem die Türöffnung liegt. Gestalten aus dem Alten Testament füllen die Leibung. Darüber im Türbogenfeld die Mariensymbolik. An den Archivolten andere biblische Szenen (in der 1. Archivolte die Marienkrönung, umgeben von den vier Erzengeln, in der 2. A. Abraham, die Seelen der Gerechten in Empfang nehmend, in der 3. A. Engel, die Taube des heiligen Geistes verehrend, in der letzten A. schließlich ein Engel, der die Auferstehenden empfängt). An der Leibung links: Daniel, die Königin von Saba, Salomo, Johannes Baptist. Rechts an der Leibung: Johannes der Evangelist, David, Bathseba und Aaron. Unbekannt sind die Namen der Schöpfer dieses Werkes. Die Bezeichnung »Goldene Pforte« rührt aus der ehemaligen Polychromierung des Portals, von dem nur noch wenige Reste erhalten sind.

Greifensteingebiet, Landschaftsschutzgebiet, Landkreis Zschopau und Annaberg. Landschaftsschutzgebiet seit 1962, 282 Hektar groß, in 575–732 m Höhenlage, nordöstlich von Geyer. Erholungs-, Sport- und Wandergebiet für die Bevölkerung des unteren Westerzgebirges.

Zu erreichen ist das Landschaftsschutzgebiet von Chemnitz aus auf der B 95. Von hier biegt man in Ehrenfriedersdorf auf die Fahrstraße zu den Greifensteinen ab. Hier, wie am Großen Teich, gibt es Parkmöglichkeiten. Busverbindungen bestehen nach Ehrenfriedersdorf, Geyer und Thum.

Das Greifensteingebiet liegt auf einem langgestreckten nach Norden zu leicht abfallenden Höhenrücken. In ihm ist das Gebirge bis zur Verebnung abgetragen. Im Südostteil des Gebietes ist der Greifenbach steilwandig eingetieft. Das Zentrum des einem Dreieck gleichenden Landschaftsschutzgebietes sind die Greifensteine, 7 freistehende 20–30 m hohe Felsen, die in ihrer Einheit eine morphologische Rarität darstellen. Die Greifensteine sind 732 m hoch. Vom Aussichtsfelsen bietet sich eine weitreichende Rundsicht. Durch Verwitterung gleichen die Felsen aufgeschichteten Matratzen.

Goldene Pforte im Freiberger Dom.

Im Landschaftsschutzgebiet liegt der »Große Teich« mit einer Wasserfläche von 23 Hektar. Unterhalb von ihm befindet sich der »Ratsteich«. Ihre Entwässerung erfolgt über den Greifenbach. Von ihm zweigt der »Röhrgraben« ab, um das Wasser den bergmännischen Anlagen am Sauberg bei Ehrenfriedersdorf zuzuführen. Großer Teich und Röhrgraben wurden von Bergleuten im 14. Jahrhundert angelegt. Sie sind wahrscheinlich die ältesten bis in die Gegenwart betriebenen bergbaulichen Wasseranlagen Deutschlands.

Greifensteine.

Das völlig mit Nadelwald bestockte Gebiet eignet sich vorzüglich zum Wandern. Die Felsen dienen den Klettersportlern. Im Museum erhält der Besucher einen Überblick über die Geschichte des Bergbaus und der Stadt Ehrenfriedersdorf. Ein Gasthaus bietet Gelegenheit zum Rasten. Mit der Kulisse der Greifensteine besteht ein Naturtheater mit 4000 Sitzplätzen, das von Mai bis September bespielt wird. Der Große Teich eignet sich zum Baden, Rudern und Segeln. Ein Bootsausleih ist vorhanden, ein Wasserrettungsdienst. An den Ufern besteht die Möglichkeit zum Zelten.
Auskunft über das Landschaftsschutzgebiet und seinen Einrichtungen erteilen die Stadtverwaltungen von Ehrenfriedersdorf, Geyer und Thum.

Großhartmannsdorf, Landkreis Brand-Erbisdorf. Das durch seine bergbaulichen Anlagen bekannte Kirchdorf liegt etwa 10 km südlich der Kreisstadt 491 m ü. NN unmittelbar am Landschafts- und Naturschutzgebiet »Großhartmannsdorfer Teich«.

Die von Freiberg nach Annaberg-Buchholz führende B 101 durchquert den Ort. Mit der Eisenbahn erreicht man ihn, wenn man die Linie Freiberg-Langenau befährt. Man verläßt den Zug nach etwa 8 km Fahrtstrecke in Brand-Erbisdorf und fährt dann mit dem Bus oder Taxi bis zum Ziel.

Erstmals wurde das Kirchdorf im Jahre 1350 genannt. Ein Teil von ihm war Besitz des Klosters Chemnitz und kam 1375 an die Herren von Waldenburg. Von 1524–1676 hatte die Grundherrschaft das Freiberger Geschlecht von Alnpeck. Wahrscheinlich legten die Alnpecks vor 1550 das Rittergut an, das dann 1730 in den Besitz derer von Carlowitz fiel, die es zum Majorat machten.

Um 1560 wurden in der Ortsnähe drei große Teiche angelegt, die das Freiberger Grubenrevier mit Aufschlagwasser versorgten. Im Ort wendete man sich im 16. Jahrhundert der Leineweberei zu, später verlegte man sich auch auf Barchent und Segeltuch.

Großhartmannsdorf hat eine interessante Dorfkirche inmitten des ummauerten Friedhofs. Erbaut wurde sie 1738. Das Altargemälde aus dem Jahre 1738 stammt von dem sächsischen Hofmaler Johann Baptist Grone, die Kanzel und wahrscheinlich auch die Taufe schuf Johann Friedrich Lücke. Jedoch die Kostbarkeit der Kirche ist die Orgel, ein Meisterwerk von Gottfried Silbermann aus dem Jahre 1741. Vom ehemaligen Schloß gibt es nur Gebäudereste. Das Landschafts- und Naturschutzgebiet reicht bis an die Ortsgrenze.

Auskunft über den Ort und Zimmernachweis erhält man durch die Gemeindeverwaltung.

Großhartmannsdorfer Teich, Naturschutz- und Landschaftsschutzgebiet, Landkreis Brand-Erbisdorf, Naturschutzgebiet mit 110 Hektar seit 1967, Landschaftsschutzgebiet mit 81 Hektar seit 1968. Das Gebiet liegt 8 km südlich der Kreisstadt in einer ausgedehnten flachen Mulde inmitten der hügeligen Hochfläche des nach Norden zu abfallenden Gebirges. Die Mulde ist ausgefüllt mit holozänen Ablagerungen. Das wesentliche Grundgestein ist Grauer Gneis. Die Mulde wird zum größten Teil durch die Wasserfläche eingenommen, die in 491 m Höhe liegt.

Das Landschaftsschutzgebiet erreicht man auf der B 101, die von Freiberg nach Annaberg führt und bei Großhartmannsdorf das Gebiet berührt. Eine Ortsverbindungsstraße von Großhartmannsdorf nach Helbigsdorf umgrenzt es nordostwärts. Mit der Eisenbahn erreicht man es, wenn man die Linie Freiberg–Großhartmannsdorf zur Endhaltestelle befährt. Nach Großhartmannsdorf und Helbigsdorf besteht Busverbindung.

Zum Landschaftsschutzgebiet gehört der Große Teich mit einer Wasserfläche von 66 Hektar und einem Fassungsvermögen von 1,68 Millionen Kubikmeter Wasser, der Laichteich und der Heidemühlenteich. Der Abfluß vom Großen Teich erfolgt über einen Kunstgraben. Er bringt das Aufschlagwasser in das Freiberger Bergbaugebiet und über den Müdisdorfer Dorfbach.

Am Südwest- und Südostrand des Teiches gibt es Reste von Hochmoor, lediglich der Südwestteil enthält noch Torflager. Auf beiden Flächen hält sich entsprechender Pflanzenwuchs. Die Pflanzengesellschaft wird wissenschaftlich »Pflanzengesellschaft des nackten Teichschlammes« bezeichnet.

Der Großhartmannsdorfer Teich ist die älteste Talsperre Sachsens und der größte Teich des Erzgebirges. Angelegt wurde er wahrscheinlich vor 1500 von Bergleuten, um Aufschlagwaser für die Grubenbetriebe zu erhalten. 1524 erwähnt die Anlage ein Lehnsbrief von Herzog Heinrich dem Frommen und 1562 kaufte sie Kurfürst August. Erweiterungen führte man 1726 und 1735 aus.

Die Wasserfläche dient als Rast- und Sammelplatz durchziehender Vögel. An den Rändern finden Wasservögel Nistgelegenheiten. Im Teich wird Fischzucht betrieben. Deshalb sind das Baden, der Wassersport und das Zelten im Landschafts- und Naturschutzgebiet nicht gestattet.
Auskunft über das Landschafts- und Naturschutzgebiet erteilt die Kreisverwaltung Brand-Erbisdorf oder die Gemeindeverwaltung Großhartmannsdorf.

Grünhain, Landkreis Schwarzenberg. Kleinstädtische, mit Industrie durchsetzte Siedlung auf halbem Weg zwischen Schwarzenberg und Zwönitz, jeweils 6 km. Der Ort liegt 650 m hoch und ist eingebettet zwischen Schatzenstein (763 m ü. NN) und Spiegelwald (727 m ü. NN).

Grünhain ist zu erreichen auf der Autobahn Dresden–Plauen, Ausfahrt Stollberg. Von hier benutzt man die Ortsverbindungsstraße nach Zwönitz und erreicht nach einer Fahrt durch schöne Waldbestände Grünhain. Einen Eisenbahnanschluß hat die Stadt nicht. Der nächste Bahnhof befindet sich in Schwarzenberg. Es besteht Busverbindung.

Gegründet wurde die Marktsiedlung vor 1280 von Bauern »auf wilder Wurzel«. 1233 wurde sie »Gruninhain«

genannt, 1350 »Grunhain« und 1525 »Gronenhain«. Die Bezeichnung »Grün« weist auf eine gerodete, nunmehr grüne Fläche hin, und »Hain« steht für eine umfriedete Wohnfläche. Durch die Siedlung führte die alte, 1180 urkundlich genannte Salzstraße von Halle über Altenburg nach Böhmen. Sie erweiterte sich in Grünhain zum Marktplatz. 1232 ließ sich hier ein Zisterzienserkloster nieder, gestiftet vom Burggrafen Meinhard II. von Meißen. 1235 zog der Konvent von Sittichenbach ein.

Das Kloster nahm eine rasche Entwicklung und vergrößerte unablässig seinen Besitz. Im 15. Jahrhundert gehörten 3 Städte und 56 Dörfer in sein Bereich. Es besaß Weinberge, Kohlengruben, aber auch Berg- und Hammerwerke. Damit war es zu einer bedeutenden Feudalmacht geworden. 1429 stürmten es die Hussiten und äscherten es ein und 1525 vertrieben aufsässige Bauern den Abt. Als dann 1536 Stadt und Kloster niederbrannten und der Abt Johann Göpfert aus »reinem Selbsterwägen und Gedanken« zum Luthertum übertrat, gingen die restlichen Mönche nach Kaaden. Das Kloser wurde aufgehoben. Den Klosterbesitz verwaltete ein Amtmann. Dieses Grünhainer Amt wurde 1856 und das Amtsgericht 1876 aufgelöst. Lindner schreibt 1848 über den Ort: »Das Städtchen selbst entbehrt aller Anmut, liegt rauh und frostig am nördlichen Fuße des Spiegelwaldes und erntet deshalb später als die Umgebung.« Der Bau einer Eisenbahn (nach 1945 als Reparationsleistung demontiert) brachte Industrie in das Städtchen.

Östlich der Stadt befinden sich die Zeugen des ehemaligen Klosters Sankt Maria und Sankt Nikolaus. Fast 2 km lang sind die Reste der alten Klostermauern, gefügt aus Lese- und Bruchsteinen. Am Klostervorplatz befindet sich der Klosterteich, neben der Toreinfahrt das ehemalige Amtshaus, ein klassizistischer Bau aus dem Jahre 1832. Es war der Sitz des Amtmannes. Innerhalb der Klostermauer sind Reste eines 1929 abgebrannten Klosterschuppens wahrzunehmen. Er war das Magazin für den abzuliefernden Zehnten der Bauern des Klostergebietes. Noch erhalten ist das turmartige Torgebäude »Fuchsturm«, nach einem Amtsschösser benannt. Hier hielt man den Prinzenräuber Kunz von Kauffungen einige Zeit gefangen. Im Obergeschoß haben die Grünhainer Schnitzer und Bastler ihre Schnitzstube. Das im Gemäuer erkennbare Spitzenbogentor war der Eingang in das ostwärtige Klostergebiet. Dort befand sich die Klosterwallfahrtskirche. Die noch vorhandenen Mauerreste wurden 1934 freigelegt. Der innerhalb. der Klostermauer befindliche naturnahe gestufte Mischwald ist als Naturdenkmal anerkannt.

Gegenüber dem Amtshaus befindet sich der Mönchsbrunnen. Aus einem steinernen an der Wand angebrachten Rundbogen schaut die als Brunnen gefaßte Nachbildung des Gesichtes eines Mönchs. Vor dem Brunnen aufgestellt ist eine kursächsische Postsäule. An der Südostseite des Marktplatzes befindet sich die Stadtkirche Sankt Nikolaus, von 1808 bis 1812 durch Johann Traugott Lohse erbaut, ein stattlicher Rechteckbau. Grünhain ist der Geburtsort des Komponisten und Thomaskantors Johann Hermann Schein (1586–1630) (s. d.). Ausflugsziele von Grünhain aus sind u. a. die Berge Spiegelwald und Schatzenstein mit schönen Ausblicken, das Naturschutzgebiet »Hermannsdorfer Wiesen« und das Landschaftsschutzgebiet »Oswaldtal« mit seinen Raritäten »Fürstenbrunn«, Lehr- und Schaubergwerk »Herkules-Frisch-Glück«, der »Dudelskirche«, dem Natur- und Wildpark und der Miniaturlandschaft »Heimateck« der Waschleithener Schnitzer und Bastler. Das Gebiet ist altes Bergbauland.

Grünhain verfügt seit 1974 über eine Ortspyramide, der heimischen Schnitzer und Bastler, 7 m hoch, bestückt mit Figuren der Stadtgeschichte. Der Ort hat ein Freibad, eine Kegelbahn. Weite Waldgebiete laden zum Wandern ein. Auskunft über den Ort, das Landschaftsschutzgebiet »Oswaldtal« und Quartiernachweis, erhält man durch die Stadtverwaltung.

Grünhainichen, Landkreis Flöha. Das Spielzeugmacherdorf liegt 12 km südostwärts der Kreisstadt in einer flachen Quellmulde über dem Ufer der Flöha in etwa 400 m ü. NN.

Zu erreichen ist die Dorfgemeinde über die Ortsverbindungsstraße von Chemnitz über Erdmannsdorf, Augustusburg. Oder man befährt die Verbindungsstraße von Freiberg nach Zschopau. An der Überquerungsstelle der Flöha trifft man auf den Ort. Mit der Eisenbahn kommt man zum Ziel auf der Linie Chemnitz–Neuhausen/Marienberg, wenn man nach 28 Fahrtkilometern den Zug in Grünhainichen/Borstendorf verläßt.

Der Ort wurde von 16 Siedlern als Waldhufendorf gegründet. Urkundlich wird er erstmals 1349 erwähnt, als »Hainichen«, was soviel heißt wie »umhegter Ort«. Er gehörte zum Amt Freiberg. Seit dem 16. Jahrhundert gibt es im

Ort holzverarbeitende Gewerbe. 1613 werden erste Holzwarenhändler aus Grünhainichen auf Messen und Märkten erwähnt. Eine Spänemühle gibt es 1650. Seit dem 18. Jahrhundert führte sich das Verlagswesen ein. Im 19. Jahrhundert arbeiten 100 selbständige Spielzeughersteller für 30 Verleger. Seit dieser Zeit fertigt man in Grünhainichen vorzugsweise »feineres Drechselzeug«, Blumenkinder, Musikantenengel.
Auskunft über den Ort und Nachweis von Quartieren erhält man durch die Gemeindeverwaltung.

Grünstädtel, Landkreis Schwarzenberg, kleine Dorfgemeinde 2 km südostwärts der Kreisstadt. Die Siedlung liegt im breiten Talgrund des Zusammenflusses von Pöhla und Mittweida, ihr Kern auf einer erhöhten Terrasse.

Zu erreichen ist der Ort auf der Autobahn Dresden—Plauen, Abfahrt Stollberg. Von hier benutzt man die F 169 bis Aue, dann die B 101 in Richtung Annaberg, an der Grünstädtel liegt. Der Ort hat einen Bahnhof an der Linie Zwickau–Schwarzenberg–Annaberg. Auch eine Busverbindung.

Um 1200 siedelten sich an den Wasserläufen Bauern an. Es entstand eines der ältesten Dörfer der Herrschaft Schwarzenberg. Man nimmt an, daß es ursprünglich zwei kleine Ansiedlungen mit verschiedenen Namen waren. Die südliche, Höfe mit Waldhufenstreifen, könnte »Grün« geheißen haben. »Stettel« hingegen jene, die sich um eine Kapelle gruppierte. Um 1460 heißt der Ort »Stettel-Grün«, 1550 »Dorfstedtel« und 1590 »Grünstädtelein«. Zur Bezeichnung »Städtlein« kam es wegen der Messen und Märkte, die an der hier vorhandenen Wallfahrtskirche abgehalten wurden. Die Wallfahrer kamen wegen der im Kircheninneren aufgestellten Figur der Heiligen Anna, der Schutzpatronin der Bergleute. Wann die Wallfahrtskapelle erbaut wurde, ist nicht bekannt.

Um 1533 hatte der Ort 12 Erbgüter und einige Häusleranwesen. Durch den Zuzug von Bergleuten, Hammerwerkern und Löffelschmieden reichte die gotische Kirche nicht mehr aus. 1724 entstand am Hang die bis heute erhaltene Barockkirche. Der mitten in die Südseite eingepaßte Turm kam erst 1872 zur Vollendung. Der Ort konnte sein Bild bis in unser Jahrhundert erhalten, dann bildete sich nahe am Wasser und Bahnhof ein Fabrikbereich heraus. Durch Häuserbauten aus der Zeit des Uranerzbergbaus nach 1946 traten wesensfremde Elemente ins Dorfbild.

In der Kirche befindet sich ein Schnitzaltar aus dem 16. Jahrhundert, der aus der Wallfahrtskapelle herrührt. Er zeigt im Mittelschrein Anna Selbdritt und weibliche Heilige. Auf den Flügeln ist die Verkündigung dargestellt und die Kreuztragung. Das alte Pfarrhaus stammt aus dem Jahre 1700. Wie die benachbarte alte Schule, hat es ein Fachwerkobergeschoß mit verbretterten Giebelseiten. 125 Meter nordostwärts der Kirche steht ein altes steinernes Sühnekreuz mit einander rechtwinklig kreuzenden Balken und einem eingeritzten Schwert. Die Sage will wissen, daß sich hier zwei Soldaten duellierten, wobei der eine den Tod fand. Jedoch heißt es auch, bei einem Streit zweier Männer, habe der eine den anderen erschlagen. Grünstädtel ist der Geburtsort des Komponisten und Hofkapellmeisters Gottfried Heinrich Stölzel (1690–1749). Am Haus ist eine Gedenktafel. Nördlich des Ortes führt der Emmlerweg vorüber, ein alter Verbindungsweg zwischen Schwarzenberg und Scheibenberg. In der Nähe vom »Knochen« (523 m ü. NN) hat man einen schönen Blick auf Schwarzenberg. Von der nach Erla-Crandorf führenden Straße (früher der Kirchweg der Crandorfer Einwohner nach Grünstädtel) kann man unterhalb der »Burenschänke« nordostwärts den Ort überblicken.
Auskunft über den Ort und Übernachtungsmöglichkeiten erteilt die Gemeindeverwaltung.

Günther, Anton, Volksdichter, Komponist und Heimatsänger des Erzgebirges. Geboren wurde er am 5. Juni 1876 in Gottesgab (ČSFR). Sein Vater war Bergmann, aus gesundheitlichen Gründen später Musterzeichner und Weißwarenhändler. Der Junge besuchte die Bürgerschule in Joachimsthal und erlernte nebenher das Musizieren bei alten Bergmusikanten. Aus finanziellen Gründen konnte sich sein Wunsch, Förster zu werden, nicht erfüllen. So lernte er Lithograph bei E. Schmidt in Buchholz (Sachs.). Nach vorzeitigem Lehrabschluß trat er bei H. Haase in Prag in Stellung als Lithograph. Von Heimweh in der fremden Stadt geplagt, entstanden die ersten Lieder u. a. »Derhaam is derhaam« und »Is Voterhaus«. Von Freunden gedrängt, veröffentlichte er sie auf Postkarten. Es wurden die ersten Liedpostkarten überhaupt. Als 1901 der Vater starb, mußte er zurück nach Gottesgab um als Kleinbauer für die vielköpfige Familie zu sorgen. Von hier fuhr er mit seinem Bruder Julius nach Sachsen, trug seine Lieder zur Laute vor, indes-

Anton Günther.

sen der Bruder reihum ging, um Liedpostkarten zu verkaufen. – Die 1902 geknüpften Kontakte zum Erzgebirgsverein sicherten ihm die Zuhörerschaft für die weitere Zeit. Neue Lieder entstanden. Sie erschienen 1909 unter »Anton Günthers Volkslieder aus dem Erzgebirge für Gesang und Klavier«. 1914 mußte er zum Militär einrücken. An der serbischen Front wurde er 1916 verwundet und dadurch nicht mehr kriegsverwendungsfähig. – Aus dem Krieg kehrte er 1918 nach Gottesgab heim. Von nun an trat er in vielen Veranstaltungen in Sachsen auf und sang seine Lieder. Eine zweiteilige Textsammlung erschien 1920. Er machte erste Rundfunk- und Schallplattenaufnahmen. Die Feier seines 60. Geburtstages erfolgte unter großer Anteilnahme der Bevölkerung. Am 29. April 1937 starb er durch Freitod in seinem Gottesgaber Haus. – G. Heilfurth veröffentlichte 1937 die Gesamtausgabe seiner Dichtungen. – Er schrieb rund 150 Lieder in erzgebirgischer Mundart, zahlreiche Gedichte und kleinere Erzählungen. Zu seinen bekanntesten Liedern zählen »'s is Feierobnd«, »Of de Barg, do is halt lustig«, »Heil eich, ihr deitschen Brüder« und der »Schneeschuhfahrermarsch«. Anton Günthers Grab befindet sich auf dem Friedhof in Gottesgab (Bozí Dar, ČSFR). Am Haus seiner Lehrstelle in Buchholz ist eine Gedenktafel angebracht.

Hammerwerke, Im Zusammenhang mit dem erzgebirgischen Bergbau entstanden zur Weiterverarbeitung der Erze Hammerwerke. In Urkunden wird das Hammerwerk Erla schon 1380 erwähnt, im 15. Jahrhundert gab es mehr als 100 erzgebirgische Hammerwerke. Zunächst arbeiteten sie in recht primitiven Anlagen, sogenannten »Waldworchten«. Auf offenem Feuer wurde hier das Erz geschmolzen. Die Gesellen klopften mit Holzhämmern die Luppe, ehe das Eisen unter dem Wasserhammer geschmiedet werden konnte. Bald aber dehnten sich die Hütten aus. Über ein kunstvolles System von Wasserrädern trieb man mehrere Blasbälge und Hämmer verschiedener Größe. Produzierten anfangs die Hütten vor allem Eisengerät für die bäuerliche Wirtschaft, so setzte bald eine Spezialisierung ein. Schon im 16. Jahrhundert gab es Schaufelhämmer, Drahthämmer, Nagel- und Kugelhämmer. In Blauenthal (s. d.) wurde aus dem Hammerwerk ein Werk, in welchem Bleche gehämmert und verzinnt wurden. Reichte in den Anfangszeiten meist Erz und Holz aus den nahegelegenen Gruben und Wäldern, so wurde später das Erz auch aus fernerliegenden Gegenden herangeholt. Die Städte Nürnberg und Schneeberg zahlten beispielsweise Beiträge zum Bau einer Brücke über die Schlemaer Eisenfurth. 1680 schlossen sich die einzelnen Hammerherren zu einem Verband zusammen, der Preise, Qualität und Höhe der Produktion der einzelnen Hütten festlegte. Die Hammerherren bildeten im Erzgebirge eine Art Industrieadel. Sie besaßen neben den Hämmern oft Wäldereien, Güter, Gruben und andere Werkstätten. Zu Beginn des 19. Jahrhunderts kamen die meisten Werke zum Erliegen. Die Wasserkraft reichte nicht mehr aus, die Holzkohlenfeuerung wurde zu teuer, vor allem aber konnte man mit der englischen Erfindung der gewalzten Bleche nicht konkurrieren. Ein Denkmal erzgebirgischer Hammerwerke ist der Fronauer Hammer (s. d.).

Hartenstein, Landkreis Zwickau. Stadt mit Ortsteil Stein im Tal des Thierfelder Baches und der Zwickauer Mulde. Mittlere Höhenlage 340 m ü. NN.

Der Kraftfahrer erreicht den Ort über die Bundesautobahn Plauen–Chemnitz über die Anschlußstelle Hartenstein. Busverbindungen nach Aue, Zwickau, Annaberg–Buchholz, Oelsnitz. Hartenstein liegt an der Bahnstrecke Zwickau–Aue.

Der Ort entstand als Siedlung an der gleichnamigen Burg vermutlich im 13. Jahrhundert. Erste urkundliche Erwähnung der Kirche 1387, Stadtrecht wahrscheinlich erst nach 1400. Hartenstein blieb über die Jahrhunderte hinweg eine ausgesprochene Handwerkerstadt, deren Entwicklung durch die Burgherrschaften von Hartenstein und Stein beeinflußt wurden. Am 5. Okt. 1609 wurde hier Paul Fleming (s. d.), einer der bedeutendsten deutschen Barockdichter, geboren. Seit 1896 Denkmal auf dem Marktplatz, Gedenkausstellung im Heimatmuseum Burg Stein. Am Markt alte Fachwerkhäuser, so Gasthaus »Weißes Roß« mit Renaissanceportal von 1625. Die Stadtkirche entstand 1869/70 mit flachgedeckten, dreiseitigem Emporensaal (unter Verwendung älterer, barocker Bausubstanz).

Burg Hartenstein entstand als Befestigung an der Mulde, der alten Handelsstraße von Halle nach Böhmen. Sie wurde vermutlich von den Burggrafen von Meißen um 1150 errichtet. Erster bekannter Besitzer war Meinher I. von Werben, Burggraf zu Meißen und einer der Gründer des Klösterleins Aue. 1406 kam die Burg in den Besitz der Herren Schönburg, einem der großen Adelsgeschlechter des Erzgebirges. Die Burg im 16. Jahrhundert in eine Schloßanlage verändert, wurde am Ende des 2. Weltkrieges durch Bomben fast völlig zerstört.

In Stein, seit 1934 Ortsteil von Hartenstein, befindet sich eine weitere ehemalige Muldenfeste: Burg Stein. Bergfried, Palas und Wehrmauern sind romanischen Ursprungs. Neben der Oberburg, die vermutlich um 1200 entstand, befindet sich die jüngere, spätgotische Niederburg. Die heutige Schloßanlage beherbergt ein Heimatmuseum. Burg Stein gehörte ursprünglich zur Herrschaft Hartenstein, später waren die Burgherren Raubritter. Einer der Burgherren war der Prinzenräuber Kunz von Kaufungen (s. d.) In der Nähe der Burg befindet sich das 1912/13 im Jugenstil erbaute Schloß Wolfsbrunn, das sich der Hauptauktionär des Lugau-Oelsnitzer Steinkohlenbergbaus, Dr. Karl Georg Wolf, errichten ließ. Das Schloß entstand nach Plänen des Münchner Architekten Emanuel von Seidl, Deckengemälde von Julius Dietz und Plastiken von Fritz Behn und Georg Wrba. – In der Nähe von Hartenstein befindet sich die sogenannte »Prinzenhöhle«, ein ehemaliger Bergbaustollen, in welchem die Helfer des Kunz von Kaufungen Prinz Ernst, der am 7. Juli 1455 im Altenburger Schloß zusammen mit seinem Bruder Albrecht geraubt worden war, versteckten. Als Kunz von

Kaufungen im Grünhainer Wald gefangen genommen wurde, übergaben die Räuber den Prinzen an den Grafen von Schönburg zu Hartenstein. Heute befindet sich hier eine Ausflugsgaststätte. – Bei einer Wanderung im Muldental stößt man in der Nähe von Wildbach auf die Ruine der Isenburg, die vermutlich um 1300 entstand und schon um 1400 wieder zerstört wurde.
Auskünfte: Stadtverwaltung Hartenstein.

Hartmann, Richard, Bedeutender sächsischer Industrieller. Geboren am 8. November 1809 in Barr (Elsaß), gestorben 16. Dezember 1878 in Chemnitz.

Lehre als Zugschmied in Barr, danach Wanderjahre mit Arbeitsstellen in verschiedenen deutschen Städten. 1832 kam er als Zeugschmiedgeselle nach Chemnitz, wo er in der Fabrik bei C. G. Haubold Arbeit nahm. Er wurde bald Akkordmeister, in seiner Freizeit entwickelte er eigene Maschinenprojekte. 1837 kaufte er mit seinem Freund Illing das Geschäft des Maschinenbauers Schubert in der Annaberger Straße, im gleichen Jahr wurde er Bürger von Chemnitz. 1839 Trennung von Illing und Zusammenarbeit mit August Götze, der später Direktor der Chemnitzer Aktienspinnerei wurde. 1840 Aufnahme des Dampfmaschinenbaus, Verlegung eines Teils der Produktion in die Äußere Klosterstraße. 1882 Lösung des Verhältnisses mit Götze, danach wird Richard Hartmann alleiniger Unternehmer. Hartmanns Erfindungen für die Maschinen der Streichgarnspinnerei fanden große Verbreitung. 1844 Verlegung der Produktion an die Leipziger Straße, 1847 Aufnahme des Lokomotivenbaus, 1848 Fertigstellung der ersten Hartmannschen Lokomotive, zehn Jahre später wurde die 100. Lokomotive ausgeliefert. Seit 1870 Umwandlung in Aktiengesellschaft. Aus der kleinen Schlosserwerkstatt mit drei Gehilfen war ein Unternehmen mit fast 3000 Arbeitern gewachsen, fünf Industriezweige: Lokomotivenbau, Werkzeugmaschinenfabrik, Dampfmaschinenfabrik, Fabrikation von Spinnereimaschinen und Produktion von Webstühlen und Webereieinrichtungen.

Hartmann wurde so zu einem Pionier des sächsischen Maschinenbaus, dessen Wirken die industrielle Entwicklung seiner Heimatstadt Chemnitz im 19. Jahrhundert mitbestimmte.

Heiligabend, Wichtigster Tag in der Weihnachtszeit ist der Weihnachtsheiligabend, auch 1. Heiligabend. Den Tag über bereitet die Hausmutter das »Neunerlei« vor. Die Familie wird mit Essen kurz gehalten, muß sich an den Abend heranhungern. Auf alle Lichtträger werden frische Kerzen aufgesteckt. Früher streute man Stroh in die Stube, dem Stall von Bethlehem nahe zu sein. Aus Platzgründen hängte man den Christbaum wie einen Leuchter an die Zimmerdecke. – Pünktlich 18 Uhr, mit dem Beginn der ersten Internacht, sitzt die Familie beim Heiligabendessen. Ein Gedeck ist mehr aufgelegt als benötigt wird, gedacht für einen Hungrigen, der anklopfen könnte. Unter jedem Teller liegt ein Geldstück. Alle Kerzen im Zimmer brennen, die der Pyramide, des Schwibbogens, Laufleuchters, Christbaumes, der Lichterbergleute und -engel. Auf dem Tisch brennt ein extra großes Tischlicht. Während des Essens darf niemand aufstehen, sonst wird er demnächst bestohlen. Wer es dennoch tut, muß stehend weiteressen. – Neunerlei ist aufgetischt. Fleischgerichte haben den Vorzug. – Nach dem Essen geht die gesamte Familie der Mutter zur Hand. Denn bald kommt »Hans Rupperich«, die legendäre erzgebirgische Weihnachtsfigur, und da muß alles blitzen. Gerne hört die Mutter, man könne sich kaum bewegen, so habe es geschmeckt. Hans Ruprecht beschenkt die Kinder. In Ermangelung eines solchen, ist es üblich, gleich Erwachsener, den Kindern unter dem brennenden Weihnachtsbaum zu bescheren. – Dann geht es zeitig ins Bett, wenn man am nächsten Morgen zur Christmette will. Früher war es üblich, erst am Weihnachtsmorgen zu bescheren. Halten Familien streng an Überlieferungen fest, schneiden sie, von der Christmette heimkehrend, den ersten Weihnachtsstollen an.

Heiligabendlied, Eines der ältesten und bekanntesten Weihnachtslieder in erzgebirgischer Mundart. Es erhielt sich über anderthalb Jahrhunderte singend im Erzgebirge. Von den heute etwa 140 bekannten Strophen werden 12 bis 16 in den einschlägigen Liederbüchern, auf Liedpostkarten und Liederblättern veröffentlicht. Das Lied gilt als Musterbeispiel für ein landschaftsgebundenes Volkslied mit vielen Fassungen und Singweisen. Es wird als Reihumlied gebraucht, bei dem ein Vorsänger oder eine Gruppe die Strophen übernehmen und die übrigen dann den Kehrreim mitsingen. Eine feste Reihenfolge der Liedstrophen gibt es nicht. Das Lied hat keine durchgängige Fabel. In jedem

Vierzeiler wird eine eigenständige Begebenheit erzählt. Durch den Kehrreim wird es zusammengehalten. Es besingt viele erzgebirgische Weihnachtsbräuche und wird damit zu einer volkskundlichen Fundgrube. Wahrscheinlich entstand es im 1. Drittel des 19. Jahrhunderts in den Hutzenstuben oder bei den erzgebirgischen Klöpplerinnen. Erstmals wurde das Heiligabendlied mit 14 Vierzeilern und einer heute unbekannten Melodie von Wilhelm Schnörr aus Scheibenberg nach 1820 in ein Notenbüchlein geschrieben. Christiane Concordia Ritter schrieb den Text 1836 mit 13 Strophen in ihr Liederbüchlein. Gedruckt wurde das Lied erstmals 1844 in Lindners »Wanderungen durch die interessantesten Gegenden des Sächsischen Obererzgebirges«. In der 1862 von Spieß veröffentlichten Schrift »Sitten und Gebräuche im Sächsischen Obererzgebirge« wird erstmals Johanne Amalie von Elterlein als Verfasserin genannt, ohne darüber einen Beweis zu erbringen. So nimmt man heute an, daß sie das Lied von anderen kannte, aufschrieb und Spieß für seine Schrift übermittelte.

Heimateck, Miniaturlandschaft, Waschleithe, Landkreis Schwarzenberg. Öffnungszeiten: Im Sommerhalbjahr täglich.

Die von den Schnitzern und Bastlern des Ortes in vielen Feierabendstunden geschaffene Freilichtanlage liegt in einem felsigen romantischen Tälchen, das am oberen Ortsausgang der Seifenbach bildet. Dargestellt werden, in die Landschaft eingebettet, einzeln oder in Gruppen, bekannte oder typische Bauwerke des Erzgebirges im Maßstab 1:40 Fachwerkhäuser, Sägewerke, Bauernwirtschaften, Burgen, Schlösser und Kirchen, darunter die Burgen Kriebstein, Rabenstein, das Schloß und die Kirche von Schwarzenberg, die Augustusburg, Schwebebahn am Fichtelberg, aber auch die alte Schule von Waschleithe, die Lauterer Lohmühle oder der Albertturm mit Gaststätte auf dem Spiegelwald. Das Wasser des Seifenbaches, in der Nachbildung der Talsperre Pöhl gestaut, betreibt die Mechanismen der Anlage.
Auskunft durch die Gemeindeverwaltung Waschleithe.

Herkules-Frisch-Glück, Lehr- und Schaubergwerk, Wascheithe, Landkreis Schwarzenberg, Fürstenbergstraße, Öffnungszeiten: Mai bis 15. Oktober täglich 9 bis 16 Uhr, 16. Oktober bis April montags bis freitags 9 bis 15 Uhr.

Siegmund Freiherr von Herder.

Die Anlage befindet sich am Fürstenberg im Landschaftsschutzgebiet »Oswaldbachtal«. Die Grube bestand ursprünglich aus zwei verschiedenen. Die ältere »Frisch Glück« ist seit 1705 bekannt. Auch nach dem Zusammenschluß im Jahre 1805 schürften die Bergleute nach Arsen, Silber, Braunstein, Zinkblende und bauten Marmor ab. 1921 wurde ihr Betrieb endgültig eingestellt. Von 216 Jahren des Bestehens, stand die Grube 141 Jahre still und nur 72 Jahre lang wurde wirklich gefördert. Das 1922 eröffnete Schaubergwerk fuhr zwischenzeitlich die SDAG Wismut auf. Als es keinen Ertrag versprach, wurde es 1966 rekonstruiert und als technisches Museum untertage freigegeben. Der Rundgang, etwa 80 Meter unter der Erde (bei der Einfahrt 250 Stufen!) gewährte einen Einblick in die Arbeit der

Bergleute unter Tage, in Abbautechniken, Markscheidekunde, Sprengtechniken.
Auskunft: Leitung des Lehr- und Schaubergwerks oder durch die Gemeindeverwaltung Waschleithe.

Hermsdorf, Landkreis Dippoldiswalde. Der Ferienort liegt in 730–804 m Höhenlage nahe am Kamm des Osterzgebirges etwa 20 km von der Kreisstadt entfernt. Die ortsnahen Erhebungen sind die Schickelshöhe mit 804 m und die Kahle Höhe mit 739 m. Der Ort liegt abseits verkehrsreicher Straßen und wird von ausgedehnten Waldungen umgeben.

Zu erreichen ist Hermsdorf auf der B 170, die von Dresden zum Grenzübergang Zinnwald führt, wenn man in Dippoldiswalde nach Frauenstein abbiegt und von da über Ortsverbindungsstraßen zum Zielort fährt. Hermsdorf hat Busverbindung bis nach Dresden.

Das Reihendorf entstand im 12. Jahrhundert als Rodesiedlung zwischen Gimmlitz und Wilder Weißeritz. Die Bewohner betrieben Landwirtschaft und unterstanden dem Burgherrn von Frauenstein, dem sie Frondienst zu leisten hatten. Zeuge davon ist das »Frauensteiner Hauptwasser«. Diese alte Wasserleitung mußten die Hermsdorfer Bauern 1700 zum Schloß Frauenstein legen. Seit dem 16. Jahrhundert bauten die Hermsdorfer den dorfnahe sich findenden Kalk ab und löschten ihn. Daraus entstand um 1800 das Kalkwerk, das 1819 staatlich wurde. Vor allem die Glasindustrie verarbeitete den Hermsdorfer Kalk.

Hermsdorf gilt als gern besuchter Ferienort mit idealer Umgebung zum Wandern und für den Wintersport. Aufgrund der Höhenlage ist das Gebiet schneesicher. Im Ort gibt es ausreichend Ferienunterkünfte.
Auskunft und Quartiernachweis erhält der Interessierte durch die Gemeindeverwaltung.

Hetzdorfer Eisenbahnbrücke, Der Hetzdorfer Viadukt an der Eisenbahnblinie Dresden–Chemnitz–Plauen, entstanden 1866/67, gehört zu den großen Kunstbauten der deutschen Eisenbahngeschichte. Neben der Göltzschtal-Elstertal- und der Göhrener Brücke gehört sie zu den größten Steinbrücken in Sachsen. Die Brücke hat eine Länge von 325 m und eine Höhe von 40 m. Vorgesehen ist der Ersatz der Brücke durch Spanbeton-Großbrücken. Ein schöner Blick auf das Viadukt ist von der »Hetzdorfer Schweiz« aus möglich, einem Naherholungszentrum, dessen 391 m hoher

Aussichtsfelsen »Bastei« genannt, im Zusammenhang mit dem Eisenbahnbau entstand. Eine Legende erzählt, der leitende Ingenieur Claus habe sich nach Fertigstellung von der Brücke gestürzt, weil er seinem eigenen Bauwerk nicht vertraute. Aber eben dieser Ingenieur Claus hat dann auch die bekannte Göhrener Brücke erbaut. Tatsache ist aber, daß beim Bau der Hetzdorfer Brücke wegen ungenügender Sicherheitsmaßnahmen sieben Menschen ums Leben kamen. Die erste, feierliche Fahrt über die neue Brücke fand am 23. Sept. 1868 statt. Der Bau, der aus Granit, Sandstein und Gneis errichteten Brücke, kostete 1,652 Millionen Mark.

Hirtstein, Naturdenkmal, Aussichtspunkt, Landkreis Marienberg. Der 891 m hohe Berg liegt südlich von Satzung an der Landesgrenze zur ČSFR. Zu erreichen ist er auf der B 174 von Chemnitz aus über Marienberg, wenn man kurz vor dem Grenzübergang Reitzenhain rechts abbiegt und die Ortsverbindungsstraße nach Satzung benutzt. Der Aufstieg zur Höhe erfolgt von Satzung aus.

Der Hirtstein ist ein alter vulkanischer Basaltkegel. Seine Säulen strahlen in schöner Regelmäßigkeit von der Achse her nach außen. Der Seltenheit wegen, wurde die Quellkuppe zum Naturdenkmal erklärt.

Nahe des Gipfels errichtete der Erzgebirgsverein ein 1926 der Öffentlichkeit übergebenes Unterkunftshaus. Aus den Fenstern der Gastzimmer bietet sich ein schöner Fernblick.

Die Gaststätte auf dem Hirtstein ist ganzjährig geöffnet. Es sind Übernachtungsmöglichkeiten vorhanden.
Auskunft über den Berg und seine Umgebung erteilt die Gemeindeverwaltung Satzung oder der Wirt des Hirtsteinhauses.

Hohneujahr, Anderswo Epiphania, Großneujahr oder Dreikönigstag geheißen, wird im Erzgebirge Hohneujahr genannt. Am 6. Januar ist das Fest der Offenbarung des Herrn, der Jordantaufe, aber auch der Ankunft der drei Weisen in Bethlehem und der Hochzeit zu Kanaa. Für den Erzgebirger hat dieser Tag gegenüber dem Vorabend untergeordnete Bedeutung. An ihm feiert er den dritten Heiligabend. Wie zum Weihnachts- und Silvesterheiligabend ißt er pünktlich um 18 Uhr im Kreis der Familie das »Neunerlei«. Alle Kerzen im Zimmer müssen entzündet sein. Letztmalig brennen die der Pyramide, des Christbaums und der Lichterbergleute und -engel. Auf der Tafel leuchtet ein frisches Tischlicht. Mit Hohneujahr enden die Internächte. Die nun folgende Zeit ist frei von Geheimnissen. Ist die Nacht vorüber, dann für ihn auch die Weihnachtszeit. Nun wird der Baum abgeputzt, das Weihnachtszeug verpackt und für das kommende Fest auf den Boden gebracht.

Holzhau, Landkreis Brand-Erbisdorf. Der staatlich anerkannte Ferienort liegt 28 km südostwärts von der Kreisstadt entfernt im Tal der oberen Freiberger Mulde. Die Häuser der kleinen Streusiedlung bedecken vom Tal der Freiberger Mulde, in 600 m Höhenlage, dem Tal des Bitterbachs folgend bis zur 800 m hoch im Grenzwald liegenden Jugendherberge »Torfhaus«, die Hanglage.

Holzhau erreicht man auf der B 101 von Freiberg in Richtung Annaberg-Buchholz. Man biegt wenige Kilometer nach Brand-Erbisdorf von der Bundesstraße links ab und fährt über Mulda, Rechenberg-Bienenmühle zum Ziel. Oder man benutzt Ortsverbindungsstraßen von Freiberg über Weißenborn, Mulda, Rechenberg-Bienenmühle nach Holzhau. Mit der Eisenbahn befährt man die Linie Freiberg–Holzhau und erreicht nach 30 km Fahrtstrecke den Ort. Holzhau hat Busverbindung.

Um 1532 Holz für die Freiberger Grubenbetriebe zu erhalten, fällte man ein großes Waldstück am Oberlauf der Freiberger Mulde. Im Wasserlauf des Flusses ergab sich eine günstige Transportmöglichkeit. 1536 gestatteten die Grundherren von Schönberg den »Einschlägern« den baumfreien Boden zu roden und sich ansässig zu machen. Die sich im »Gehau« niederlassenden Holzfäller gründeten die Siedlung »Holzhawe«, »Holzhau«. Als Bauern erwirtschafteten sie nur geringe Erträge. Um die Jahrhundertwende wurde der Ort für den Fremdenverkehr erschlossen. Er eignet sich vorzüglich als Sommerfrische. Durch seine Schneesicherheit hat er sich zu einem Wintersportzentrum herausentwickelt. Zu den idealen Wintersportbedingungen zählen auch fast alpine Steilhänge, Skiwiesen mit Schlepplifte und eine Sprungschanze an der Steinkuppe.
Auskunft über den Ort und Quartiernachweis erteilt die Gemeindeverwaltung.

Hormersdorf, Landkreis Stollberg. Gemeinde im oberen Talgrund des Gornsdorfer Baches gelegen.

Der Kraftfahrer erreicht den Ort von der Bundesautobahn Plauen–Chemnitz über die Abfahrt Stollberg, Richtung Brünlos, Dorfchemnitz. Busverbindung existiert nach Jahnsbach, Thum, Stollberg, Thalheim u. a. Orten. Die Bahnverbindung über eine Schmalspurstrecke, 1911 errichtet, wurde in den siebziger Jahren eingestellt.

Erstmals wird der Ort 1446 als »Harmerstorff« genannt (vermutlich Namensübertragung durch fränkische Siedler eines gleichnamigen Dorfes bei Nürnberg). Hormersdorf ist eine typische erzgebirgische Waldhufensiedlung. In der Nähe erheben sich der Huthübel (587 m) und der Andreasberg (590 m). Hormersdorf grenzt an den sogenannten Geyerschen Wald, das größte zusammenhängende Waldgebiet des mittleren Erzgebirges mit ca. 65 km^2 Ausdehnung. Etwa einen Kilometer südlich des oberen Ortsendes befindet sich auf der Wasserscheide zum Roten Wasser das Naturschutzgebiet »Hormersdorfer Hochmoor«, das in seinem größeren Teil bereits vor dem Ersten Weltkrieg abgebaut wurde. Der Volksmund nennt das Gebiet »Kiefernweiche«, Latschenkiefer, Moorbirken und Binsen bestimmen die Vegetation neben einer Reihe seltener Moorpflanzen.

Die Entwicklung des Dorfes wurde im wesentlichen durch die Landwirtschaft und den im 16. Jahrhundert einsetzenden Bergbau bestimmt. 1837 gründete Christian Friedrich Krebs hier eine Baumwollspinnerei, die 1889 in eine Strumpffabrik umgewandelt wurde.

Wo sich heute im Geyrischen Wald eine Jugendherberge am Roten Wasser, unweit des Geyrischen Teiches (s. a. Greifensteine) befindet, entstand schon 1564 eine sogenannte »Gifthütte« zur Arsengewinnung. Der Kaufmann Hieronymus Zürich aus Nürnberg erhielt dafür ein kurfürstliches Privileg. Um 1880 entstand auf dem Gelände eine Dynamitfabrik, später wurden die Gebäude als Jugendwerkhof und Kinderheim genutzt. Seit 1950 existiert die Jugendherberge mit 205 Betten.
Auskünfte: Gemeindeverwaltung.

Hörner, Russische, Tubenartige, aus der russischen Jagdmusik stammende, und zu Beginn des 19. Jahrhunderts, besonders unter dem Einfluß von Oberberghauptmann Herder, in das sächsische Bergwesen eingeführte Blechblasinstrument. Sie sind eintonig. Um eine Tonleiter blasen zu können, sind acht Bläser erforderlich. Die Hörner sind weitmensuierte, konisch geknickte, aber nie gewundene Rohre. In das abgebogene Ende ist ein Mundstück eingesetzt mit einem Kessel. Es ist einem Trompetenmundstück ähnlich. Die Stimmung eines Instrumentes ergibt sich aus der Abmessung des Schallstückes, das in Länge und Durchmesser unterschiedlich ist. A-Hörner sind etwa 2,25 m lang und werden, auf einem Gestell liegend, geblasen. Die d^3-Hörner dagegen sind nur etwa 9,5 cm lang. – Im Herkunftsland wie im sächsischen Bergbau kamen die Hörner bereits im vorigen Jahrhundert außer Gebrauch. Einige Exemplare sind im Freiberger Stadt- und Bergbaumuseum zu sehen. Zu Konzerten benutzt werden sie heute lediglich noch durch die Berghoboisten des Erzgebirgsensembles, das seinen Sitz in Aue hat.

Hundshübel, Landkreis Aue. Die dörfliche Gemeinde liegt 12 km südwestlich der Kreisstadt an steilem, nach Osten zu abfallenden Hang in 500–650 m Höhenlage. Sie reicht an ausgedehnte Nadelholzwaldungen und grenzt an das Landschaftsschutzgebiet »Talsperre Eibenstock«, das sie nach Norden zu abschließt.

Hundshübel liegt an der B 169, die von Chemnitz über Aue nach Rodewisch führt. Der Ort hat keinen Eisenbahnanschluß. Nächster Bahnhof ist Aue an der Linie Chemnitz–Aue oder Zwickau–Schwarzenberg. Es besteht Busverbindung.

Hundshübel entstand als Spätsiedlung, gegründet im zeitigen 16. Jahrhundert. Darauf deuten u. a. auch die häufig anzutreffenden Hakenhöfe hin und die ursprünglich kleinen Hufe. Erstmals wird der Ort erwähnt 1536 mit »Hundes Sudel« (Hundepfütze), jedoch schon 1550 heißt er »Hundtsiedel« und ab 1591 »Hundtshübel«. Mit der bäuerlichen Erschließung und Entwicklung ging der Bergbau einher. Bereits um 1570 läßt sich eine Mahl-, eine Brettmühle und ein Waffenhammer nachweisen. An der tiefsten Stelle des Ortes lag die Kohlhau, die dem Köhlereibetrieb diente. Nach dem Dreißigjährigen Krieg arbeiten 9 Gruben, die vor allem Eisenerz abbauten. Aus der bäuerlichen Siedlung war inzwischen ein Bergflecken geworden. Mit dem Rückgang des Bergbaus kam das Spitzenklöppeln in den Ort. Seit 1838 hatte er eine Spitzenklöppelschule.

Die heutige Dorfkirche entstand an Stelle einer älteren von 1784–1788 nach Plänen von Christian Leonhard. Sie ist

einheitlich im Stile des Rokoko ausgestattet. Der Kanzelaltar stammt von 1788. Unter dem Kanzelkorb befindet sich ein Abendmahlsrelief.
Auskunft über den Ort und seine Umgebung und Zimmernachweis erteilt die Gemeindeverwaltung.

Huthaus, Bergmännisches Taggebäude nahe der Grube, in dem Arbeitswerkzeug und Vorrat an Betriebsstoffen in einer besonderen Kammer, der »Gezähkammer«, aufbewahrt wurden. Hier versammelten sich die Bergleute vor der Einfahrt, um ihre Werkzeuge, das »Gezäh« von einem Steiger entgegenzunehmen. Im Huthaus wurde auch die Arbeit für die Schicht und der Ort den Bergleuten angewiesen, an den sie zu fahren hatten. Gewöhnlich wohnte der Obersteiger oder ein Steiger im Huthaus. Dort, wo das nicht geschah, war ein besonderer »Hutman« als Hausmann eingesetzt.

Hutzenstube, Dem Ursprung nach ist die Hutzenstube eine Arbeitsstube. Um Heizung zu sparen, der Geselligkeit wegen, kamen die Klöpplerinnen der Nachbarschaft reihum in einer Stube zusammen, zur »Rix« (Reihe). Weil das Klöppeln soweit perfektioniert war, konnten sie sich dabei unterhalten, erfanden zur Kurzweil und Beschleunigung der Arbeit Verse, Spiele oder Liedchen. Damit wurde die Hutzenstube zur Wiege des erzgebirgischen Mundartliedes.

Kamen am Abend die Burschen oder Männer die Klöpplerinnen abzuholen, blieben sie auf einen »Niedersitz« bei einem »Tippel« Malzkaffee oder »Rährnkuchn«. Man erzählte, sang, neckte sich und trieb Späße. Die Männer zogen den Frauen die Aufstecknadeln aus dem Klöppelkissen. Fand ein verliebtes Paar nicht gleich heim, machte es »lange Nacht«. Müller-Fraureuth erklärt: »Hutzenstube, Abendgesellschaft, ähnlich der Rocken- oder Spinnstube«.

Der Begriff der Hutzenabend hat sich erweitert. Gesellige Vereine nennen ihre Zusammenkünfte im Wirtshaus häufig »Hutzenabend«, denn auch hier wird erzählt, gescherzt, gesungen und gegessen.

Johanngeorgenstadt, Landkreis Schwarzenberg. Zum staatlich anerkannten Erholungsort gehören 13 Stadtteile, u. a. Wittigsthal, Pachthaus, Neuoberhaus, Unter- und Oberjugel, Steigerdorf, Schwefelwerk, Steinbach und Sauschwemme. Die Stadt liegt an der Landesgrenze zur ČSFR in 700 bis 900 m ü. NN am Kamm des Erzgebirges.

Seit Sommer 1991 Grenzübergang für Eisenbahn und Fußgänger.

Zu erreichen ist Johanngeorgenstadt auf der B 101 von Freiberg über Annaberg–Buchholz, die man in Schwarzenberg verläßt um das Schwarzwassertal aufwärts zum Ziel zu gelangen. Johanngeorgenstadt ist die Endstation der Eisenbahnlinie Zwickau–Johanngeorgenstadt. Von der Stadt aus bestehen Busverbindungen in unterschiedliche Richtungen.

Exulanten, Glaubensvertriebene aus dem Böhmischen, ließen sich nahe einer 1652 am Fastenberg erbauten Mühle nieder. Auf Ersuchen erhielten sie von Kurfürst Johann Georg I. 1654 genehmigt, ein Bergstädtelein zu gründen. Sie benannten ihre Siedlung nach dem Kurfürsten. 1656 erhielt sie Stadtrecht. Mit der Stadtgründung kam ein Pfarrer herzu und mit dem Bau einer Kirche wurde begonnen. Fündig geworden, lebten die Bewohnter bald vom Bergbau. 1723 kannte man 350 Zinn- und Eisengruben und 85, die nach Silbererz suchten. Unrentabel geworden, ging der Bergbau allmählich zurück. Goethe kam 1785 und 1786 in die Stadt, um ihn kennenzulernen. In Jugel entstand 1571 eine Glashütte. Seit 1651 arbeitete in Wittigsthal ein Hammerwerk. Die Schwefelhütte ging 1741 in Betrieb, das Blaufarbenwerk 1755. Neben dem noch betriebenen Bergbau kamen andere Beschäftigungen in die Stadt, so die Kunsttischlerei und ab 1868 die Herstellung von Glacéhandschuhen. Nach 1945 baute man für kurze Zeit in großem Maße Uranpechblende ab. Dadurch kam es zur Verlagerung der Stadt in südwestliche Richtung. Inzwischen sind die Bergbaurückstände weitgehend beseitigt und die Halden rekultiviert.

Johanngeorgenstadt hat eine neugotische Stadtkirche aus dem Jahre 1872. Auf dem dahinterliegenden Friedhof befindet sich das Rochowdenkmal und die Zeidlertafel. Sehenswert ist das Technische Denkmal Schaubergwerk im Stadtteil Wittigsthal und der Pulverturm an der Eibenstokker Straße. Im Postamt I in der Neustadt befindet sich eine Gedenktafel, die an den Besuch Goethes erinnert.

Johanngeorgenstadt ist einer der meistbesuchtesten Ferienorte des Erzgebirges mit zahlreichen Erholungseinrichtungen. Die Stadt ist ein Wintersportzentrum des Westerzgebirges. Sie verfügt über gute Skigelände, Skilifte, eine Massenrodelbahn, Rennschlittenbahn, einen Schanzenkomplex im Lehmergrund mit der Erzgebirgsschanze und vier weiteren Schanzen unterschiedlicher Größe.
Auskunft über die Stadt erteilt die Kurverwaltung.

Jöhstadt, Landkreis Annaberg. Stadt im oberen Westerzgebirge an der Grenze zur ČSFR. In der Ortslage vom Schwarzwassertal mit Bahnhof (686 m) bis auf die Höhe Annaberger Straße (828 m) beträchtliche Höhenunterschiede. Mit Ortsteilen Schlössel und Dürrenberg.

Der Kraftfahrer erreicht den Ort von Chemnitz aus über die B 95 bis Königswalde. Busverbindungen nach Annaberg–Buchholz und Oberwiesenthal. Keine direkte Bahnverbindung.

Erste urkundliche Erwähnung 1386 als »Goßwynsdorf«, altes Quellmuldendorf, Bergbausiedlung vermutlich schon im 12. Jahrhundert entstanden. 1509 schon Bergstadt genannt, verbrieftes Stadtrecht aber erst 1655. Anstoß zur Verleihung des Stadtrechtes Zuzug von böhmischen Exulanten. 1655 Gründung der Berg-Knapp und Brüderschaft, die noch heute Bergaufzüge am 2. Pfingstfeiertag und am 1. Weihnachtstag durchführt. Nach dem Rückgang des Bergbaus im 17. Jahrhundert Entwicklung des Laboranten- und Arzneiwesens (s. d.), 1817 gab es über hundert Arzneihändler in Jöhstadt, eigens Laborantenhaus (1708 bei Stadtbrand zerstört).

Sehenswürdigkeiten: St. Salvator-Kirche mit holzgeschnitzten Barockaltar (1677) von Andreas Petzoldt. Gedenktafel an der Kirche für den 1723 hier geborenen Theologen und Dichter Johannes Andreas Cramer (später u. a. Hofprediger in Kopenhagen, 1784 Kanzler und Kurator der Kieler Universität). Postmeilensäule von 1730.

Durch die Lage in weitausgedehnten Fichtenwäldern und der Nähe zur ČSFR beliebtes Erholungs- und Feriengebiet mit Jugendherberge.
Auskünfte: Stadtverwaltung.

Kahleberg, Aussichtspunkt, Landkreis Dippoldiswalde. Der waldbewachsene Berg liegt wenige Kilometer südlich von Altenberg. Mit 905 m ü. NN ist er die höchste Erhebung des Osterzgebirges. Der Aufstieg erfolgt allmählich von Zinnwald-Georgenfeld oder Altenberg aus. Im Landschaftsbild fällt der Berg kaum auf. Wegen seines von Sturm und Schnee zerzausten Waldes, wird er gern als Symbol des osterzgebirgischen Kammgebietes gebraucht.

Vom Kahleberg bietet sich ein schöner Rundblick über die ausgedehnten Waldungen um Altenberg, auf die Stadt selbst und zum Geisingberg. Im Nordwesten liegen die Elbweitungen, im Norden Sachsens Hauptstadt Dresden. Die

Tafelberge der Sächsischen Schweiz sind zu erkennen, ostwärts das Zittauer Gebirge. Bei gutem Wetter sieht man den Jeschken und die höchste Erhebung des Riesengebirges, die Schneekoppe.

Kauffungen, Kunz von, Man kennt sein Geburtsdatum nicht und auch nicht die Lebensstellung seines Vaters. Seine Mutter stammte aus dem Haus Schönberg auf Niederreinsberg und war die Schwester des Bischofs von Meißen, Caspar von Schönberg. Mit seinem Bruder besaß Kunz das Gut Kauffungen bei Penig. Er konnte nicht Schreiben noch Lesen galt aber als ein tüchtiger Kriegsmann. Eine Zeit lang war er für den Kurfürsten Friedrich »Hauptmann und Voigt« auf Schloß Altenburg. Er unterstützte ihn bei seinen Fehden gegen Apel von Vitzthum und bei anderen kriegerischen Unternehmungen. Im Juni 1449 trat er für drei Jahre in den Dienst der Stadt Nürnberg. Nach dem Frieden zu Pforta, am 24. Januar 1451, kam es zwischen dem Kurfürsten und Kunz zu Streitereien. Da es zu keiner Einigung kam, wandte sich Kunz an die Ritterschaft, Landschaft und Städte. Auch im weiteren Verlauf blieb eine für Kunz annehmbare Entscheidung aus. So glaubte er, durch den Raub der beiden Prinzen Ernst und Albrecht, Kinder im Alter um die zehn Jahre, in der Nacht vom 7. zum 8. Juli 1455 aus dem Schloß in Altenburg, seinen Forderungen Nachdruck zu verleihen. Mit dem Prinzen auf dem Weg nach Böhmen, wo er sich in Sicherheit wähnte, wurde er am Fürstenberg bei Schwarzenberg durch den Köhler Schmidt gestellt. Der andere Trupp, mit dem zweiten Prinzen, der sich in der späteren »Prinzenhöhle« bei Hartenstein versteckt hielt, stellte sich, um den Strafen zu entgehen. – Kunz wurde zum Tode verurteilt und am 17. Juli 1455 durch das Schwert auf dem Freiberger Marktplatz gerichtet.

Keilberg, Aussichtspunkt, Landkreis Aue. Die 557 m hohe, aus der Ferne wenig auffällige Kuppe, liegt etwa 5 km nördlich vom Marktplatz der Stadt Schneeberg entfernt. Neue Wohnblocks der Stadt rücken bis an den Fuß des Berges. Von hier aus, der Keilbergsiedlung, erfolgt der Aufstieg zur Höhe. Im Gebiet grenzt der äußere Kontakthof direkt an den Granit, der innere breitete sich im Schneeberger Stadtbereich aus. Aufgeschlossen ist er an den steilen Felsen des Muldenhanges.

Der Erzgebirgsverein Schneeberg errichtete 1893 auf dem Berg einen 21 m hohen Aussichtsturm aus Backsteinen, dem kurz danach die Stadt Schneeberg eine Gaststätte hinzufügte. 1898 erhielt der Aussichtspunkt die Bezeichnung »Fürst-Bismarck-Turm«. 1918 ging er in den Besitz der Stadt Schneeberg über.

Vom Keilberg hat man einen weiten Blick in Richtung Zwickau, zu sehen sind solche Berge wie die Greifensteine, der Schatzenstein, Spiegelwald. In der Ferne ist der Erzgebirgskamm zu erkennen mit Scheibenberg und Auersberg.

Der Keilberg ist ein beliebtes Ausflugsziel. Die Gaststätte ist ganzjährig geöffnet.

Auskunft über den Berg und seine Umgebung erteilt das Fremdenverkehrsamt bei der Stadtverwaltung Schneeberg oder der Keilbergwirt.

Kipsdorf, Landkreis Dippoldiswalde. Der Kurort liegt 11 km südlich der Kreisstadt, von Nadelwäldern eingeschlossen, im Tal der Roten Weißeritz, Oberkipsdorf auf der Höhe zwischen Weißeritz- und Pöbelbachtal. Der Ort hat eine Höhenlage von 533 m ü. NN. Flankiert wird er vom Hohen Brand mit 650 m ü. NN und der Tellkoppe, die 758 m hoch ist.

Der Kurort Kipsdorf liegt an der B 170, die von Dresden über Dippoldiswalde zum Grenzübergang Zinnwald führt. Mit der Eisenbahn erreicht man das Ziel, benutzt man die Linie Freital/Hainsberg–Kurort Kipsdorf. Busverbindung besteht bis Dresden.

Siedler, im Dienste des Bärensteiner Grundherren, gründeten den Ort nach 1510. Ursprünglich hieß er »Kyppsdorf«, was soviel heißt wie »Kupferdorf«. Der Name weist auf den ortsnahe betriebenen Kupferbergbau hin. Die Entwicklung des Ortes setzte ein, als 1883 die bis Schmiedeberg reichende Kleinbahn, nach Kipsdorf verlängert wurde. Noch 1884 bestand der Ort aus zwei Gasthöfen. Jedoch setzte bald so reger Fremdenverkehr ein, daß der Ort 1910 bereit 10 000 Feriengäste hatte.

Kipsdorf liegt ruhig. Durch die Tallage herrscht mildes Klima. Der nahe Wald bietet ideale Möglichkeiten zum Wandern und Wintersport.

Auskunft und Nachweis von Ferienunterkünften erteilt die Kurverwaltung.

Kirchberg, Landkreis Zwickau. Mit dem Ortsteil Burkersdorf. Die Kleinstadt liegt 13 km südlich von Zwickau. Bis zur Bergstadt Schneeberg sind es 10 km. Die Häuser befinden sich im wesentlichen im Tal des Rödelbaches in 350 bis 400 m Höhe. Kirchberg wird wegen seiner Lage häufig als »Sieben-Hügel-Stadt« bezeichnet.

Zu erreichen ist der Ort auf der Bundesautobahn Dresden–Plauen, Ausfahrt Zwickau-West. Von hier aus befährt man die Ortsverbindungsstraße über Hirschfeld zum Ziel. Von Zwickau aus gelangt man über Culitzsch nach Kirchberg oder auf der B 93 in Richtung Schneeberg, wenn man auf halber Strecke rechts abbiegt und über Burkersdorf in die Stadt fährt. Einen Eisenbahnanschluß hat der Ort nicht. Der nächste Bahnhof ist Zwickau oder Wilkau–Haßlau an der Linie Zwickau–Schwarzenberg. Es bestehen Busverbindungen.

Kirchberg liegt im Gebiet der Herrschaft Wiesenburg. Durch den Schloßbrand zu Wiesenburg im Jahre 1553 gingen wichtige Unterlagen über die frühe Stadtgeschichte verloren. Vermutlich wurde die Stadt um 1300 durch die Vögte von Plauen als Marktsiedlung auf einem Ausläufer des Geyersberges gegründet. Aus dem Jahre 1318 ist die Bezeichnung Furstenberg überliefert. Oppidum Kirberg wurde erstmals 1349 genannt. Im 15. Jahrhundert bekam die Siedlung eine Umfassungsmauer mit 3 Toren. Der Marktplatz erhielt die Form eines Dreiecks. Im Jahre 1491 führte man die Ratsverfassung ein. Durch Funde an Silber- und Kupfererzen im nahen Hohen Forst gingen viele Bewohner dem Bergbau nach. Als die Ausbringungen nachließen, wandten sie sich der Tuchmacherei zu. Die Tuchmacher schlossen sich 1570 zu einer Innung zusammen. Bis zur Gegenwart blieb die Tuchherstellung wichtigste Industrie in der Stadt.

Kirchbergs Stadtkirche St. Margareta wurde zwischen 1792 und 1800 erbaut. Sie hat spätgotische Teile. – In Kirchberg wurde der Pädagoge und Schriftsteller Robert Seidel (1850–1933) geboren. An seinem Geburtshaus in der Robert-Seidel-Straße befindet sich eine Gedenktafel.

In Richtung Weißbach, am Nordhang eines Höhenrükkens, befinden sich Reste der frühdeutschen Wehranlage Hohenforst mit einem zentralen Bühl, Wallgraben, Außenwall und einer angrenzenden rechteckigen Anlage. Hohenforst wurde zwischen 1324 und 1329 zerstört. – Stadtnahe ist der 435 m hohe Borberg mit dem Anton-Günther-Berg-

haus. Am Borberg befindet sich eine Freilichtbühne. Skigelände gibt es an den Hängen des Hohen Forstes.
Auskunft über die Stadt und ihre Umgebung und Zimmernachweis erhält man bei der Stadtverwaltung.

Kirmes, Das volkstümliche Fest des Erzgebirges ist die Kirmes. Wenn davon heute auch nur noch Überreste vorhanden sind. Im 15./16. Jahrhundert hieß jede Schmauserei Kirmes, so Fastnacht »Narrenkirmes«, Kindtaufe »Kindeskirmes«. Heute bezieht sich der Begriff auf die Kirchweihe. Willkürlich wurde sie auf den Herbst verlegt. Kaiser Josef II. (1741–1790) verfügte, daß sie zwischen Michaelis (29. September) und Martini (11. November) abzuhalten ist. – Mit der Kirmes teilt der Erzgebirger das Jahr in zwei Hälften, *vor* und *nach* der Kirmes. Häufig wird mit ihr das Erntefest verbunden. – Kein Fest wird gründlicher vorbereitet mit Putzen, Großreinemachen, Backen und Schlachten. Kirmes ist das »Fest der Verwandten und Bekannten«, der »Freundschaft«, wie es im Erzgebirge heißt. Denn die rückt mit Kind und Kegel an. Beim Bäcker läßt man Kuchen backen, der Qualität entsprechend, »Halbhohen«. Kommt er abends ins Haus, stellen sich die Kuchensänger ein. Vor der Kirmes erbitten die Kinder und Dienstboten ein neues Kleidungsstück und ein »Kirmesgeld«. – Am Kirmes-Sonntag nach der Mittagszeit rücken scharenweise die Kirmesgäste aus den Nachbarorten an. Bald sitzt eine große Runde zusammengewürfelter Leute im Hausflur, auf der Tenne, in der großen Stube bei der Kaffeetafel. Auf dem Tisch stehender Kuchen türmt sich, die Kaffeekanne kreist. Mit »Langt fei zu un loßt's eich besser schmecken als wie's is!« fordert die Hausmutter zum Zulangen auf. Zur Kirmes muß man kräftig essen. Sonst wäre das eine Beleidigung für die Gastgeber. »Fer derhaam« ist schon ein Kuchenpäckchen zurecht gemacht. – Früher zogen im Verlauf des Nachmittags die Musikanten durch den Ort, musikmachend, um Kuchen zu erheischen und für den Kirmestanz zu werben, von einer Schar Kinder begleitet. Denn sie führten ein »Kirmesweib« mit sich, einen Musikanten, als Frau verkleidet und mit rußgeschwärztem Gesicht. Vor dem Gasthof stand eine Reitschule, waren Fischel- und Würstelbuden aufgebaut. Indessen die Kirmesgäste heimwärtsgingen herrschte im Gasthof der Kirmestanz. – Haupttag war der Kirmesmontag, für die Ortsbewohner arbeits- und schulfrei. In manchen Orten feierte man abends »Burkert«, einen Tanz, bei dem die Mäd-

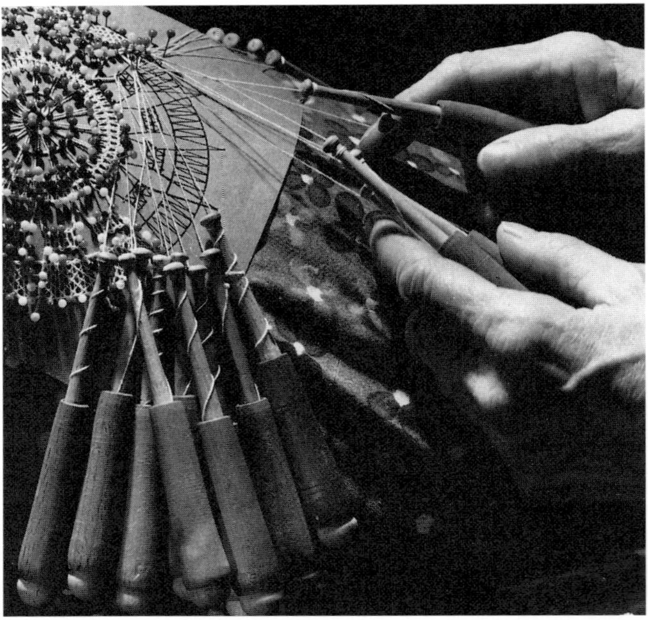

Klöppeln, → siehe Spitzenklöppelei im Erzgebirge.

chen auflegen mußten. Sie durften aufführen, mußten aber nach jeder Serie Tänze dem Partner einen Schnaps, ein Bier oder eine Zigarre spendieren. Wer von den Burschen das nötige Kleingeld hatte, ließ sich mit der Partnerin von der Kapelle heimblasen. Dann gingen die Musikanten ein Stück des Weges musizierend voran, kehrten an einer bestimmten Stelle um, ein weiteres Paar heimzublasen. Der Dienstag nach Kirmes diente dazu, die Reste aufzuessen. Es gibt Orte, da war es üblich, acht Tage danach noch eine Kleinkirmes abzuhalten.

Knappschaft, In der vollen Bezeichnung Bergknappschaft geheißen. Erste Nachrichten über eine solche stammen aus dem Jahre 1426, die wahrscheinlich aus der 1400 erwähnten Gesellschaft der Haspler und Hauer hervorgegangen war. In der Knappschaft wurde der vom Wochenlohn abgezogene Kerzenheller einbehalten und damit Bergmannskapelle und Bergaltar zu erhalten. Verstorbenen Knappen gab sie das Grabgeleit. Seit 1447 ist auch eine berufspolitische Tätigkeit der Knappschaft bekannt, so Zusammenschluß der Bergleute gegen Mißstände, Lohnabzüge und Hilfe bei Notstand von Mitgliedern. Wann die Knappschaft zur Zwangsgemeinschaft wurde, bleibt unklar, 1490 war eine Beitritts- und Beitragspflicht vollzogen. Die immer straffer organisierte Knappschaft befaßte sich nun auch mit der Normierung von Arbeitszeit, Lohn, Abberufung unfähiger Beamter und Befreiung von städtischen Lasten und Pflichten. Die von der Knappschaft geschaffene Rücklage diente sozialen Zwecken. Es gab Knappschaften mit eigenen Häusern, Anteilen an Gruben und Unternehmungen. Selbst als Geldverleiher traten sie auf. Mit dem Niedergang des erzgebirgischen Silbererzbergbaus verloren sie ihre Bedeutung. In manchen Orten lebten sie bis in unsere Zeit als Begräbnisgesellschaften. Erst in den letzten Jahren kam es in verschiedenen Orten zur Wiederbelebung, nun allerdings mehr als Traditionsverein.

Köhler, Johann August Ernst, Lehrer, Naturwissenschaftler, Volkskundler und Gründer des Erzgebirgsvereins. Er wurde am 5. August 1829 als Sohn eines Hausdieners in Bautzen geboren. Nach dem Besuch der Volksschule half ihm ein Stipendium, das Lehrerseminar in Bautzen zu besuchen. Seine Vorliebe für Naturwissenschaften und Mathematik brachten ihn 1853 als Lehrer für diese Fächer an die Bürgerschule nach Bautzen. Bereits während seiner Studienzeit entwickelte sich sein historisches Interesse. Seine ersten Veröffentlichungen dazu erschienen in Tageszeitungen und Wochenblättern. Nach 1853 publizierte er mehrere Schriften zur Heimatkunde und Geschichte der Oberlausitz. Ab 1858 erhielt er eine Stelle als Lehrer für Naturkunde und Mathematik an der Realschule in Reichenbach. Hier gründete er 1859 den »Vogtländischen Verein für allgemeine und spezielle Naturkunde«. Mit seiner in diesem Jahr eingereichten petrographischen Arbeit über das Vogtland, erlangte er 1860 die Doktorwürde der Universität Leipzig. 1873 folgte er einer Berufung als Oberlehrer für naturwissenschaftliche Fächer an das Lehrerseminar in Schneeberg. Hier wirkte er auf vielfältige Weise für die heimatkundliche und touristische Erschließung des Erzgebirges und gründete 1878 in Aue den Erzgebirgsverein. Nach langer schwerer Krankheit starb Köhler am 19. Dezember 1903 in Schneeberg. Von ihm gibt es zahlreiche heimatkundliche und volkskundliche Veröffentlichungen. Viele Jahre war er Hauptschriftleiter der Zeitschrift »Glückauf«. Zu seinen bedeutsamsten Werken zählen das »Sagenbuch des Erzgebirges« und »Volksbrauch, Aberglauben, Sagen und andere Überlieferungen im Voigtlande«, das 1867 in Leipzig erschien.

Königswalde, Landkreis Annaberg. Zur Dorfgemeinde, die sich im Tal des Pöhlbaches hinzieht, gehört der Ortsteil Brettmühle. Königswalde liegt 5 km südostwärts der Kreisstadt in 543 m ü. NN. Der Nordausgang des Dorfes berührt das Landschaftsschutzgebiet »Pöhlberg« mit der Basaltkuppe des Pöhlberges (832 ü. NN) im Mittelpunkt.

Zu erreichen ist der Ort auf der B 95 von Chemnitz in Richtung Grenzübergang Oberwiesenthal. In Cunersdorf biegt man links ab. Oder man fährt auf der B 101 von Freiberg über Annaberg–Buchholz und biegt ebenfalls in Cunersdorf links ab und erreicht nach Überqueren der B 95 das Ziel. Mit der Eisenbahn befährt man die Linie Chemnitz–Bärenstein und verläßt nach 69 Fahrtkilometern in Königswalde oberer Bahnhof, den Zug. Der Ort hat Busverbindung.

Gegründet wurde Königswalde als Waldhufendorf. Der böhmische Kaiser rief fränkische Siedler in den Wald, die sich auf der Westseite ansässig machten. Demgemäß nannten sie ihre Ansiedlung »Königswalde«. Urkundlich wird

Fritz Körner.

Köhler an der Talsperre Sosa.

sie erstmals 1367 erwähnt. Dieser böhmische Besitz kam 1413 an das Kloster Grünhayn, und nach der Säkulation im Jahre 1536, an das Amt Grünhain. Deshalb »Amtsseite«. Am ostwärtigen Ufer gründeten 1200 die Herren von Waldenburg auf Schloß Wolkenstein das erstmals 1291 genannte Dorf Lichtenhayn, das aber auch bald Königswalde hieß. Nachdem es 1512 der Annaberger Rat gekauft hatte, wird es die »Ratsseite« genannt.

Die barocke Dorfkirche stammt aus dem Jahre 1656. Sie hat eine barocke Kanzel aus dem 17. Jahrhundert. Das stattliche Pfarrhaus ist mit Andreaskreuzen versehen. Es gibt auch andere interessante Wohnhäuser im Ort, zum Teil mit Fachwerk, Umgebinde oder Sitzportale. Königswalde ist ein gernbesuchter Ferienort, geeignet für Sommer- und Winteraufenthalte.
Auskunft über den Ort und seine Umgebung und Nachweis von Ferienunterkünften erteilt die Gemeindeverwaltung.

Körner, Fritz, bekannter Erzähler in erzgebirgischer Mundart. Als Sohn eines Bergmanns wurde er am 28. April 1873 in Waschleithe geboren. Nach dem Besuch der Volksschule seines Geburtsortes schickten ihn die Eltern als Bürogehilfe auf das Rathaus nach Grünhain. Die aufblühende Blechwarenindustrie zog ihn nach Beierfeld. Hier kam er in der Verwaltung eines Unternehmens unter und wurde Prokurist. Seine Stellung gab er auf, weil er sich als Zwischenhändler für Blechwaren selbständig machte. Jedoch scheiterte sein Unternehmen, er ging pleite. Als Landsturmmann mußte er 1916 einrücken. Zwei Jahre später, 1918, kam er mit einem schweren unheilbaren Asthmaleiden zurück. Die Behörden weigerten sich jedoch, es als Kriegsleiden anzuerkennen. Mit 48 Reichsmark, zu keiner körperlichen Arbeit mehr fähig, mußte er eine zehnköpfige Familie unterhalten. Von schweren Asthmaanfällen heimgesucht, griff er zwischendurch zur Feder, um sich seinen Kummer vom Herzen zu schreiben. Geschichten entstanden, Lieder, Gedichte, Theaterstücke. Auch die Übertragung des Lukas-Evangeliums in erzgebirgische Mundart stammt von ihm. Entkräftet starb er am 15. Juli 1930 in Beierfeld. Das Ergebnis seiner Arbeit sind 17 selbständige Titel, Broschüren mit Mundartgedichten und zwei Theaterstücke. Die meisten seiner Arbeiten, auf schlechtem Papier gedruckt, gab er im Selbstverlag heraus und seine Kinder gingen damit hausieren. 1966 und 1972 erschienen Auswahlen seiner Erzählungen in einem Leipziger Verlag. An seinem Wohnhaus in Beierfeld ist eine Gedenktafel angebracht.

Kranichsee, Großer, Naturschutzgebiet, Landkreis Aue. 2,5 km südlich von Carlsfeld. Zu erreichen ist das Gebiet auf dem Kammweg von Carlsfeld, an der Talsperre Weiterswiese vorüber. Der Große Kranichsee ist eines der bedeutendsten Hochmoore des Erzgebirges. Sein Name ist slawischen Ursprungs. Er wird abgeleitet von »granica«, was soviel wie Grenze heißt und »See« wird gedeutet als »Seye«, sumpfiges, nasses Gelände. Das eigentliche Hochmoor umfaßt eine Fläche von 37 Hektar. Davon befinden sich 9,25 Hektar auf sächsischer Seite, der größere Teil liegt auf dem Gebiet der ČSFR. Das gesamte Naturschutzgebiet mit dem um das Hochmoor liegenden Wald ist 293 Hektar groß. Das Hochmoor ist mit seltenen Pflanzen bewachsen, wie Moorkiefer, Zwergbirke, Langblättriger Sonnentau, Scheidenwollgras, Seggen u. a. Es ist ein wichtiger Wasserspeicher. Das Gebiet könnte ein Jahr lang je Sekunde 500 Liter Wasser abgeben, ohne sich zu erschöpfen.

Vom Großen Kranichsee geht die Sage um, daß hier einstmals eine lästerliche Stadt gestanden habe, die Gott zur Strafe an einem dritten Pfingstfeiertag versinken ließ. Seit dieser Zeit will man jährlich an den Pfingsttagen zu einer bestimmten Zeit unterirdische Glocken läuten hören.

Kranichsee, Kleiner, Naturgeschutzgebiet, Landkreis Schwarzenberg. 2 km westlich von Johanngeorgenstadt. Hochmoor, wegen seiner Seltenheit zum Naturschutzgebiet erklärt. Es bildet mit dem westlicher liegenden Großen Kranichsee den westerzgebirgischen Hochmoorkomplex. Das Moorgebiet liegt 930 m hoch, es ist 28,9 Hektar groß. Mitten hindurch verläuft die Landesgrenze. Der größere Teil befindet sich auf dem Gebiet der ČSFR. Über einem Knüppeldamm gelangt man zu einem Aussichtsgerüst. Von hier aus hat man einen Überblick über weite Teile des Naturschutzgebietes. Zu beobachten sind seltene Moorpflanzen, wie Sonnentau, Krähenbeere, Rosmarinheide, Wollgras, ein eigenartiger Baumbewuchs mit Moorkiefer und Zwergbirke und die spärliche Tierwelt. Das Moor ist heimtückisch. Zu raten ist, den Knüppeldamm nicht zu verlassen.

Kuchensingen, Sobald aus einem Anlaß, wie Kindtaufe, Hochzeit, Kirmes oder Weihnachten, von einer Familie die beim Bäcker ausgebackenen Kuchen ins Haus gebracht waren, stellten sich Kinder oder Erwachsene als Kuchensänger ein. Sie zogen vor das Haus und bildeten einen kleinen Chor. Von einem Ziehkasten begleitet und oft wie »arme Leute« verkleidet, sangen sie allgemein bekannte Lieder oder Choräle, bis ihnen die Bewohner einen Teller voller Kuchen brachten. Es waren drei Sorten Kuchen gebacken. Die erste Sorte für die Gäste und den eigenen Verzehr, die zweite Sorte, »Mittlerer« oder »Halbdicker«, für die Dienstleute oder Kuchensänger erster Güte. Und die dritte Sorte, der »Schwarze« aus Roggenmehl bereitet, für die Kuchensänger zweiter Güte und Bettelleute. – In manchen Orten wurde das Kuchensingen verboten, weil es in Bettelei ausgeartet war. Für Schneeberg hatten die Stadtväter angeordnet, daß nur der Bergchor und die Kurrende in der Weihnachtszeit vor den Häusern singen durften.

Kuhberg, Aussichtspunkt, Landkreis Aue. Die 795 m hohe Bergkuppe liegt 5 km südwestlich von Stützengrün. Der Aufstieg erfolgt vom Stützengrüner Ortsteil Neulehn aus. Sie besteht aus grobkörnigem Eibenstocker Turmalingranit und befindet sich auf der Wasserscheide zwischen Mulde und Saale. 1876 wurde auf dem Gipfel eine Triangeliersäule der »Sächsischen Landesaufnahme« errichtet, kurze Zeit danach, 1880 auf dem als »Polsterstuhl« bezeichneten höchsten Punkt, ein hölzernes Aussichtsgerüst, das 1894 durch einen vom Erzgebirgsverein Schönheide errichteten Aussichtsturm abgelöst wurde. Die 1935 gebaute Gaststätte wurde 1971/72 zu einem Berghotel erweitert.

Vom Turm des Kuhberges hat man einen weiten Ausblick auf das Erzgebirge und Vogtland. Nach Nordosten zu liegt das Gebiet um Schneeberg und Aue im Knie der Zwikkauer Mulde, ost- und südostwärts sind die erzgebirgischen Basaltberge zu erkennen und das Fichtelberggebiet. Im Süden sieht man die Landschaft um den Aschberg. Bei günstigem Wetter kann man im Nordwesten durch das Fernglas die Göltzschtalbrücke sehen und das dahinterliegende Thüringer Schiefergebirge.
Die Gaststätte und das Berghotel sind ganzjährig geöffnet. Auskunft über den Berg und seine Umgebung erteilt die Gemeindeverwaltung Stützengrün oder der Kuhbergwirt.

Kühnhaide, Landkreis Marienberg. Zur kleinen Streusiedlung an der Landesgrenze gehören die Ortsteile Herrenhaide, Platz, Mitteldorf, Vierhöfe, Würzgarten und Neue Welt. Der Ort liegt 12 km südlich der Kreisstadt auf einer Hochebene.

Zu erreichen ist Kühnhaide auf der B 174, die von Chemnitz kommend, zum Grenzübergang Reitzenhain führt. Kurz vor der Grenze biegt man links nach Kühnhaide ein. Mit der Eisenbahn befährt man die Linie Chemnitz–Neuhausen bis Marienberg. Von dort benutzt man ein Taxi, um sich ans Ziel bringen zu lassen. Kühnhaide hat Busverbindung.

Erstmals wird Kienhaid urkundlich genannt 1548 als »Dörfel uffm Wald«. Der Ortsname wird abgeleitet von »Kien«. Das heißt soviel wie »Nadelbaum«. 1550 bestand der Ort aus einem Gut mit einer Hufe. Belebung kam erst, als 1603 durch den Oberaufseher der erzgebirgischen Flöße, Kaspar von Berbisdorf, Holzfäller angesiedelt wurden. Über die Jahrhunderte fanden die Bewohner Beschäftigung in den Wäldern. Gottlob Keller, der Erfinder des Holzschliffs zur Papierherstellung, lebte in Kühnhaide.

Die Dorfkirche stammt aus dem Jahre 1691, der Turm kam 1699 hinzu.

Auskunft und den Nachweis von Ferienquartieren erhält man durch die Gemeindeverwaltung.

Kühreihen, Kleine Liedchen oder melodische Rufe der kühehütenden Jungen, die vor allem nach Michaelis, denn von da ab war frei hüten, für die Kleinbauern das Vieh austrieben:

Michele is vorüber,
nu hüt ich über un über!

Kühreihen waren in der Grundform der Tonfolge immer gleich und wurden vor allem beim Aus- und Eintreiben des Viehs gebraucht. Diese einfachen Formen sind weit verbreitet und sprachlich wie musikalisch den kurzen Treib- und Lockrufen verwandt:

»Holei. Holei, rute Kuh,
worüm schreist de dä esu,
wärscht de ball ehaamgetriebn,
doß de kast dei Saufen kriegn!«

Älteste Aufzeichnungen von Kühreihen stammen aus dem Jahre 1544.

Lauenstein, Landkreis Dippoldiswalde. Burg und Städtchen liegen etwa 20 km südostwärts der Kreisstadt entfernt auf einem von der Müglitz umflossenen Höhenrücken. Lauenstein wird umgeben von den Orten Geising, Altenberg und Bärenstein.

Zu erreichen ist das Städtchen auf der B 170, die von Dippoldiswalde kommend, zum Grenzübergangspunkt Zinnwald führt. In Altenberg biegt man links ab und fährt über Geising zum Ziel. Reist man mit der Eisenbahn an, benutzt man die Linie Heidenau–Altenberg und erreicht nach 28 km Strecke den Ort. Es besteht Busverbindung.

Die Burg entstand im Zuge der Rodung des Osterzgebirges. Erstmals wurde sie erwähnt im Jahre 1249. Errichtet haben sie die Markgrafen von Meißen, die von ihrem Freiberger und Dresdner Gebiet aus im Widerstreit mit den Burggrafen von Dohna sich die Kontrolle der osterzgebirgischen Paßstraßen zu sichern gedachten. 1289 besaß Markgraf Friedrich Klemm das castrum, im 14. Jahrhundert wechselten in rascher Folge die Burggrafen von Leisnig, von Meißen und zu Lehen die von Bergau. 1449 brachte die Besitzung der Kurfürst als ein an der böhmischen Grenze gelegenes »Ortsschloß« an sich und ließ es durch Vögte verwalten. 1464 erwarb es der Freiberger Bergbauunternehmer Hans Münzer, bis es schließlich von 1517 bis 1821 in die Hände derer von Bünau kam. Bis 1945 war es dann den Grafen von Hohenthal.

Unter der Burg entstand im Jahre 1340 das ellipsenförmig angelegte Städtchen, das 1374 Stadt- und Marktrecht erhielt. Auch in seinen besten Zeiten erreichte das Städtchen kaum mehr als einige hundert Bewohner.

Unmittelbar neben der Burg befindet sich der quadratische Marktplatz, ostwärts davon liegt die Kirche. Sie stammt aus dem 15. Jahrhundert. In den Räumen der Burg ist das Heimatmuseum untergebracht. Die Burg selbst ist eine malerische Anlage. Sie hat einen unregelmäßigen dreieckigen Grundriß. Ihr vorgelagert ist ein geräumiger Wirtschaftshof. Das Torgebäude zum Markt zu hat einen reizvollen Giebel und ein sehenswertes Portal.

Stadt und Burg Lauenstein werden gerne von Touristen besucht.
Nachweis von Ferienquartieren vermittelt die Stadtverwaltung, Auskunft über die Stadt- und Burggeschichte erteilt die Leitung des Heimatmuseums.

Lauenstein, Schloß, Museum, Lauenstein, Bahnhofstraße 4. Öffnungszeiten: mittwochs bis sonntags 14–17 Uhr.

Das im restaurierten Schloß untergebrachte Museum zeigt einen Abriß aus der Geschichte der Burg und der Stadt und hat eine naturkundliche Abteilung, die sich auf die landeskulturellen und naturkundlichen Sonderheiten des Osterzgebirges spezialisiert. In der Schau sind u. a. Dokumente, Uniformen, Waffen zu sehen, handwerkliches und bäuerliches Arbeitsgerät und in der naturkundlichen Abteilung Jagdtrophäen. Im Wappensaal des Schlosses wird eine reiche Stuckdecke gezeigt.

Lauter, Landkreis Aue, seit 1962 Stadtgemeinde, liegt ca. 5 km südostwärts der Kreisstadt an der B 101 auf halbem Wege nach Schwarzenberg. Zu erreichen ist sie auf der Autobahn Dresden–Plauen, Abfahrt Stollberg. Von da der B 169 folgend, dann der B 101 in Richtung Schwarzenberg. Der Ort hat Eisenbahnanschluß an der Linie Zwickau–Schwarzenberg und Busverbindung.

Um 1150 wurde auf der südwestlich des Schwarzwassers ansteigenden Hochfläche von 14 fränkischen Bauern eine der ersten Siedlungen der Herrschaft Schwarzenberg angelegt. Ursprünglich mag der Ort anders geheißen haben. Von Zwickauer Mönchen wird er 1460 erstmals genannt als »Lawther«, 1464 heißt er dann »luterawe« und 1495 »die Lautere«. Mundartlich heißt der Ort noch heute so.

»Lauter« steht als Bezeichnung für »helles, klares Gewässer«.

Zur Zeit der ersten Nennung leisteten die ansässigen Bauern Frondienste der Herrschaft Schwarzenberg. 1550 gab es 59 Vollbauern im Ort. Sie bewirtschafteten 96 Räume, in den Wald getriebene Rodeflächen und befaßten sich bereits mit dem Anbau von Heilpflanzen, so auch von Angelika. In der Holzordnung des Kurfürsten August von 1560 wird der Ort als ein Mittelpunkt der Waldwirtschaft genannt. Von hier aus betreuten Forstknechte die umliegenden Wälder, ein Floßmeister die Holzflöße auf dem Schwarzwasser. Seit Ende des 16. Jahrhunderts gibt es Bergbau auf Kupfer, Braun- und Roteisenstein. Noch 1933 wurde im Lauterer Staatsforst die Grube »Bleibendes Glück« befahren und nach 1945 Uranerzbergbau betrieben. Neben den Bauern lebten viele Einwohner vom Waldgewerbe, waren Picher, Holzfäller, Köhler. Will schreibt 1785: »Feldfrüchte kommen hier spät zur Reife, und Getreide wird nicht viel angebaut...« Später haben Einwohner nebenher aus Weidenruten Körbe geflochten. 1840 waren die Lauterer Schlitten- und Tragkörbe auf den Märkten bekannt. Ende des 19. Jahrhunderts fertigten im Sommer 600, im Winter 900 Personen unterschiedliche Korbwaren. Das geschah im Hausgewerbe unter der Beteiligung der ganzen Familie. Wöchentlich einmal, am Sonnabend, wurden die fertigen Korbwaren dem Verleger geliefert. Seit 1860 stellte man Korbwaren auch fabrikmäßig her. Jedoch erst 1925 wurden die durch Hand gefertigte Späne maschinell durch Baumschälmaschinen erzeugt.

Im Mittelpunkt der Stadt befinden sich die Produktionsanlagen eines Emaillierwerkes. 1838 aus einer von August Gnüchtel & Sohn betriebenen Klempnerwerkstatt hervorgegangen. Zunächst fertigte man Schwarzblechartikel, wie Maulkörbe für Ochsen, Blechleuchter, Kuchenbleche. Später verzinnte man sie. Im weiteren Verlauf entwickelte sich daraus ein Emaillierbetrieb. Er hatte 1907 über 600 Arbeitskräfte. 1889 entstand ein Werk für Blechbearbeitungsmaschinen, dem später ein zweites folgte.

Eine interessante Häusergruppe befindet sich in der Nähe der Kirche, links die alte Schule von 1829, ein gutgegliederter Fachwerkbau, rechts das Pfarrhaus von 1728 mit schieferbeschlagenem Obergeschoß. Unter dem chorartigen Vorbau befindet sich an der Westseite der 1629 neuerbauten Kirche der Haupteingang. Hinter frühbarockem Altar auf der Empore die Orgel. Die an der nördlichen Chorwand stehende Steinplastik stammt aus dem 17. Jahrhundert und soll den Heiligen Stephanus darstellen.

An der dem Schwarzwasser gegenüberliegenden Seite, unmittelbar an der Bernsbacher Straße gelegen, der sagenumwitterte Teufelsstein. Die mit Wald bewachsene Felsmauer besteht aus amphibolitem und porphyrischem Mikrogranit. Das Felsgebilde hat reiche Zacken und Klippen. Im stark gebogenen Engtal umfließt das Schwarzwasser das Felsgebilde. – Schöne Wanderziele von Lauter aus sind das ehemalige Forstgut Conradswiese und die mit einem Aussichtsturm und Gastwirtschaft versehenen Kuppe der Morgenleithe mit 813,5 m ü. NN. – In Lauter lebten die erzgebirgischen Mundartdichter Edwin Bauersachs, Bruno Herrmann und Albert Schädlich (Gedenktafel am Haus nahe des Marktplatzes), der Volkskundler Hermann Uhlig, der Scherenschneider Max Pickel und der Schnitzmeister Albert Hähnel. Am Ortseingang von Aue her steht ein überdimensional großer Schwibbogen. Lauter hat eine Ortspyramide. Es gibt markierte Wanderwege, die sich auch zum Skiwandern eignen. Der Ort verfügt über ein Freibad.
Auskunft und Zimmernachweis erteilt die Stadtverwaltung.

Lehmann, Christian, »Chronist des Oberen Erzgebirges« im 17. Jahrhundert. Geboren am 11. 11. 1611 in Königswalde als Pfarrerssohn. Gestorben am 11. 12. 1688 in Scheibenberg. Lehmann, der seine Kinderjahre in Elterlein verbrachte, besuchte die Fürstenschule St. Afra in Meißen, kam 1625 nach Halle und Guben und wurde schließlich 1632 Hauslehrer bei einem Pfarrer in Löcknitz. Ein Theologiestudium konnte bisher nicht nachgewiesen werden, aber er wurde 1633 in der Pfarrei des Vaters in Elterlein »Pfarrsubstitut«. 1635 Eheschließung mit der Tochter des Elterleiner Stadtrichters Euphrosyne Kreusel. 1638 erhielt er eine eigene Pfarrei in Scheibenberg, er feierte hier sein 50jähriges Jubiläum als Pfarrer.

Das Grunderlebnis Lehmanns waren die Wirren des Dreißigjährigen Krieges, die auch seine Familie und sein Haus mehrfach in Mitleidenschaft zogen. Lehmann war, angeregt durch den Vater, ein eifriger Chronist aller historischen und naturgeschichtlichen Erscheinungen in seiner unmittelbaren Lebenswelt. Erst der Sohn, Johann Christian Lehmann, brachte die verschiedenen Chroniken des Vaters

Lauterbach, Wehrkirche.

zum Druck, so 1699 »Historischer Schauplatz derer natürlichen Merckwürdigkeiten in dem Meißnischen Ober-Ertzgebirge...« mit mehr als 1000 Seiten Umfang. Eine Reihe anderer Chroniken sind bisher nur teilweise veröffentlicht, so die »Kriegschronik«, das Manuskript befindet sich in der Landesbibliothek Dresden, die »Sittenchronik« – Manuskript in der Universitätsbibliothek Leipzig u. a. Lehmanns Chroniken sind Sammlungen, die ebenso wichtige Fakten und Ereignisse dokumentieren wie sie Fabulöses, Legendenhaftes mitteilen. Doch aus all dem entsteht ein bedeutsames Bild dieses Lebens im Dreißigjährigen Krieg. Einer seiner Biografen, Fritz Roth, schreibt: »Er erlebte 32 große Truppendurchzüge, 20 Haupteinquartierungen und unzählige räuberische Einfälle. Fürbitte für die Gemeinde bei den Truppenführern zogen ihm Hohn oder gar Mißhandlungen zu. Sein Geld gab er zur Bestreitung der Kontributionen und verzichtete auf Gehalt.«

In der Kirche zu Scheibenberg findet sich das Denkmal für ihn und seine Frau, das ursprünglich auf dem Friedhof stand.

Lengefeld, Landkreis Marienberg. Mit den Ortsteilen Rauenstein, Kalkwerk, Vorwerk und Obervorwerk. Die teils städtische, teils ländliche Siedlung liegt 12 km nördlich der Kreisstadt am Talhang der Flöha in 480 m Höhe. Sie ist von ausgedehnten Wäldern umgeben.

Zu erreichen ist die Kleinstadt auf der B 101, die von Freiberg nach Annaberg-Buchholz führt und beim Überschreiten der Flöha den Ort durchquert. Mit der Eisenbahn erreicht man ihn, wenn man die Linie Flöha–Neuhausen/Marienberg befährt und in Pockau-Lengefeld den Zug verläßt. Der Ort hat Busverbindung.

Das im mittelerzgebirgischen Rodungsgebiet entstandene Dorf wurde erstmals um 1360 genannt. Gegründet wurde es Ende des 12. Jahrhunderts innerhalb des Herrschaftsbereiches Rauenstein. 1398 wurde der Ort als Städtchen bezeichnet. Um 1500 entstand der große quadratische Marktplatz. Zu Stadtrecht brachte es jedoch die Siedlung erst, als Mitte des 16. Jahrhunderts der Bergbau erblühte. In seinem Gefolge kamen zahlreiche Handwerker und die Leineweberei entwickelte sich. Nahe der Stadt begann man Kalkstein und Marmor zu brechen. Im 19. Jahrhundert siedelten sich Industriebetriebe an, begünstigt durch den Bau der Eisenbahn im Jahre 1875.

Die heutige Stadtkirche zum Heiligen Kreuz stammt aus dem Jahre 1886, sie hat eine Orgel von 1726 mit zahlreichen ornamentalen Schnitzereien am Gehäuse. Die Grab-Kapelle auf dem Friedhof hat einen Kanzelaltar aus dem 18. Jahrhundert. Er wurde zusammengefügt aus Teilen des ehemals zur Hauptkirche gehörenden Altars. – Ortsnahe drei Trinkwassertalsperren, die Saidenbachtalsperre, Obere und Untere Neunzehnhainer Talsperre. Im Ortsbereich das in seiner heutigen Form 1630 entstandene kurfürstliche Schloß Rauenstein mit seinem mächtigen Bergfried. – Das südlich des Ortes liegende Kalkwerk Lengefeld lieferte seit dem 16. Jahrhundert Baukalk, jetzt weißen Splitt für Terrazzo-Erzeugnisse. Altertümliche Brennöfen aus dem 19. Jahr-

Lengefeld, Kalkofen.

hundert sind bis heute erhalten. Auf der 40 m tiefen Sohle wurden die Kunstschätze der Dresdner Sammlung während des Zweiten Weltkrieges vor der Vernichtung verwahrt und eingelagert.

Lengefeld ist ein gern besuchter Ferienort. Vorhanden ist ein Freibad, eine Kegelbahn und stadtnahe gibt es Skigelände. In der Saidenbachtalsperre hat man Möglichkeiten zum Angeln.

Auskunft und Ferienquartiernachweis erteilt die Stadtverwaltung.

Lengefeld, Kalkwerk, Technisches Museum, Lengefeld. Auskunft: Stadtverwaltung Lengefeld.

Das bei Lengefeld liegende Kalkwerk wurde erstmals 1551 genannt. Im wesentlichen lieferte es Baukalk. Die vier aus den Jahren zwischen 1818 und 1873 stammenden

Brennöfen waren bis 1945 in Betrieb. In den Stollen des Kalkwerkes waren während des Zweiten Weltkrieges 170 Gemälde der Dresdner Galerie Alter Meister eingelagert, um sie vor der Zerstörung zu retten. – Im Museum kann sich der Besucher informieren über die Arbeits- und Lebensbedingungen der im Kalkwerk Beschäftigten und über die Ereignisse in den Maitagen des Jahres 1945.

Lobwasser, Ambrosius, Kirchenliederdichter. Als Sohn eines Knappschaftsvertreters, Berggeschworenen und Ratsbaumeisters wurde er am 1. April 1515 in Schneeberg geboren. Sein Vater gilt als Vollender der St. Wolfgangskirche. Wahrscheinlich besuchte er die Schneeberger Lateinschule, bevor er an der Universität Leipzig Rechtswissenschaften studierte. 1550 begleitete er zwei junge Männer als Hofmeister auf einer Reise nach Löwen und Paris. Hier besuchte er die jeweiligen Universitäten, um seine Studien zu vervollkommnen. Während des Aufenthaltes in Frankreich hörte er erstmals den hugenottischen Psalmengesang, der ihn sehr beeindruckte. 1562 ging er nach Italien und konnte an der Universität Bologna seine Studien mit dem Erwerb des Doktortitels beider Rechte beenden. Nach Rückkehr in die Heimat lehrte er Rechtswissenschaften an der Universität in Leipzig und folgte anschließend einem Ruf als Kanzler an den Hof von Heinrich IV. Reuß zu Plauen, Burggraf zu Meißen, Graf zu Hartenstein. Danach wurde er Professor für Rechtswissenschaften an der Universität in Königsberg und Rat von Herzog Albrecht I. von Preußen. Diese Ämter nahm er bis 1580 ein. Altersgeschwächt verlebte er noch einige Jahre und starb am 27. November 1588 in Königsberg. Lobwasser gilt als Vorläufer der gelehrten Poesie. Er machte sich vor allem verdient, durch die Übertragung von Psalmen ohne sich an die hebräischen Urtexte zu halten oder an Luthers Verdeutschungen. Seine Choralübersetzungen wurden in den deutschen reformierten Gottesdiensten gesungen.

Lostag, auch Bauerntag genannt. Es ist ein Tag im Jahresverlauf, dessen Wetter nach der Volksmetreologie bestimmend für die darauffolgende Zeit sein soll, also sich das »Los« entscheidet. Im allgemeinen beruht dies auf lange Beobachtungen der Bauern und Waldleute, daß das Wetter zu gewissen Zeiten weniger veränderlich ist als im übrigen Jahresverlauf. Aus ihnen gingen die Wetter- und Bauernre-

Lößnitz, Rathausportal.

geln hervor, deshalb wird auch von »Bauerntag« gesprochen. Besondere Lostage sind z. B. der Medartustag (8. Juni), der Siebenschläfer (27. Juni) oder der Weihnachtstag (25. Dezember). So heißt es z. b.: »Wie's wittert am Medartustag, so bleibt's sechs Wochen lang danach!« – »Regnet's zum Siebenschläfer, regnet's sieben Wochen lang danach!« – »Grüne Weihnacht, weiße Ostern!«

Lößnitz, Landkreis Aue. Stadt im Tal des gleichnamigen Baches. Der Ort liegt an der Bahnstrecke Chemnitz–Aue und hat zwei Bahnhöfe: Lößnitz-Oberer Bahnhof (Verbindung zu Stadtteil Dittersdorf) und Lößnitz-Unterer Bahnhof. Von der Autobahn Hof–Chemnitz erreicht man die Stadt über die Abfahrt Hartenstein über Raum. Busverbindungen existieren in die Kreisstadt Aue und nach Stollberg–Chemnitz, von dort in verschiedene Richtungen Anschluß.

Erstmals wird der Ort Lößnitz 1238 beim Verkauf des benachbarten Dittersdorf an das Kloster Grünhain erwähnt.

1284 wird »Lesnitz« civitas, also Stadt genannt. Lößnitz kann als eine der ältesten, planmäßig angelegten Städte des Erzgebirges bezeichnet werden. Um den heutigen Markt lag der ursprüngliche Stadtkern, im Mittelalter wurde die Stadt um weitere Häuser zwischen Topfmarkt und Oberem Tor erweitert. Durch das Obere und das Hospitaltor führte eine alte Fernstraße von Zwickau über Grünhain nach Böhmen. Drei Vorstädte entstanden: die Siedlung um die Hospitalkirche, die sogenannte »Lange Vorstadt« in Richtung Affalter und das Brunnenstädtel. 1898 kam das ursprünglich selbständige Bauerndorf Niederlößnitz zur Stadt, 1974 Dittersdorf.

War Lößnitz zunächst Marktort der Grafschaft Hartenstein, so kam es 1406 zum Haus Schönburg. Neben der Landwirtschaft entwickelte sich in Lößnitz die Tuchmacherei, in der Mitte des 19. Jahrhunderts, begünstigt durch die Eröffnung der Bahnlinie Chemnitz–Aue 1875 kam es zu neuen Industriegründungen, seit 1880 Herstellung von Verbandsstoffen, seit 1872 Schuhproduktion. In den siebziger Jahren entstand auf der Höhe in Richtung Alberoda neben einem neuen Wohngebiet ein Industriestandort mit Betrieben der Schuh- und Bekleidungsindustrie. 1769 kam nach Lößnitz der spätere Chronist der Stadt, Gotthelf Friedrich Oelsfeld, der hier 1801 starb (Grabstein in der Vorhalle der Stadtkirche), er veröffentlichte auch Schriften über andere Erzgebirgsorte. 1652 wurde hier Johann Georg Roth geboren, ein bedeutender Baumeister, der die Kirchen in Carlsfeld und Schwarzenberg erbaute.

Sehenswert in Lößnitz ist die klassizistische Pfarrkirche St. Johannis, die zwischen 1817 und 1826 entstand. Neben dem Baldachin-Kanzelaltar sei die Orgel von 1899 erwähnt, eine der größten im Erzgebirge. Neogotisch (seit 1861) ist die Hospitalkirche St. Georg. Am Rathaus befindet sich ein 1606/07 errichtetes Renaissanceportal mit dem Stadtwappen im Schlußstein. Daneben Gedenktafel für den am 20. April 1945 erschossenen Bürgermeister Rudolf Weber, der die Stadt kampflos an die Alliierten übergeben wollte. An verschiedenen Häusern, so am Marktplatz und in der Gerbergasse, finden sich Haustüren aus der ersten Hälfte des 19. Jahrhunderts mit klassizistischen Elementen.

Dittersdorf, seit 1974 Stadtteil von Lößnitz, ist ein altes Bauerndorf, das 1238 an das Kloster Grünhain kam. Hier wie auch in Dreihansen, das sich an Dittersdorf anschließt und ebenfalls Stadtteil von Lößnitz ist, gab es zwischen dem

17. und 19. Jahrhundert ausgedehnte Schieferbrüche, deren Überreste noch heute sichtbar sind. 1856 wurde die Sächsische Schieferbruch-Compagnie in Lößnitz gegründet, die zeitweise bis zu fünfhundert Arbeiter beschäftigte. Aber schon 1882 wurde die Compagnie aufgelöst, da sie der Konkurrenz des billigeren Thüringer Schiefers nicht gewachsen war.
Auskünfte: Stadtverwaltung.

Lotter, Hieronymus, bedeutender Baumeister des 16. Jahrhunderts. Geboren vermutlich 1497 oder 1498 in Nürnberg, Umzug der Familie nach Annaberg, wurde später Baumeister, heiratete Katharina Bauer, deren Familie in Geyer ansässig war. Mit seinem Wirken verknüpft ist der Bau des Alten Leipziger Rathauses und der Augustusburg. 1566 erwarb er den Frei- und Lehnhof Geyersberg, später unter dem Namen »Lotterhof« in Geyer bekannt. 1576 siedelte Lotter entgültig nach Geyer über, nach dem er 1572 im fünften Jahr des Baus der Augustusburg (s. d.) vom Kurfürst in Ungnaden entlassen wurde. 1580 ist er in Geyer gestorben und wurde in der St. Laurentius-Kirche bestattet. 1893 wurde an seinem Sterbehaus eine Gedenktafel angebracht.

Malter, Ort und Erholungsgebiet Talsperre Malter, Landkreis Dippoldiswalde. Kleine Dorfgemeinde 2,5 km nördlich der Kreisstadt und an der Westflanke der langgestreckten Talsperre. Nordostwärts vom Ort liegt das Landschaftsschutzgebiet »Poisenwald/Wilisch/Dippoldiswalder Heide«.

Zu erreichen ist der Ort und das Erholungsgebiet auf der B 170 von Dresden zum Grenzübergang Zinnwald. Man fährt bis Dippoldiswalde, stellt den Wagen ab und wandert zum Ort oder Erholungsgebiet oder man befährt die Zufahrtsstraße und stellt den Wagen ab auf dem Parkplatz nahe der Wolfssäule. Mit der Eisenbahn fährt man von Freital/Hainsberg in Richtung Kurort Kipsdorf und steigt beim Bahnhof Malter aus. Zum Ort besteht Busverbindung.

Der Ort Malter wurde erstmals 1501 genannt. Er ging aus einem Vorwerk hervor. Bekanntgeworden ist das Dorf, als man von 1911–1913 die Rote Weißeritz staute und die Talsperre Malter errichtete. Sie staut 8,8 Millionen Kubikmeter Wasser. Die Sperrmauer ist 34 m hoch und 139 m lang. Die überflutete Landschaft ist 90 Hektar groß. Um den Stausee erstreckt sich ein vielbesuchtes Erholungsgebiet, besonders der Bewohner von Freital und Dresden. An der Talsperre gibt es ein Strandbad, Freibad, einen Bootsverleih, Zeltplatz. Parkmöglichkeiten sind vorhanden. Auskunft über den Ort und das Erholungsgebiet erhält man durch die Gemeindeverwaltung.

Marienberg, Kreisstadt im Regierungsbezirk Chemnitz. Liegt zwischen den Tälern der Schwarzen Pockau und der Preßnitz am Übergang vom West- ins Osterzgebirge. Mit Stadtteilen Gebirge, Gelobtland, Wüstenschletta und Hüttengrund.

Der Kraftfahrer fährt von Chemnitz die B 174 über Zschopau. Busverbindung existiert nach Wolkenstein, Olbernhau, Chemnitz, Freiberg, Dresden u. a. Orten. Ausgangsort für Fahrten in die benachbarte ČSFR (Grenzübergang 9 km). Bahnverbindung über Flöha (umst.), Pockau–Lengefeld–Marienberg.

Im Gebiet des Waldhufendorfes Wüstenschletta und Wolkenstein gab es reiche Silbererzfunde. 1519 entdeckte der Bergmann Clemens Schmidt Silbervorkommen, die viele Bergleute anlockten. So entstand mit einer Gründungsurkunde von Herzog Heinrich dem Frommen von Sachsen am 27. 4. 1521 eine neue Bergstadt, die Marienberg genannt wurde. Marienberg ist auf Grund und Boden des Dorfes Wüstenschletta angelegt und erhielt 1523 das vollkommene Stadt- und Bergrecht. Die planmäßige Anlage der Stadt ist noch heute gut erkennbar. Der Plan wurde von Ulrich Rülein von Calw (s. d.) und Amtmann Rudolf von Bünau aus Wolkenstein gemeinsam entwickelt. Charakteristisch ist der große (1 ha), viereckige Marktplatz, die Stadt erhielt zwischen 1541 und 1566 ihre Umfassungsmauern mit vier runden Ecktürmen und fünf Toren, Teile davon noch erhalten.

Blüte des Marienberger Bergbaus in der ersten Hälfte des 16. Jahrhunderts, Ende der Bergbauzeit 1767. Seit 1785 Entstehung von Manufakturen im Holz- und Textilgewerbe. Letzte Bergbautätigkeit endete 1904. Schon 1873/75 wurde die Eisenbahnlinie Chemnitz–Reitzenhain gebaut, dies begünstigte das Entstehen von Industrie, trotzdem lag Marienbergs Bedeutung im 20. Jahrhundert vor allem in der Funktion als Handels- und Einkaufszentrum des Gebietes und als Sitz von Ämtern und Schulen. Nach dem Zweiten Weltkrieg entstanden neue Wohngebiete auf dem Hirschstein, Marienberg war bis 1990 Garnisonstadt der NVA.

Sehenswürdigkeiten: Marktplatz (1970/71 neu gestaltet und mit Platten belegt). Umsäumung mit zwei Lindenreihen, die äußere erstmals durch die Knappschaft des Bergmeisters von Trebra 1775 angelegt, die innere 1862 gepflanzt. Auf Granitsockel überlebensgroße Bronzedenkmal des Stadtgründers Heinrich des Frommen von Sachsen. Vom Marktplatz aus führt das Straßennetz gitterförmig nach allen Seiten. Rathaus, 1537/41 von Johann Hofmann erbaut. Turm mit Doppellaterne, Renaissanceportal, Stadtwappen und Sonnenuhr. Weitere interessante Bauten am Marktplatz sind das Fürstenhaus, Markt 1, einstmals Jagdschloß des Herzogs; das ehemalige Bergamt, Markt 14, mit Renaissanceportal. – Zschopauer Tor, eines der Wahrzeichen der Stadt mit Resten der alten Stadtmauer. Hier seit 1966 Heimatmuseum mit Ausstellung zur Geschichte der Stadt und zu Karl Stülpner (s. d.). Neben dem Tor Postdistanzsäule von 1727. – Lindenhäuschen, Bergstr. 14, ist eines der ältesten Bergarbeiterhäuser der Stadt mit Rundbogenportal, daneben zwei mehrhundertjährige Linden. – Roter Turm an der Wolkensteiner Straße, letzter der vier Ecktürme der alten Stadtbefestigung, Bruchsteinbau mit Krüppelwalmdach, hier auch Denkmal für die gefallenen Soldaten der Befreiungskriege 1813/14. – Stadtkirche St. Marien, 1558/64 in Anlehnung an die Kirchbauten von Annaberg und Pirna entstanden. Spätgotische, dreischiffige Hallenkirche, 1610 ausgebrannt, 1616 wieder aufgebaut. Fast ganz aus Gneis, mit 57 m hohem Turm mit Zwiebelkappe. Im Inneren Altaraufsatz 1614 von Andreas Helmert, Gemälde 1616 von K. Fabritius. Bergmannsleuchter von 1614, restauriert 1743. Spätgotischer Flügelaltar Ende des 15. Jahrhunderts kleinerer Flügelaltar (Anna Selbdritt) vom Anfang des 16. Jahrhunderts.
Auskünfte: Stadtverwaltung und Heimatmuseum.

Markersbach, Landkreis Schwarzenberg. Der Ort liegt in einem Nebental des wasserreichen Mittweidabaches, fünf Kilometer östlich der Kreisstadt. Mittlere Höhenlage 540 m über NN. Ortsteile: Mittweida und Unterscheibe. Der Kraftfahrer erreicht die Gemeinde von Chemnitz über die B 101, Bahnverbindung an der Strecke Aue–Annaberg. Busverbindungen nach Raschau, Schwarzenberg, Scheibenberg, Annaberg-Buchholz und Aue.

Markersbach wurde um 1200 als Waldhufendorf gegründet, urkundlich 1240 als Marckquartisbach erstmals erwähnt. Bis 1536 im Besitz des Zisterzienserklosters Grünhain. 1450 setzte der Bergbau auch hier ein, mehrere Eisenhämmer, Nagelschmiede siedelten sich an, 1848 Aufstand der Nagelschmiede, die eine Nagelfabrik zerschlugen. Nach Untergang des Bergbaus Posamentengewerbe und Spitzenklöppelei, auch Pappenfabriken, Holzschleifereien und Sägewerke. Heute sind viele Einwohner in Industriebetrieben der Kreisstadt beschäftigt. 1964 begann der Bau des Pumpspeicherwerkes Markersbach. 1970/71 mußte deshalb der Ortsteil Obermittweida geräumt werden, heute befindet sich dort das Unterbecken des Pumpspeicherwerkes. Das Werk selbst mit einer Leistung von 1050 MW befindet sich unterirdisch in einer Kaverne im Berg (146 Meter lang, 24 Meter breit und 43 Meter hoch). Das Wasser wird auch unterirdisch aus dem Staubecken im Tal auf den Berg gepumpt, damit blieb das Landschaftsbild im wesentlichen erhalten.

Zu den Sehenswürdigkeiten von Markersbach gehört die Eisenbahnbrücke (gebaut 1889, Höhe 37 m, Länge 237), die ein Seitental der Großen Mittweida überspringt. 1500 erhielt die früher entstandene Kirche den Namen St. Barbarakirche. Langgestrecktes Bauwerk mit Schindeldach, spitzen Dachreiter und abgesetzten niedrigerem Chor. Im 17. Jahrhundert barocke Umgestaltung und weiterer Choranbau. Die früher einschiffige Halle ist seit dem Umbau ein flachgedeckter Saal, der abgegrenzte Chor weist Kreuzrippengewölbe von 1500 aus, die tonnengewölbte Sakristei ist spätromantisch. Betstübchen aus der Zeit von 1660, reich verzierte Hammerherrenstühle von 1720. Altar von 1660 mit barocker Umrahmung zweier Bilder. An der Nordwand spätgotischer Marienaltar, der erst 1923 wiedergefunden und aufgestellt wurde. 1955 wurde bei der Erneuerung des Innenraumes spätmittelalterlicher Freskenzyklus entdeckt und teilweise freigelegt. – Dorfkern mit Kirche, dem alten Friedhof und den benachbarten Fachwerkhäusern steht unter Denkmalschutz. Ortsteil Mittweida, Dorfkern liegt 485 m über NN zu Füßen des Krähenhübels (579 m). Als Waldhufendorf auf Muskovitschiefer und Gneisglimmerschiefer angelegt. Erste urkundliche Erwähnung 1286. Bergbau auf Silber und Eisenstein, Hammerwerke. 1632 Ende der Hammerwerkstätigkeit, als alle Hämmer im Dreißigjährigen Krieg verwüstet wurden. Später Nagelfabriken, Sägewerke, Holzschleifereien.

Ortsteil Unterscheibe: Liegt als Waldhufendorf im Talgrund des Scheibenbaches. Ursprünglicher Name wahrscheinlich Neunhausen oder Neunhufen, 1548 erstmals Under Scheibe genannt (unterhalb von Scheibenberg). Bergbau auf Silber und Eisen bis ins 18. Jahrhundert.
Auskünfte: Gemeindeverwaltung.

Mathesius, Johann, Bergprediger zu Joachimsthal, Freund, Mitstreiter und Biograph Luthers und bergmännischer Schriftsteller. Er wurde am 24. Juni 1504 in Rochlitz geboren. Hier war sein Vater Ratsherr und wohlhabender Gewerke. Nach dem frühen Tod der Mutter erzogen den Jungen die Großeltern. Er besuchte die Trivialschule in Mittweida. Durch den Verfall des Bergwerks kam die Familie in Not. Johann ging 1521 an die Trivialschule nach Nürnberg und verdiente sich als Chorsänger den Lebensunterhalt. 1523 studierte er an der Universität Ingolstadt, mußte aber wegen Geldmangel vorzeitig abbrechen. Als er 1525 als Hauslehrer in München war, lernte er Luthers Schriften kennen. Durch einen Rochlitzer Bürger bekam er ein Stipendium und konnte in Wittenberg sein Studium fortsetzen. Hier hörte er Vorlesungen von Luther, Burgenhagen, Melanchton u. a. Wiederum mußte er wegen Geldmangel abbrechen. 1530 verdiente er sich als Hilfslehrer in Altenburg seinen Lebensunterhalt und kam 28jährig an die Lateinschule nach Joachimsthal als Lehrer. Nach acht Jahren, 1540, konnte er mit Unterstützung eines fündiggewordenen Steigers nochmals nach Wittenberg gehen. Hier wurde er Student, Tischgenosse Luthers, Freund Melanchtons und glühender Verfechter der Reformation. Am 28. März 1542 erhielt er aus der Hand Luthers seine Ordination. Wenige Wochen später übernahm er die Prediger- und dann Pfarrerstelle in Joachimsthal. Aus seiner Ehe gingen sechs Kinder hervor. 64 Jahre alt starb er 1565 an einem Schlaganfall in Joachimsthal. – Gedruckt liegen von ihm 1500 Predigten vor. Aus der Fülle seiner Schriften seien angeführt: »Sarepta« (1562), sein Hauptwerk, das viele Male aufgelegt wurde, die Lutherbiographie (1565), »Leichenpredigten« (1559), »Hochzeitspredigten« (1563) mit neun Auflagen, »Ehespiegel« (1591). Sein Buch »Leben Jesu« (1568) erlebte acht Auflagen. Da viele seiner Werke unmittelbare Bezüge zum Joachimsthaler Bergbau enthalten, sind sie bis heute Fundgruben der Volkskunde.

Karl May (Repro).

May, Karl, Erfolgreicher deutscher Abenteuerschriftsteller. Geboren am 25. Februar 1842 in Ernstthal (heute: Hohenstein-Ernstthal). Gestorben am 30. März 1912 in Dresden-Radebeul. May, Sohn einer armen erzgebirgischen Weberfamilie, war einer der erfolgreichsten deutschen Schriftsteller, seine Werke sind in mehr als hundert Sprachen und in ca. 90 Millionen Exemplaren verbreitet. Die Geschichte seines Lebens ist selbst ein Stück Abenteuer: Vom Lehrerseminar in Waldenburg wurde er wegen eines angeblichen Kameradendiebstahls relegiert, in Plauen konnte er sein Studium fortsetzen, wurde schließlich Lehrer in Altchemnitz an einer Fabrikschule. Verhaftung wegen Diebstahls von einer Uhr, einer Tabakspfeife, sechs Wochen Gefängnis. Nun wird er tatsächlich zum Kriminellen: Er zieht als Hochstapler durch die Lande, bekommt vier Jahre Arbeitshaus, von denen er den größeren Teil in der Strafanstalt Osterstein in Zwickau absitzen muß, nach erneuten Diebstählen und Räubereien weitere vier Jahre Zuchthaus in Waldheim. Danach beginnt er zu schreiben, seine abenteuerlichen Reiseerzählungen zeigen seine Phantasie, sein Erzähltalent. Auch die Geschichte seines weiteren Lebens ist mit Prozessen und Verleumdungen ebenso gekennzeichnet wie mit dem wachsenden Ruhm, dem Erfolg dieses Autors, der mehr als 70 Bücher publizierte. In Hohenstein-Ernstthal in der heutigen Karl May-Straße 54, im Geburtshaus des Dichters, ist eine Gedenkstätte eingerichtet worden, in Radebeul bei Dresden, in der »Villa Shatterhand« befindet sich ebenfalls ein Karl May-Museum.

Mettenschicht, Alter bergmännischer Brauch und Bezeichnung für die letzte unter Tage verfahrene Schicht der Bergleute vor Weihnachten. Diese Schicht wurde vorzeitig beendet, indem sie der Steiger »herausklopfte« (Klopfzeichen gab). Im weihnachtlich geschmückten Huthaus hielt er vor den Bergleuten eine kleine, predigtartige Ansprache. Die Bergleute dankten für den Bergsegen durch Singen von Chorälen und Bergmannsliedern. Danach gab es für alle ein einfaches Essen, gewöhnlich Bratwurst, Kartoffelbrei und Sauerkraut, einen Schnaps und ein »gaahles Gelecht« (eine Zigarre). Heute verwendet man den Begriff auch in geselligen Kreisen für die letzte Zusammenkunft vor Weihnachten oder im alten Jahr.

Morgenleithe, Doppelgipfeliger Berg im Waldgebiet zwischen Lauter (Landkreis Aue) und Antonsthal (Landkreis Schwarzenberg) gelegen, mit einer Höhe von 813,5 m ü. NN. Der Name wird hergeleitet von dem Laubwald auf dem Hang nach Osten oder »Morgen« und der häufig für Abhang gebrauchten Bezeichnung »Leithe«. Am Westhang des Berges lag die ehemalige »Drandorf-Grube« in der man nach Schmirgelstein suchte. Ferner grub man in der »Alexander-Fundgrube« und »Silberkammer« nach Zinkblende, Bleiglanz und Kupferkies.

Der Aussichtsturm auf dem Gipfel ging aus einem 1885 errichteten 8 Meter hohen Aussichtsgestell hervor, das einem 1901 um 6 Meter höheren weichen mußte. Baufällig geworden, entstand 1922 ein dritter Aussichtspunkt, der 18 Meter hohe Turm. Errichtet wurde er aus Spenden der Erzgebirgszweigvereine Aue, Bockau, Lauter und Schwarzenberg und am 4. Juni 1922 eingeweiht. Der Turm wurde 1955 um weitere drei Meter erhöht. Am Turm gibt es eine kleine Gastwirtschaft. Von der Turmplattform aus hat man einen umfassenden Rundblick über das westliche Erzgebirge. Reizvoll ist der Abstieg vom Berg auf der zwischen den beiden Kuppen zur fast 200 Meter tiefer liegenden Conradswiese führenden Schneise der Forstabteilungen 8 und 9.

Mundart, In Sachsen werden heute noch vier Hauptmundarten gesprochen: Obersächsisch, Vogtländisch, Erzgebirgisch und Oberlausitzisch. Sie haben Untermundarten und an den Grenzen Übergangsmundarten. So mischt sich entlang der Zwota Erzgebirgisch mit Vogtländisch. Mehrfache

Übergänge entstehen im Elbsandsteingebirge. Das Obersächsisch dringt westwärts ins Erzgebirgische, ostwärts ins Oberlausitzische vor. Der Raum des Erzgebirgisch wird im Westen von dem des Vogtländisch berührt, im Süden wird er von der Landesgrenze, im Osten von der Wilden Weißeritz und im Norden von der Linie bestimmt, die südlich von Dippoldiswalde – Freiberg – Chemnitz und nördlich Zwickau – Werdau verläuft. Die Gesamtlandschaft ist in zwei Räume gegliedert: den weitaus größeren des Westerzgebirgisch und in den kleineren des Osterzgebirgisch. Das Erzgebirgisch ist also keine in sich geschlossene, einheitliche Mundart. Die Grenze zwischen dem West- und dem Osterzgebirgisch verläuft westlich der Flöha und wird durch die Orte Zschopau – Lengefeld – Zöblitz – Rübenau gekennzeichnet. Typische Merkmale für das Westerzgebirgisch sind zum Beispiel Formen wie »Gelöckel« (Glöckchen), »Gelück« (Glück), »Genad« (Gnade). Das Osterzgebirgisch hat sich aus dem Gesamtrahmen des Erzgebirgischen gelöst, als es unter den starken Einfluß des Meißnischen geriet. Dadurch wurde Osterzgebirgisch zur Übergangsmundart zwischen dem Westerzgebirgischen und dem Meißnischen. Im Gegensatz zum Westerzgebirgischen oder Vogtländischen ist sie keine aktive Mundart. Kontaminationsformen, Mischformen, die sich aus dem Erzgebirgischen und Meißnischen gebildet haben, sind das Hauptmerkmal der osterzgebirgischen Mundart. Es gibt auch keine Geschlossenheit im Sprachraum. So nehmen die im Süden des Gebietes liegenden Spielzeugmacherdörfer um Seiffen eine Sonderstellung ein. Neben dem typisch osterzgebirgischen Wort »Klääd« (Kleid), erklingt anstelle des zu erwartenden »Bahm« (Baum) die alte Form »Baam«, indessen der in den Sprachgebrauch eingegangene Begriff »Knödel« böhmischen Ursprungs ist.

Mundartliteratur, Durch Wild und seine Zeitgenossen wurde zu Beginn des 19. Jahrhunderts die erzgebirgische Mundartliteratur begründet. Um diese Zeit erschien die erzgebirgische Mundart erstmals gedruckt. Hervorgegangen ist die Mundartliteratur aus der Volksdichtung, die im wesentlichen mündlich verbreitet wurde. Das waren Wetterregeln, Abzählverse, Klöppelreime, Hüterufe, Sagen, Schnorken, um Beispiele zu nennen. Sie gingen durchweg aus praktischen Anlässen hervor und blieben so lange erhalten, so lange der Anlaß aktuell war. Verlor er sich, verlor sich auch die Dichtung. Erst durch den Druck wurde Dichtung konserviert. Die Hauptschwierigkeit der Mundartliteratur besteht darin, das Lautbild in ein Wortbild zu formen aus dem wiederum das ursprüngliche Lautbild nachvollziehbar sein muß ohne zusätzliche, etwa phonetische Zeichen zu verwenden. In Mundart sind alle Themen behandelbar. Eine Übertragung von Mundart in die Hochsprache oder umgekehrt ist nicht ohne weiteres möglich. Wesentlich ist nicht nur der Gebrauch der Mundart als sprachliches Ausdrucksmittel, sondern auch das Denken in Mundart. Breiten Raum in der erzgebirgischen Mundartliteratur nehmen die Schnorken ein, heitere, kurze, anekdotenhafte Erzählungen und Liedtexte. Romane gibt es in der erzgebirgischen Mundartliteratur nicht.

Müller, Auguste, Spielzeugschnitzerin, Volkskünstlerin. Geboren am 22. August 1847, gestorben am 18. Januar 1930 in Seiffen. Auguste Müller wuchs in einer armen Seiffener Spielzeugmacherfamilie auf. Schon als Kind begann sie zu schnitzen und zu basteln, und mit dem Verkauf von geschnitzten Figuren erwarb sie sich ihren anspruchslosen Lebensunterhalt. Das größte Ereignis und die einzige Reise ihres Lebens: Eine Fußreise mit Jahrmarktsleuten nach Dresden. Sie lebte und arbeitete lebenslang in einem kleinen Stübchen. Ihre Schnitzereien, die sie aus kleinen Holzstücken schuf, bemalte und oft auch mit erzählerischen Legenden versah, zeigen den Phantasiereichtum und die genaue Beobachtungsgabe dieser naiven Künstlerin, deren schönste Stücke sich heute im Seiffener Spielzeugmuseum und im Museum für Volkskunst in Dresden befinden. Auguste Müller nahm die Anregungen zu ihren Figuren, die sie oft zu Gruppen gestaltete, vor allem aus ihrer dörflichen Lebensumgebung, so entstanden schöne Zeugnisse des erzgebirgischen Alltags, die Menschen des Dorfes und die Besucher aus der Stadt, die Pilz- und Beerensucher im Wald, aber auch biblische Themen vor allem im Zusammenhang mit der Weihnachtsgeschichte. Auch ihr Neffe Karl Müller (geboren am 18. Juni 1879, gestorben am 26. März 1958) genannt der »Männelmacher« von Seiffen gehört zu den bedeutenden Volkskünstlern des Erzgebirges.

Müntzer, Thomas, Theologe und Revolutionär in der Zeit des Bauernkrieges. Geboren vermutlich vor 1490 in Stolberg (Harz), hingerichtet am 25. Mai 1525. Müntzer, anfänglich

Anhänger Luthers, wurde zum radikalen Führer des revolutionären Teils der Thüringer Bauern. Kam 1520 zunächst an die Marienkirche nach Zwickau, wo er schon in seiner ersten Predigt von Luther abweichende Gedanken propagierte, dabei vertrat er die These von der Selbsterziehung des Menschen als Voraussetzung für die Umgestaltung der Welt im Geiste des Gotteswortes. Am 1. Oktober 1520 wurde er Prediger an der Katharinenkirche in Zwickau, er schloß sich den rebellierenden Tuchknappen an. Zwischen ihm und dem Prediger an St. Marien, Egran, kam es zu heftigen öffentlichen Auseinandersetzungen. Nach den öffentlichen Anschlägen von Spottgedichten, in den sich die beiden Kontrahenten gegenseitig verleumdeten, wurde Müntzer am 16. April 1521 vor den Rat geladen und noch am gleichen Tage entlassen. Müntzer unterzeichnete die Quittung für seine finanziellen Bezüge mit den Worten: »Thomas Müntzer, der in der Welt für die Wahrheit kämpft.« Nach seiner Entlassung begab er sich nach Böhmen und kam über mehrere Stationen schließlich nach Allstedt, wo seine wichtigsten Schriften entstanden. Als einer der Führer des späteren Aufstands der Thüringer Bauern wurde er am 15. Mai 1525 gefangen genommen und am 27. Mai 1525 hingerichtet. An Müntzers Zwickauer Aufenthalt erinnert eine Ausstellung im Städtischen Museum (Lessingstr. 1).

Nassau, Landkreis Brand-Erbisdorf. Die Dorfgemeinde liegt 20 km südostwärts der Kreisstadt in 490 bis 760 m ü. NN. Sie erstreckt sich vom Grund der Freiberger Mulde entlang des sich allmählich weitenden Tales bis zur Höhe des Töpferwaldes.

Nassau erreicht man auf der B 101 von Freiberg nach Annaberg-Buchholz. Hinter Brand-Erbisdorf biegt man links ab und gelangt über Helbigsdorf, Mulda, Dittersbach zum Ziel. Oder man fährt über Frauenstein nach Nassau. Mit der Eisenbahn benutzt man die Strecke Freiberg–Holzhau und steigt nach 21 km Wegestrecke in Nassau aus. Der Ort hat Busverbindung.

Im Zuge der Besiedlung des Gebirges ging Nassau Anfang des 13. Jahrhunderts aus einem Waldhufendorf hervor. Urkundlich wird der Ort erstmals erwähnt 1449. Nassaus letzter Erbrichter, Steiger, kaufte 1834 das Vorwerk Grünschönberg und den Rechenberger Hof, beides stattliche Güter, die seit 1647 von den Schönbergs fortwährend als Kammergut verpachtet worden waren. Durch Steigers Kauf konnte er die Nassauer aus dem Frondienst lösen. 1900 kamen erste Feriengäste in den Ort. Seitdem stieg die Zahl der Erholungssuchenden fortwährend. Heute gehört Nassau zu einem begehrten Ferienort.

Nassaus Dorfkirche wurde nach einem Brand im Jahre 1526 erbaut. Sie besitzt einen Kanzelaltar von 1683. Wertvollstes Stück ist die Silbermannorgel aus dem Jahre 1748.

Die Umgebung von Nassau ist abwechslungsreich. Im Ort gibt es ein Freibad. Angelmöglichkeiten bestehen in der Freiberger Mulde und Talsperre Lehnmühle. Es gibt vielseitige Wintersportmöglichkeiten.

Auskunft über den Ort und seine Umgebung und Zimmernachweis erhält man durch die Gemeindeverwaltung.

Neudorf, Landkreis Annaberg. Zum Dorf gehört der Ortsteil Kretscham-Rothensehma. Neudorf liegt 690–900 m hoch. Bis zur Kreisstadt sind es 9 km. Neudorfs Häuser bleiben dicht am Sehmabach. Der Ort wird von bewaldeten Bergen umgeben.

Zu erreichen ist Neudorf auf der B 101 von Freiberg über Annaberg-Buchholz nach Aue, wenn man sie in Cunersdorf verläßt und über Cranzahl fährt. Oder man benutzt die B 95 von Chemnitz zum Grenzübergang Oberwiesenthal und fährt in Hammerunterwiesenthal nach Neudorf rechts ab. Mit der Eisenbahn kommt man zum Ziel auf der Linie Chemnitz–Bärenstein. In Cranzahl steigt man auf die Schmalspurbahn um, die zum Kurort Oberwiesenthal fährt. Nach 5 km Fahrtstrecke ist man am Ziel.

Vor Neudorf stand seit etwa 1300 an der Stelle der Ort Krachsdorf. Nachdem er zur Wüstung geworden war, machten sich um 1500 neue Siedler seßhaft, sie nannten ihren Ort »neues Dorf«, »Neudorf«. Beschäftigung fanden sie in den Wäldern und betrieben auf ihren Waldhufenfluren Landwirtschaft. Aufschwung brachte die 1562 auf der Sehma nach Annaberg angelegte Holzflöße. Seit dem 19. Jahrhundert kam zum Klöppeln die Posamentenherstellung dazu.

Im Ort gibt es Bauernhäuser mit Fachwerk. Die Dorfkirche stammt aus dem Jahre 1599. Sie hat eine schöne Kassettendecke mit ornamentalem Schmuck. Auf dem barocken Altaraufsatz befinden sich drei spätgotische Schnitzereien, Auszugsfiguren eines Altars von Peter Breuer aus dem Jahre 1515. – Neudorf ist ein beliebter Ferienort mit günstigen Wintersportbedingungen.

Auskunft über den Ort erteilt die Gemeindeverwaltung.

Neuhausen, Landkreis Marienberg. Zum Erholungsort am Oberlauf der Flöha gehören die Ortsteile Dittersbach, Frauenbach und Heidelbach. Er liegt 25 km ostwärts der Kreisstadt, zwischen 600 und 800 m hoch, von Wald umgeben, in einem Talkessel des Schwartenberggebietes. Auf steilem Felsvorsprung inmitten des Ortes steht das Schloß Purschenstein.

Zu erreichen ist der Ort auf der B 101 von Freiberg nach Annaberg-Buchholz. Man biegt in Mittelsaida links ab und benutzt die Ortsverbindungsstraßen über Sayda nach Neuhausen. Man kann auch später in Pockau links abbiegen und über Olbernhau das Ziel erreichen. Mit der Eisenbahn befährt man die Linie Chemnitz–Neuhausen bis zur Endstation.

Die Burganlage »Bornstein« entstand um 1200. Urkundlich erstmals wurde Purschenstein derer von Riesenburg 1289 genannt. Sie diente zum Schutz und zur Überwachung der Salzstraße zwischen Halle und dem Mittelböhmischen. Das von Neuhausen aus beherrschte Gebiet vergrößerte sich mit der Zeit. Unter dem Schutz der Burg entstand die Ansiedlung, die man im Gegensatz zum älteren Sayda, »Neues Haus« nannte.

Sehenswert ist das Schloß. Es wurde 1646 durch einen Brand schwer beschädigt. Ursprünglich war es durch eine dreifache Umfassungsmauer geschützt. Von den 5 Türmen blieb lediglich der nördliche Rundturm erhalten. Der Schloßpark steht unter Naturschutz. Die Kirche gilt als eine der schönsten Dorfkirchen Sachsens. Eine ehemalige Fronfeste befindet sich in der Freiberger Straße. Ortsnahe erhebt sich der 789 m hohe Schwartenberg mit Berggaststätte. Die Kuppe des Berges bietet weite Sicht. Neuhausen hat ideales Skigelände am Schwartenberg und verfügt über ein Freibad. Auskunft über das Schloß, den Ort und seine Umgebung und Nachweis von Ferienunterkünften erteilt die Kurverwaltung.

»Neunerlei«, Das Essen der Erzgebirger zum Weihnachts-, Silvester- und Hohneujahrsheiligabend hebt sich von allen Mahlzeiten im Jahresverlauf ab. Wenn auch in den einzelnen Orten oder Familien verschieden zusammengesetzt, so müssen immer neun verschiedene Speisen auf dem Tisch stehen, »Neunerlei« genannt. Fleischgerichte haben den Vorzug: Gans, Pute, Kaninchen, Hase, Schweinsbein, Bratwurst. Jede Speise hat ihre Bedeutung: Klöße verheißen

Taler, Linsen Groschen und Hirsebrei bringt Pfennige ins Haus. Die Klöße dürfen nicht gezählt werden. Und geschieht es doch, so muß sich eine ungerade Zahl ergeben. Wer Sauerkraut ißt, dem wächst langes Stroh. Nudeln bringen langes Geld. Quellende Speisen verursachen körperliches Wachstum. Kinder sollen wenigstens einen Löffel davon essen. Fehlt Brot und Salz auf dem Tisch, fehlt es das ganze Jahr über. Das Brot soll angeschnitten, jedoch nicht aufgegessen werden. Ein Stück davon erhält das Vieh, dann gedeiht es gut. Wer Buttermilch zum Neunerlei trinkt, dem tropft das Jahr über die Nase, und wer Suppe ißt, der bekommt Zahnweh. Rote Rüben bringen Schönheit, Bier macht Kraft und Stärke, allerdings auch dumm. Sellerie fördert die Fruchtbarkeit, Heidelbeeren bringen Trauer. Von jeder aufgetischten Speise muß man wenigstens einen Löffel voll essen. Wer beim Essen aufsteht, dem wird bald etwas gestohlen. Und wem beim Essen etwas herunterfällt, der hat im nächsten Jahr kein Glück. – Alle müssen aufessen. Dann kommt im nächsten Jahr schönes Wetter. Nur die Mutter darf Reste zurücklassen. Alle müssen nach dem Essen aufstehen, im Gefühl, nun werde es sie zerreißen, so gut schmeckte es. – Nach dem Essen wird Brot, Salz und das Weihnachtslicht in das Tischtuch eingeschlagen. Das Bündel bleibt bis zum anderen Morgen auf dem Tisch, das bringe Ordnung in das Haus.

Novalis, (eigentlich Friedrich Leopold Freiherr von Hardenberg). Geboren am 2. Mai 1772 in Oberwiesenstedt b. Mansfeld, gestorben am 25. März 1801 in Weißenfels. Novalis, eine der wichtigen Dichterpersönlichkeiten der deutschen Frühromantik kam aus der Familie eines Gutsbesitzers und Salinendirektors. Nach Studienjahren in Jena und Leipzig und der Tätigkeit am Salinenamt Weißenfels (1796) studierte Novalis von 1797 bis 1798 an der Bergakademie Freiberg. Kurz vor seinem frühen Tod wurde er Amtshauptmann im Thüringer Bergkreis. Die Dichtung von Novalis ist in mehrfacher Hinsicht mit seinen Freiberger Erfahrungen verknüpft. Im Romanfragment »Heinrich von Ofterdingen« schildert er seine Erwartungen, bei seiner Ankunft in der Bergwerkslandschaft Freibergs. Nicht in Freiberg geschrieben, aber aus Erfahrungen des Studiums bei Abraham Gottlob Werner entstand »Die Lehrlinge zu Sais«. In Freiberg entworfen wurde auch der Aufsatz »Die Christenheit oder Europa«, die Beschwörungen einer in Einheit,

Frieden und Zufriedenheit lebenden Menschheit. Novalis verlobte sich in Freiberg mit Julie von Charpentier, der Tochter des Oberberghauptmanns Wilhelm von Charpentier. In Freiberg, wo er sich auch seinen Dichternamen Novalis zulegte, erinnert eine Gedenktafel am Haus der Familie von Charpentier (heute Karl-Marx-Straße 29) an sein Wirken.

Nußknacker, Zum Aufbrechen der Schale der Walnüsse hergestellte hölzerne Figur als König, Husar oder Polizist. Aus Fichtenholz gedrechselt, lackglänzend in den Farben bemalt rot, grün, blau, gelb, bis 35 cm hoch und auf einem Bodenbrettchen stehend. Die der Figur in den Mund gesteckte Nuß läßt sich durch einen rückseits angebrachten Hebel, der mit dem Unterkiefer abschließt, durch einen Druck zersprengen. Typisch für die Figur ist der mächtige Kopf, gedrungene Rumpf, der mit einem Kurzrock abschließt und auf verhältnismäßig dünnen Beinen sitzt. Zur Herstellung einer Figur sind etwa 130 Arbeitsgänge nötig. Älteste »Nußbeißer« stammen aus der Zeit um 1650 aus Berchtesgaden. Der Prototyp der erzgebirgischen Nußknakker ist die seit 1870 von Wilhelm Friedrich Füchtner (1844–1923) und nachfolgenden Familienmitgliedern hergestellte Figur.

Oberwiesenthal, Landkreis Annaberg. Zum Kurort, der 22 km südlich der Kreisstadt liegt, gehört der Stadtteil Unterwiesenthal. In 914 m Höhenlage ist Oberwiesenthal die höchstgelegene Stadt Deutschlands. Sie liegt am Fuße des 1214 m hohen Fichtelberges, unmittelbar an der Landesgrenze zur ČSFR. Oberwiesenthal gilt als sächsisches Wintersportzentrum. Der Ort ist von Wald umgeben und hat wenig Industrie.

Oberwiesenthal ist zu erreichen auf der B 95 von Chemnitz zum Grenzübergang Oberwiesenthal oder auf der B 101 von Freiberg nach Aue, wenn man in Annaberg-Buchholz auf die B 95 überwechselt. Mit der Eisenbahn fährt man auf der Strecke Chemnitz–Bärenstein 64 km weit bis Cranzahl und steigt dort um auf die Kleinbahn, die einem nach 17 km Fahrtstrecke zum Ziel bringt. Der Kurort hat günstige Busverbindungen.

Erstmals wurde eine Ansiedlung »Wizinthal« 1406 genannt, als die Burggrafen von Meißen das Gebiet mit dem Fichtelberg an die Herren von Schönburg verpfändeten.

Silberfunde am Fichtelberg veranlaßten 1527 Ernst von Schönburg auf der Grafschaft Hartenstein, auf wilder Wurzel den Bergort »Neustadt Wiesenthal« zu gründen und ihn nach dem Vorbild anderer Bergorte mit rechtwinkeligem Straßennetz anlegen zu lassen. 1530 erhielt die neue Siedlung Stadtrechte und ein Bergamt, geleitet von einem Bergmeister. Mitte des 16. Jahrhunderts ließen die bergmännischen Erträge nach, im 19. Jahrhundert versiegten sie völlig.

Als 1559 der obere Teil der Grafschaft Hartenstein verkauft wurde, kam er zum Kurfürstentum. Die Bewohner wandten sich nach dem Niedergang des Bergbaus dem Grenzhandel zu, der Herstellung von Posamenten und Nadeln. Nachdem 1897 der Ort Eisenbahnanschluß erhielt, konnte er um 1900 für den Fremdenverkehr erschlossen werden. Er wurde bald ein beliebter Sommeraufenthalt, besonders aber ein Ort für den Wintersport.

1973 entstand ortsnahe die neue Große Fichtelbergschanze, auf der internationale Wettkämpfe ausgetragen werden. In der Kirche sind gußeiserne Grabplatten aufbewahrt, im Dezember und Januar ist ein volkskundlich wertvoller Weihnachtsberg zu sehen. Im Naturschutzgebiet »Zechengrund« wachsen seltene alpine Pflanzen. Das auf dem Pfahlberg liegende Naturschutzgebiet »Pfahlmoor« ist mit vermoortem montanen Fichtenwald bestockt. Mit der vom Kurort führenden Fichtelbergschwebebahn läßt sich die Kuppe des Berges erreichen.

Oberwiesenthal verfügt über ein Freibad, Hallenbad und Sauna, über Tennisplätze, Kegelbahnen, ein Eisstadion, durch Pistenfahrzeuge präparierte Skihänge, klassifizierte markierte Abfahrtshänge unterschiedlicher Schwierigkeitsgrade, Sessel- und Schlepplifts, 3 Sprungschanzen. Die Skischule der Kurverwaltung führt Skikurse durch. Bekannt ist der »Oberwiesenthaler Skifasching«.
Auskunft über den Ort, seine Umgebung, Nachweis von Ferienquartieren erhält man durch die Kurverwaltung.

Oelsnitz, Landkreis Stollberg. Stadt im Tal des Hegebaches, einst einer der Hauptorte des Lugau-Oelsnitzer Steinkohlenreviers. Mittlere Höhenlage 365 m ü. NN.

Oelsnitz liegt an der Bahnlinie St. Egidien–Stollberg. Der Kraftfahrer erreicht die Stadt über die Autobahn Plauen–Chemnitz, Abfahrten Hartenstein oder Stollberg. Busverbindungen nach Chemnitz, Zwickau, Glauchau, Stollberg u. a.

Der Ortsname kommt aus dem Slawischen (Ort am Eulenbach), ob lediglich als Orientierungsname slawischer Stämme oder früher slawischer Besiedlung, ist ungeklärt. 1219 nennt eine markgräfliche Urkunde einen Rembertus de »Olsniz«, das Rittergeschlecht besaß Burgen in Böhmen, der Sächsischen Schweiz und auch das Oelsnitzer Rittergut bis 1574. Bauernaufstand 1525 mit ca. 3000 Mann Bauernheer gegen die Gutsbesitzer. Neben Landwirtschaft gab es in dem Bauerndorf auch Spinnerei, Weberei und Wirkerei. Bedeutend im 19. Jahrhundert die Oelsnitzer Firma Meinert. Seit 1847 Steinkohlenbergbau, 1857 Hedwigsschacht, 1871 Friedensschacht, seit 1920 zum Steinkohlenwerk Deutschland. Oelsnitz, das um 1900 das größte Dorf Sachsens war, erhielt 1924 Stadtrecht. Schlagwetterkatastrophe am 24. Januar 1921 auf dem Friedensschacht mit 57 Toten. 1928 Einstellung der Produktion. Auf dem Gelände des Kaiserin-Augusta-Schachtes (nach 1945 Karl-Liebknecht-Schachtes) entstand nach 1980 ein Bergbaumuseum. Letzte Kohleförderung auf dem 1893 als Gottes-Hilfe-Schacht begründeten, seit 1945 als Friedrich-Engels-Schacht betriebenen Anlage am 31. März 1971. Im Ortsteil Neuoelsnitz, zwei Kilometer westlich von Oelsnitz gelegen, Ortsentwicklung durch Bergbau bestimmt, hier auch Kaiserin-Augusta (Karl-Liebknecht)-Schacht und heutiges Bergbaumuseum.

Olbernhau, Landkreis Marienberg. Stadt mit ca. 13 000 Einwohnern im mittleren Erzgebirge. Liegt in ca. 445 m Höhe in einer großen Talweide der Flöha und in ihren Nebentälern »Stadt der sieben Täler«. Mit Ortsteilen Grünthal, Dörfel, Hirschberg, Klein-, Nieder-, Oberneuschönberg, Reickersdorf, Rungstock.

Der Kraftfahrer fährt von Chemnitz die B 174 über Zschopau nach Marienberg, dann weiter auf der B 171 über Zöblitz nach Olbernhau. Busverbindungen nach Ansprung, Hallbach, Pfaffroda, Sayda, Altenberg, Marienberg, Annaberg-Buchholz, Chemnitz u. a. Orten. Bahnverbindung von Chemnitz bzw. Freiberg über Flöha (umst.) nach Olbernhau.

Die Ansiedlung entstand vermutlich im 13. Jahrhundert. 1434 Alberhaw, 1497 Olbernhaw genannt. Wahrscheinliche Namensdeutung als Rodung eines Albero. Einseitiges Waldhufendorf. Bergbau und der damit verbundene Holzbedarf führten zum Wachstum der kleinen Siedlung. Olberhau wurde bald zu einem wirtschaftlichen Zentrum durch seine Lage an den Alten Böhmischen Handelsstraßen und die Nähe zur Grenze nach Böhmen. Holztransport auf Flöha, Natzschung und Schweinitz. Zugehörigkeit zur Herrschaft Lauterstein, 1559 Ankauf durch Kurfürst August I., seither Amtsdorf. Zuzug von böhmischen Exulanten mit Gewerbefreiheit, Herstellung von Holzgegenständen aller Art. Köhlerei und Flößerei weitere Erwerbsmöglichkeiten, nur geringe landwirtschaftliche Bedeutung. 1696 Markt- und Innungsrecht. Viele verschiedene Innungen entstanden, darunter die Innung der »sieben geschenkten Handwerke«: Gürtler, Neutler, Sattler, Seifensieder, Lohgerber, Weißgerber und Zinngießer. 1681 Gründung eines konzessionierten Rohrhammers, Ansiedlung von Büchsenschlossern und Rohrschmieden aus Thüringen. 1873 Bau einer Eisenbahnstrecke nach Pockau, 1875 wurde Olbernhau an das Eisenbahnnetz angeschlossen. Neben den traditionellen Gewerken vor allem Entstehung von Holzwaren-, Möbel- u. Spielzeugbetrieben. 1902 erhielt Olbernhau das Stadtrecht. Auch die heutige industrielle Struktur wird durch Holz- und Blechverarbeitung bestimmt.

Sehenswürdigkeiten: Stadtkirche, 1590 anstelle eines älteren Kirchenbaus errichtet und 1639 nach Zerstörung erneuert. Einschiffiger Bau mit polygonalem Schluß, daran anschließend der Turm mit Haube. Im Inneren Altargemälde auf Kupferplatte von Johann Fink 1648, Taufe und Orgel von 1790. An dem Kirchturm mehrere Grabdenkmäler mit Serpentinplatten aus dem 18. Jahrhundert – Saigerhütte Olbernhau-Grünthal, Technisches Museum. 1493 als Kupferhütte entstanden, 1567 von Kurfürst August von Sachsen erworben und ausgebaut. Hüttenwerk diente »Saigerung« also Reinigung des Schwarzkupfers von anderen Metallen. Umfassungsmauer mit Schießscharten erhalten, Hammergebäude aus dem 16. Jahrhundert, am mehrfach umgebauten Herrenhaus kurfürstliches Wappen und Jahreszahl 1586. Zar Peter der Große weilte hier und ritt, wie die Legende erzählt, auf dem arbeitenden Kupferhammer. Mit Grünthaler Kupfer wurden viele Dächer bedeutender Bauten gedeckt, so die Dome in Berlin, Naumburg, Magdeburg, Wien und Krakau. – Haus der Heimat, Olbernhauer Heimatmuseum, in einem Gebäude des ehemaligen Rittergutes. Kreuzgewölbe, Wendeltreppen und massives Balkenwerk. Abteilungen zur Natur und Geschichte des oberen Flöhatales, schöne Exponate erzgebirgischer Volkskunst und der Holzspielzeugherstellung des Gebietes. Im Ortsteil Oberneuschönberg Dorfkirche von 1695, geschlossener

Saalbau mit hölzernem Tonnengewölbe und Emporen. Gut erhaltene Innenausstattung aus dem 17. Jahrhundert Altaraufbau mit drei übereinander angebrachten Gemälden von 1673.
Auskünfte: Stadtverwaltung.

Ölmühle Pockau, Technisches Denkmal. Pockau, Mühlenweg. Öffnungszeiten: 15. Mai–15. Oktober mittwochs 15–16 Uhr, sonnabends 9–11 und 14–16 Uhr. Bei Anmeldung auch zu anderen Zeiten.

Die 1783 erbaute Ölmühle, in der bis 1945 gearbeitet wurde, blieb in ihrem ursprünglichen Zustand bis heute erhalten. Dadurch kann dem Besucher die Ölgewinnung in früherer Zeit in Funktion vorgeführt werden. Er erhält einen Einblick in die Arbeits- und Lebensbedingungen eines Ölmüllers. Ein Stampfwerk und eine Doppelkeilpresse aus einer stillgelegten Ölmühle in Mildenau sind im Freigelände aufgestellt. Gezeigt wird die Flachsgewinnung, Zubereitung und Weiterverarbeitung der Flachsfaser bis zum fertigen Gewebe.

Ostern, Die Christen feiern seit dem nizäischen Konzil (325) den Beginn ihres höchsten und ältesten Festes einheitlich am Sonntag nach dem ersten Frühlingsvollmond. Im Erzgebirge galt Ostern als schicksalsbestimmende Zeit. Die Karwoche hatte ähnliche Bedeutung wie die zwölf Nächte zwischen Weihnachten und Hohneujahr. In diesem Abschnitt offenbart sich auf mannigfaltige Weise das Schicksal, wenn man die Anzeichen kennt oder zu deuten versteht. Gründonnerstag ißt man gefärbte Eier und Speisen mit Frühlingskräutern, wie Ochsenzunge, Brennesseln oder Spinat, sie sind Symbole der wiedererwachten Natur. Bevorzugt werden an diesem Tag Eier mit Kartoffelsalat. Das größte Ei steht dem Vater zu oder dem Besuch. »Osterwasser« holt man am Ostermorgen vor Sonnenaufgang am besten von einem Bach unter einer Brücke, über die man Leichen trägt. Der Volksglaube meint, dies Wasser sei besonders wirksam, mache schön, glätte die Haut, helfe gegen Gicht, heile Augenleiden und Hautausschlag. Beim Einholen darf man nicht sprechen, sonst hat man unwirksames »Plapperwasser« im Gefäß. Langschlafende Mädchen werden von Burschen durch das Schlagen mit der »Lebensrute«, einem immergrünen Zweig, aus dem Bett »gepfeffert«. Danach muß das Mädchen eine Kaffeetafel richten. Beliebt bei den Burschen im Erzgebirge war, in der Osternacht von »ihm« zu »ihr« aus Sägespänen, Häcksel oder Kalk ein »Steigel« zu streuen. Karfreitag gilt allgemein auch heute noch als Lostag: Verläuft der Tag gewitterartig, glaubt man, folge ein schöner Sommer.

Osterzgebirge, Landschaftsschutzgebiet, 10 000 Hektar des Landschaftsschutzgebietes liegen im Landkreis Brand-Erbisdorf, ein weiterer Teil befindet sich im Regierungsbezirk Dresden. Das seit 1968 unter Schutz gestellte Gebiet dient vor allem der Erholung der Bewohner der sächsischen Industriezentren. Sein Mittelpunkt ist die traditionsreiche Stadt Frauenstein.

Zu erreichen ist das Landschaftsschutzgebiet auf der B 170. Die Straße durchschneidet es von Nord nach Süd. Auf zwei Hauptwanderwegen kann man es durchqueren, auf dem von Görlitz nach Greiz (blauer Kreis) und auf dem von Zittau nach Wernigerode (liegendes blaues Kreuz). Mit der Eisenbahn befährt man zweckmäßig die Linie Freiberg–Holzhau, verläßt in Rechenberg-Bienenmühle oder auf der Endstation den Zug und beginnt von hier aus seine Wanderung. Die im und am Gebiet liegenden Orte haben alle Busverbindung.

Das Landschaftsschutzgebiet liegt zwischen 420 und 806 m ü. NN. In ihm herrscht ein stark differenziertes Mittelgebirgsklima. Die Abtragungsfläche neigt sich allmählich nach Norden zu. Herausmodelliert sind Kuppen und Hügel. Die Wasserläufe sägten Talformen, wie sie typisch für Mittelgebirge sind, teilweise eng und felsig, oft aber auch ausgebreitet und ohne steile Hänge. Hauptgewässer ist die Freiberger Mulde. Sie durchfließt das Landschaftsschutzgebiet in ganzer Länge. Weitere wichtige Wasserläufe sind die Gimmlitz und die Kleine Gimmlitz. Vorherrschendes Grundgestein ist Grauer Gneis mit reichlichen Einschlüssen und tektonisch gestörter Lagerung.

Das Gebiet ist über die Hälfte seiner Fläche mit Wald bestockt. Ein weiterer großer Flächenanteil wird landwirtschaftlich genutzt. Hoch-, Reh-, Schwarz- und Niederwild kommen vor. In den tieferen Lagen gibt es zahlreiche Vogelarten.

Das ursprüngliche Waldgebiet wurde im 13. Jahrhundert durch Kolonisten erschlossen. Im 15. Jahrhundert erfolgte eine weitere Erschließung durch Bergleute. In das Landschaftsschutzgebiet eingebettet liegt in 650 m Höhen-

lage die Stadt Frauenstein. Die Burg, 1728 durch Brand zerstört, wurde erstmals 1272 erwähnt. Es handelt sich um eine Zweiturmanlage mit Ringmauer. Das unterhalb der Burg liegende Schloß wurde in den Jahren 1585/88 errichtet. Zum Landschaftsschutzgebiet gehören die Gemeinden Dittersbach, Nassau, Rechenberg-Bienenmühle, Holzhau und teilweise die Gemeinden Mulda, Lichtenberg, Burkersdorf, Clausnitz, Dorfchemnitz und Zethau. Sehenswerte Dorfkirchen gibt es in Nassau, Dittersbach, Burkersdorf und Zethau. Die Kirchen von Nassau und Dittersbach haben Silbermannorgeln. Zu den interessantesten Naturschutzdenkmalen des Gebietes gehören die Quarzitklippen »Weißer Stein« und die »Buttertöpfe« bei Frauenstein.
Auskunft über die einzelnen Teile des Landschaftsschutzgebietes erteilen die jeweiligen Gemeindeverwaltungen.

Oswaldtal, Landschaftsschutzgebiet, Landkreis Schwarzenberg. Landschaftsschutzgebiet seit 1968, 805 Hektar groß. Im wesentlichen Erholungslandschaft für die Bewohner von Schwarzenberg und die industriereichen nahen Ortschaften. Das Gebiet mit einigen Bergen liegt 400 bis 690 m ü. NN. Es wird begrenzt von Schwarzenberg im Südwesten, Grünhain im Norden und Waschleithe im Osten. In seinem Inneren gibt es keine Ortschaften.

Das Landschaftsschutzgebiet ist relativ verkehrsarm. Bestimmt wird es von Waldlandschaft und den Zeugen historischen Bergbaus.

Zu erreichen ist das Oswaldtal von der Autobahn Dresden–Plauen, Abfahrt Stollberg. Von hier aus befährt man entweder die B 169 bis Aue und dann die B 101 bis Schwarzenberg und berührt in Sachsenfeld oder Wildenau, Stadtteile von Schwarzenberg, das Ziel oder man fährt von Stollberg die Ortsverbindungsstraße nach Zwönitz und erreicht bei Grünhain das Gebiet.

Gekennzeichnet ist es durch das von Nord nach Süd zunehmend eingetiefte Erosionstal des Oswaldbaches, das an steilen Hängen nackte Felsen zeigt. Diese Talbildung bestimmt auch wesentlich den Gebirgscharakter. Im Gebiet finden sich verschiedene kristalline Gesteine, allerdings vielfach von erzgebirgischen Gneisen überlagert. Im paläozoischen Schiefer eingebettet, ergeben sich Lager hochwertigen Marmors. Das Gebiet ist reich an Mineralien. Der frühere Erzabbau richtete sich vor allem auf Kupferkies,

Zinkblende, Schwefelkies, Roteisenstein, Bleiglanz, Flußspat und als Farberde Eisenmanganerzmulm.

Obwohl es innerhalb des Landschaftsschutzgebietes einige Quellbäche gibt, bildet der Oswaldbach das Hauptgewässer. Er kommt aus dem im Norden liegenden Waldgebiet am Schwarzen Stein und mündet bei Wildenau in das Schwarzwasser. Zwei Drittel des Bereiches ist mit Fichtenwald bestockt. Er hat eine artenreiche Vogelwelt. Hochwild gibt es nicht, lediglich Niederwild ist bodenständig.

Innerhalb des Landschaftsschutzgebietes befindet sich das Naturdenkmal »Klosterwald«. Ein naturnaher stufiger Mischwald, der sich innerhalb des ummauerten Geländes des Grünhainer Klosters befindet, 1,29 Hektar groß. Das Kloster selbst, 1232 von Meinher II., Burggrafen von Meißen gestiftet, war vor der Reformation eines der bedeutendsten Zisterzienserklöster des Erzgebirges. Nahe des Ortsteiles Haide von Waschleithe befindet sich die Ruine der Dudelskirche (s. d.). Sie wurde vermutlich als Wallfahrtskirche zwischen 1507 und 1514 erbaut. Am Fürstenberg liegt der Fürstenbrunnen mit der Köhlerhütte, der an den Prinzenraub des Kunz von Kauffungen im Jahre 1455 erinnert. Das Tälchen des Seifenbaches, am oberen Ortsausgang von Wachleithe, nimmt die Miniaturlandschaft »Heimateck« der Schnitzer und Bastler von Waschleithe auf. Einen Einblick in den Bergbau früherer Zeiten gibt das Lehr- und Schaubergwerk »Herkules-Frisch-Glück« am Fürstenberg. Es wird umgeben von stillgelegten Gruben, so »Fröhlicher Bergmann«, »Sankt Katharina«, »Gottes Geschick«, »Graul« und »Treue Freundschaft«.

Das gesamte Gebiet läßt sich gut zu Fuß erschließen. In den angrenzenden Ortschaften gibt es genügend Parkmöglichkeiten, im Ortsbereich Waschleithe auch bewachte Parkplätze. Auskunft über das Landschaftsschutzgebiet erhält man durch die Stadtverwaltung von Grünhain, die Gemeindeverwaltung von Waschleithe oder durch Schwarzenberg-Information, Schwarzenberg, Erlaer-Straße 14.

Pfingsten, Das Fest, fünfzig Tage nach Ostern, wird von den Christen als die Ausgießung des Heiligen Geistes auf die Apostel und damit der Gründung ihrer Kirche gefeiert. Es gehört im Erzgebirge nicht zu den »großen Festen«, jedoch ist es ein wichtiger Einschnitt in das Alltagsleben. Bis Pfingsten muß das Winterholz unter dem Dach sein, die Stube einen neuen Anstrich haben. Alles muß blitzen und glänzen, wie die Natur. Vom Wald holt man »Maiengrün«, damit schmückt man die Zimmer. In einem mit Wasser gefüllten Eimer stellt man Pfingstbirken auf. Auch in das Schlafzimmer bringt man frisches Grün. Wer es unterläßt, kann vor zwei Uhr nicht einschlafen, so will es der Volksglaube wissen. Pfingsten ist der »Tag der Frühaufsteher«. Wer als letzter aus dem Bett kommt, ist der »Pfingstochse« oder »Pfingstlümmel« und muß den ganzen Tag Spott über sich ergehen lassen: »Pfingstlümmel! Molkensook! Hast geschlofen ne ganzen Tog. Hätt mer dich net aufgeweckt, wärscht de gar in Bett verreckt!« »Pfingstlümmel« ist allgemein der Spottname für Langschläfer. Eigentlich galt er dem langsamsten in dem früher üblichen Wettrennen oder Wettstreiten. Zu Pfingsten errichteten Kinder an Straßenkreuzungen Pfingstbäume und umtanzten sie. Vorüberkommende wurden mit einem über die Straße gespannten Strick aufgehalten und mußten sich lösen mit einem Geldstück oder Naschwerk. Höhepunkt war der am Nachmittag und Abend stattfindende »Laubetanz«. Die mit Blumen geschmückten Mädchen wurden dazu von daheim mit Musik abgeholt. Pfingsten gilt auch als Lostag: Pfingstwetter soll kommendes Wetter beeinflussen.

Pochwerk und Erzwäsche »Unverhofft Glück«, Technisches Museum auch »Silberwäsche« genannt. Antonsthal. Öffnungszeiten: montags–freitags 7.30–16 Uhr. Bei Anmeldung ist für Gruppen eine Führung auch sonnabends möglich.

Die 1828 entstandene Anlage steht am Nordwesthang des Ortes, die Wasserkraft des Halsbaches nutzend, um Wäsche und Pochwerk der einstigen Silbererzgrube »Unverhofft Glück« zu betreiben. Gezeigt wird ein wasserradangetriebenes Pochwerk und Langstoßherde. Sie sind typisch für die seit dem 16. Jahrhundert üblichen Aufbereitungsmethoden im erzgebirgischen Silbererzbergbau. In der Ausstellung erhält man Informationen über den benachbarten Erzbergbau und die 1828 unter Einfluß des Oberberghauptmanns von Herder gegründete Antonshütte und die Silberhütte.

Pockau, Landkreis Marienberg. Zur Arbeiterwohngemeinde gehört der Ortsteil Görsdorf. Sie liegt am Einfluß der Pockau in die Flöha, 420 m ü. NN in einer Talweitung 12 km nordostwärts der Kreisstadt.

Zu erreichen ist der Ort auf der B 101 von Freiberg nach Annaberg-Buchholz. Er befindet sich auf etwa der halben Strecke. Mit der Eisenbahn erreicht man das Ziel auf der Linie Chemnitz Neuhausen/Marienberg nach 40 Fahrtkilometern.

Pockau, mundartlich »Book«, wurde von Bauern während der Gebirgsbesiedlung zu Beginn des 14. Jahrhunderts angelegt. Es unterstand der Herrschaft Lauterstein. Über die Zeiten hinweg arbeiteten die Bewohner im Wald und betrieben Landwirtschaft. Im 19. Jahrhundert wurde im Ort die holzverarbeitende Industrie ansässig. Sie ist noch heute bestimmend. Ein Teil der Bewohner fährt nach auswärts zur Arbeit.

Sehenswert ist die »Amtsfischerei«, ein Bau von 1635. Zum Technischen Denkmal erklärt wurde die mit hölzernem Stampfwerk versehene Ölmühle (s. d.). Pockau ist ein beliebter Ferienort.
Auskunft und Nachweis von Ferienquartieren erhält man durch die Gemeindeverwaltung.

Pobershau, Landkreis Marienberg. Gemeinde mit Ortsteil Hintergrund im oberen Erzgebirge, südöstlich von Marienberg. Ansiedlung liegt in den tief eingeschnittenen Tälern der Roten und Schwarzen Pockau, beides Zuflüsse der Flöha.

Der Kraftfahrer erreicht den Ort über die B 174 bis Marienberg, dann auf der B 171 in Richtung Zöblitz, Abzweig Pobershau. Busverbindungen nach Zöblitz, Marienberg, Olbernhau u. a. Orten. Bahnanschluß, von Chemnitz über Flöha (umst.), Pockau-Lengefeld (umst.) bis Zöblitz-Pobershau.

Gründung des Ortes vermutlich zwischen 1434 und 1497 durch zwei Poberer (Verleger aus Freiberg). Ursprünglicher Name der Siedlung »Aufm Wald«, Bobritzscher Bergleute, die hier nach Erz suchten, nannten die Siedlung »Bobritzsch-Hau«. Die bergmännische Streusiedlung aus vier kleineren Gemeinden wurde 1839 zu zwei Gemeinden zusammengefaßt: »Ratsseite« und »Amtsseite«, die dem Amt Lauterstein zugehörig waren, Vereinigung 1857 zur Gemeinde Pobershau. Aus der Zeit der Rats- und Amtsseite

sind die Bezeichnungen noch heute geblieben, zweimal gleiche Hausnummern. Auch in Pobershau zunächst Zinnbergbau, später Silberbergbau und nach 1520 Kupfergänge am Wildsberg. Nach dem Erliegen des Bergbaus im 19. Jahrhundert Holzbearbeitung (Spielzeug und »Spanschachteln«). Unter der SDAG Wismut in den Jahren zwischen 1947 bis 1953 nochmals Bergbau auf Uran. Wintersportort mit Sprungschanze und Stadion. Sehenswürdigkeit: Schaubergwerk »Molchner Stolln« mit Demonstration des alten Zinnbergbaus.
Auskünfte: Gemeindeverwaltung.

Pöhla, Landkreis Schwarzenberg. Kleine, von Industrie durchsetzte Dorfgemeinde in einer Weitung des Pöhlwassertales, etwa 5 km südlich der Kreisstadt.

Pöhla ist zu erreichen auf der Autobahn Dresden–Plauen, Ausfahrt Stollberg. Von hier aus befährt man die B 169 bis Aue, die B 101 in Richtung Annaberg, von der man in Raschau rechts abbiegt auf die Straße nach Oberwiesenthal, an der Pöhla liegt. Einen Eisenbahnanschluß hat der Ort nicht. Der nächste Bahnhof ist in Schwarzenberg, an der Linie Leipzig, bzw. Zwickau–Johanngeorgenstadt oder Raschau, an der Linie Schwarzenberg–Annaberg-Buchholz. Zum Ort besteht Busverbindung.

Ursprünglich gab es zwei Siedlungen, Groß- und Kleinpöhla, seit 1928 zu Pöhla vereinigt. In sie teilte sich früher die Herrschaft Schwarzenberg und die Grafschaft Hartenstein. Der Name ist slawischen Ursprungs. Er wurde 1497 »Pelaw« und 1590 »Böhla« geschrieben, was soviel heißt, wie die »Weiße«, »Helle«, also eine Lichtung.

Das 1949 am Talhang gegenüber der Dorfmitte gefundene jungsteinzeitliche Beil läßt darauf schließen, daß in vorgeschichtlicher Zeit ein Weg vorüber zum Rittersgrüner Paß und nach Böhmen führte. Die Pöhlaer Ortsentwicklung setzte viel später ein. Wahrscheinlich nahm sie mit einem Einzelhof ihren Anfang, aus dem sich Güter und ein Weiler entwickelten. Neben Bauern waren es vor allem Bergleute und Hammerschmiede, die sich im Talgrund niederließen. Guten Nährboden fand die Ortsentwicklung durch die vor allem im 18. Jahrhundert mit Böhmen betriebene Handelstätigkeit. Seit Ende des vorigen Jahrhunderts arbeiten viele Bewohner in der Industrie, im Pfeilhammer, Siegelhof oder außerhalb.

Eng mit Großpöhla entwickelte sich der Werkweiler

Kleinpöhla, der sich um den 1525 gegründeten Pfeilhammer ausbreitete. Aus den alten Anlagen ging das heutige Eisenwerk hervor.

Der Hauptteil des Ortes liegt um einen rechteckigen Platz zwischen Straße und Bach. Er ist umlagert von typischen Erzgebirgshäusern. Dazwischen fällt die alte Schule auf, 1764 errichtet, sie ist ein zweigeschossiger Masivbau mit hohem Satteldach und einem Dachreitertürmchen. Das Rathaus befindet sich im ehemaligen Waisenhaus, erbaut als Herrenhaus des Siegelhammers. Das Haus verfügt über einen bemerkenswerten Treppenaufgang. Über dem Tal steht der von Heinrich von Elterlein errichtete Hammerherrenhof. Das heutige Gebäude hat schloßartigen Charakter, ist dreigeschossig und trägt ein mächtiges Mansardendach. Pöhlas Dorfkirche stammt aus dem Jahre 1933. Das bedeutendste Bergwerk des Ortes, die Zeche »Neusilberhoffnung« lag ostwärts vom Ort. Der 1990 eingestellte Erzabbau der SDAG Wismut hat Spuren hinterlassen, die durch Rekultivierung beseitigt werden. Im Pöhlaer Forsthaus wirkte eine Zeitlang als Forstmeister Max August Schreyer (1845–1922), der Schöpfer des Liedes vom Vogelbeerbaum. Ferner lebte im Ort Amalie von Elterlein (1784–1865), der das Heiligabendlied zugesprochen wird.

Pöhla hat eine Sprungschanze, 1957 errichtet, 1966–1968 neu aufgebaut, die auch dem Mattenspringen dient und auf der nationale und internationale Wettkämpfe ausgetragen werden.
Auskunft über den Ort und Unterbringungsmöglichkeiten erteilt die Gemeindeverwaltung.

Pöhlberg, Oberhalb der Stadt Annaberg-Buchholz gelegener Basaltberg mit einer Höhe von 832 m. Neben dem Scheibenberg (s. d.), dem »Bärenstein« ist der Pöhlberg einer der drei Basalttafelreste, die den Kamm des mittleren Erzgebirges bestimmen. In der Wende zwischen den Erdzeitaltern Oligozän und Miozän entstand die Basaltdecke, von der während des Tertiärs der umgebende Graue Gneis abgetragen wurde. Dabei entstanden die Basalttafelreste der genannten Gipfel. Im mittlerweile aufgelassenen Steinbruch ist dieser Vorgang der Erdgeschichte an den Säulen gut erkennbar.

Vor dem Aufkommen des Silberbergbaus war der Pöhlberg bewaldet, später wurde hier Ton abgebaut. Der Bergwald, der im 17. Jahrhundert völlig abgeholzt worden war, wurde seit 1881 wieder aufgeforstet. Im Pöhlberggebiet gibt es eine Anzahl seltener Pflanzen, die entlang eines Naturlehrpfades besichtigt werden können. 1897 wurde das Pöhlberghaus errichtet, von dessen Aussichtsturm ein weiter Blick über das mittlere und westliche Erzgebirge möglich ist. Für Wintersportler gibt es am Pöhlberg Sprungschanze, Bob- und Rodelbahn und Skilift.

Pöhlberg, Landschaftsschutzgebiet, Landkreis Annaberg. Landschaftsschutzgebiet seit 1962, 729 Hektar groß, in einer Höhenlage von 480–831 m ü. NN. Seine höchsten Erhebungen sind der Pöhlberg mit 831 m und die Hermannshöhe mit 701 m. Das Landschaftsschutzgebiet berührt ostwärts die Kreisstadt und schließt ihren Stadtpark in sich ein. Es ist das wichtigste Naherholungszentrum für das mittlere Erzgebirge mit interessanter und abwechslungsreicher Landschaft. Sie eignet sich vorzüglich zum Wandern und wegen der Schneesicherheit zum Wintersport. Am Südhang des Pöhlbergs befindet sich eine Sprungschanze.

Zu erreichen ist das Landschaftsschutzgebiet von Chemnitz aus auf der B 95. Sie begrenzt oberhalb von Annaberg das Gebiet nordwestlich. Man kann auch die von Freiberg kommende B 101 befahren und wandert von der Stadt aus durch das Gebiet. Über den Pöhlberg hinweg führt der Hauptwanderweg Zittau–Wernigerode (liegendes blaues Kreuz). Mit der Eisenbahn erreicht man das Gebiet, wenn man die Linie Chemnitz–Bärenstein oder Schwarzenberg–Annaberg-Buchholz befährt, in Annaberg-Buchholz aussteigt und zu Fuß das Pöhlberggebiet erreicht. Die Kreisstadt hat nach allen Richtungen günstige Busverbindungen.

Durch Reliefumkehrung wurde der Pöhlberg und sein Umfeld als Tafelberg mit steilen Hängen herausmodelliert. Am Osthang zieht sich das tiefeingesägte Tal des Pöhlbaches mit seinen zwei Nebenflüssen hin, der wesentlich zur Herausformung der Landschaft beiträgt. Auf der Flanke nach Westen zu liegt in weiterer Entfernung die Stadt Annaberg-Buchholz.

Im Landschaftsschutzgebiet herrscht Mittelgebirgsklima. Hauptsächlich kommen Gneise vor. Tertiärer Vulkanismus verursachte den Basalterguß des Pöhlberges. Fichten sind im Gebiet die Hauptholzart. Bedeutsam für den Charakter, den Haushalt der Landschaft, sind die Steinrücken. Sie bieten der Vogelwelt günstige Nistgelegenhei-

Pöhlberg, im Vordergrund Geyersdorf.

ten. Außer dem Unterkunftshaus auf dem Pöhlberg gibt es im Landschaftsschutzgebiet keine bewohnten Häuser. Es bietet die Möglichkeit zum Rasten. Vom Aussichtsturm hat man einen Weitblick auf das Erzgebirge.
Auskunft über das Landschaftsschutzgebiet erteilt die Stadtverwaltung Annaberg-Buchholz, über Unterkunftsmöglichkeiten der Wirt des Pöhlberg-Unterkunftshauses.

Postmeilensäulen im Erzgebirge, Die Geschichte der »Chursächsischen Postmeilensäulen« beginnt mit dem Wirken von Adam Friedrich Zürner, der 1679 in Marieney im Vogtland geboren wurde. 1716 ernannte Kurfürst August der Starke Zürner zum »Königlich Polnischen und Churfürstlich Sächsischen Geographus«, und damit begann die Vermessung der Poststraßen und die Errichtung der Postsäulen in Sachsen. Sie wurden notwendig, da die bisherigen hölzernen Wegweiser sehr ungenau, oftmals verändert keine richtigen Entfernungsangaben möglich machten. Zürner entwickelte ein System von vier verschiedenen Postsäulen: Distanzsäulen, Ganzmeilensäulen, Halbmeilensteine und Viertelmeilensteine. Die Distanzsäulen vor den Toren der Städte oder in den Städten waren mit Beschriftungen über Entfernungen, Richtungen und Abzweigungen versehen. Die Ganzmeilensäulen, Halbmeilensteine und Viertelmeilensteine unterteilten die Postrouten und Landstraßen in Abschnitte. Die Entfernungsangaben auf den Distanzsäulen sind in Poststunden unterteilt. Eine sächsische Post- oder Polizeimeile hatte 2000 Ruten, das sind 16 000 Ellen. Eine Meile war also ein Längenmaß von 9,062 km oder von zwei Stunden. Eine Postmeilenstunde, könnte man also sagen, ist eine Entfernung von ca. 4,5 km. Obwohl Zürners Werk nie ganz zu Ende gebracht wurde, existieren doch noch heute, in den meisten Fällen sorgsam restauriert und gepflegt, in vielen erzgebirgischen Städten Postsäulen. Postdistanzsäulen finden sich in Oberwiesenthal, Johanngeorgenstadt, Aue, Elterlein, Grünhain, Geyer, Zwönitz, Schlettau, Annaberg, Thum, Wolkenstein, Marienberg, Zschopau, Freiberg, Glashütte, Frauenstein, Bärenstein, Altenberg. Das Erzgebirge ist damit die Landschaft Sachsens, in der die meisten Postdistanzsäulen noch vorhanden sind. Ganzmeilensteine finden sich in Oberwiesenthal, Johanngeorgenstadt, Erla-Crandorf, Aue, Schönbrunn, Burkhardtsdorf und Reifland in unterschiedlicher Erhaltung. Halbmeilen- und Viertelmeilensteine u. a. in Steinbach, Antonshöhe, Marienberg, Wolkenstein, Gelenau, Klaffenbach, Dippoldiswalde.

Seit 1964 hat eine ehrenamtliche Forschungsgruppe »Kursächsische Postmeilensäulen« große Anstrengungen zur Restaurierung und Wiederherstellung von Postsäulen unternommen.

Pufendorf, Samuel Freiherr von, geboren am 8. Januar 1632 in Dorfchemnitz (Landkreis Stollberg), gestorben am 26. Oktober 1694 in Berlin. Bedeutender Rechtswissenschaftler und Historiker. Pufendorf wurde als dritter Sohn des Pfarrers Elias Jesaias Pufendorf geboren, der 1620 in die erzgebirgische Gemeinde als Pfarrer kam. Seine Jugendjahre verlebte er in Flöha, wohin der Vater 1634 als Pfarrer berufen wurde. Er erhielt eine Freistelle an der Fürstenschule St. Afra in Meißen, studierte anfangs Theologie in Leipzig, später Philosophie und Rechtskunde in Jena. Danach Hauslehrer beim schwedischen Gesandten in Kopenhagen, Gefangennahme und Kerkerhaft. Rückkehr in das Haus des schwedischen Gesandten nach Helsingör und Niederschrift seines ersten Werkes »Elementa jurisprudentia«. Seit 1661 Professor für Natur- und Völkerrecht an der Universität Heidelberg. Unter dem Decknamen Serverinus de Monzambana erschien seine Abhandlung »De statu Imperii Germanici« (Über den Zustand des deutschen Reiches), in welcher er schonungslos die Gebrechen der damaligen Reichsverfassung offenlegte. 1670 wurde er nach Lund berufen, 1677 schwedischer Historiograph und Staatssekretär in Stockholm, 1687 brandenburgischer Historiograph und Geheimer Rat in Berlin. Neben bedeutenden Geschichtswerken, 26 Bände zur schwedischen Geschichte, weitere Schriften zur Rechtswissenschaft. Pufendorf entwickelte seine Rechtsauffassung aus den Lehren von Grotius und Hobbes, wobei er die Interessen des Einzelnen und der Gesellschaft in Übereinstimmung zu bringen versuchte. Das Naturrecht machte er unabhängig von der Theologie, der Staat ist seiner Meinung nach primär menschlichen Ursprungs. – Im Museum Knochenstampfe in Dorfchemnitz, seinem Geburtsort im Erzgebirge, wird des bedeutenden Gelehrten mit einer Ausstellung gedacht.

Pyramide, Häufig auch Peremett oder Drehturm (vor allem im Vogtland) genannt. Ausgangspunkt für die von erzgebirgischen Schnitzern und Bastlern gebaute Drehpyramide war das seit 1800 in verschiedenen Gegenden Deutschlands bekannte Weihnachtsgestell. Auf vier Äpfeln wurde je ein Holzstab gesteckt und miteinander an der Spitze zusammengebunden, mit Buntpapier oder Nadelästchen umwikkelt und mit Kerzen oder Rüböllämpchen besteckt. Die Drehpyramide wurde im Prinzip dem Pferdegöpel nachgestaltet. Im Mittelpunkt des Stabgerüstes wird eine senkrechte Spindel, die unten gut zentriert zugespitzt auf einer harten Unterlage läuft, von einem Flügelrad der durch Kerzen erzeugten hochsteigenden Wärme bewegt. Die an der Spindel befindlichen Teller, mit Figuren bestückt, werden in eine kreisende Bewegung gebracht. In vielen Familien des Erzgebirges und Vogtlandes verdrängte die Pyramide den Weihnachtsbaum.

Heute gibt es in der Ortspyramide eine neue, überdimensionalgroße Form, die auf öffentlichen Plätzen und vor Rathäusern steht. 1990 zählte man im Erzgebirge über 160 solcher Ortspyramiden, meist von Schnitz- und Bastelgemeinschaften geschaffen, die sie auch aufstellen und pflegen. Die erste Ortspyramide stand 1934 in Aue. Zu den schönsten Exemplaren zählen u. a. die von Schwarzenberg, Annaberg, Aue, Freiberg.

Quas, auch Quaas (mdh. quaẑ, Gasterei; quaẑen, schlemmen). Ursprünglich stand der Begriff für Sauerteig, auch Festessen, Gelage. Er ging in den bergmännischen Wortschatz ein. Unter Quas verstanden die Bergleute ein Fest mit Essen, Trinken, Musik und Tanz, das sie abhielten zu Quartalen, zur Kirmes, zu Pfingsten oder zu anderen Anlässen. Besonders zu Fastnacht feierten sie ihren Quas. Dabei jagten sie zwei mit Reisig, Moos und Stroh verkleidete Männer auf dem Markt und durch die Gassen. Sie hatten unter ihrer Verkleidung mit Blut gefüllte Blasen, die man dabei zerstach, daß die Flüssigkeit davonspritzte. Die beiden Verkleideten, den sterbenden Winter darstellend, taumelten und fielen schließlich, sich tot stellend, zu Boden. Auf Leitern trug man sie ins Wirtshaus und betrank und betanzte den Sieg. Dabei bliesen die Bergleute durch zusammengerollte Bergleder. Lehmann, im 2. Drittel des 17. Jahrhunderts: »Etliche warben eine Magd zur Fastnachtsbraut, baten dabei viele Jungfern zum Tanz, die sich aber alle mit Geld lösen mußten. Darauf kauften sie ein Faß Bier, aßen, tranken, tanzten und sangen ...«

Raschau, Landkreis Schwarzenberg. Die Gemeinde liegt 3,5 km östlich der Kreisstadt im Tal der Großen Mittweida zwischen den Höhenzügen des Knochen-Emmler und dem Hundsmartergebiet. Zu Raschau gehören die Ortsteile Raschau II und Langenberg.

Der Kraftfahrer erreicht den Ort über Chemnitz-Annaberg oder über Aue-Schwarzenberg. Busverbindungen in verschiedene Richtungen. Bahnverbindung von Chemnitz über Aue, von Plauen über Zwickau, Aue.

Urkundlich wurde der Ort erstmals 1240 genannt, als der Burggraf von Meißen, der auch die Grafschaft Hartenstein besaß, den Ort mit neun anderen Dörfern an das Zisterzienserkloster Grünhain schenkte, zu dem Raschau bis 1536 gehörte.

1240 wird der Ort als Raschawe bezeichnet, 1555 als Rascha. Die Ableitung von »Roß-Aue«, womit zugleich das Gemeindesiegel mit springendem Roß gedeutet wird, ist eine Sage. Heute wird der Name als »Aue, in der es geräuschvoll zugeht« gedeutet. Vermutlich ist der Ort von Bauern zwischen 1150 und 1200 als Waldhufendorf angelegt worden. Bergleute und Hammerschmiede kamen später dazu. 1402 wird erstmals ein Hammerwerk genannt. Eine sogenannte »Gifthütte« auf dem Knochen erinnert an die aus Kiesen gewonnenen Chemikalien. Seit 1500 bedeutender Silberbergbau auf dem Emmler, dazu Kalktagebau und Eisenbergbau.

Von 1808 bis 1870 gab es in Raschau ein Mineralbad, Mitte des 19. Jahrhunderts Entwicklung als Industriegemeinde. Anteil daran hatten der Chausseebau Schwarzenberg-Scheibenberg 1819 und der Bau der Eisenbahn 1858 bis Schwarzenberg. Emaillierwerk, Metallwarenfabriken, Pappen- und Kartonagenwerk. Im Zusammenhang mit dem Uranerzbergbau nach 1945 entstand der Ortsteil Raschau II als Bergarbeitersiedlung. Im Ortsbild heute noch eine Anzahl alter Gehöfte mit Fachwerkhäusern aus der Zeit um 1800, das Pfarrhaus von 1823 gehört dazu. In der Nähe des Rathauses von 1907 Umgebindehaus, ein weiteres im oberen Ortsteil.

Um 1500 besaß Raschau eine katholische Kapelle, die mehrfach erweitert wurde. Die heutige Kirche stammt aus dem 17. Jahrhundert, kleiner Rechteckbau mit Dachreiterturm. Im Inneren Felderdecke mit gemalten Engelsfiguren und zweigeschossiger Empore. An den Emporebrüstungen Tonmedaillons mit volkstümlichen Wiedergaben der Kreuzwegstationen, vermutlich Sargschilder einer bergmännischen Bruderschaft, die diese bei der »letzten Schicht« an den Sarg zu hängen pflegten. Spätgotischer Marienaltar (Mittelbild heute im Museum Zwickau), zu dem vermutlich die kleinen Holzplastiken von Christus und den 12 Aposteln gehörten, die jetzt um die Sakristei gruppiert sind, vom Altar ist ansonsten nichts mehr vorhanden. Der heutige Altar mit Gemälde des Dresdner Künstlers Julius Mogk von 1916.

Ortsteil Langenberg: 1618 planmäßig angelegtes Reihendorf mit Parzellenflur für Bergleute und Hammerschmiede. Der Ortsname entstand wohl wegen des langen Aufstiegs, den die Bergleute aus dem Mittweidatal oder von Raschau her zu bewältigen hatten. Später erhielt Langenberg zwei Bergschmieden. Bergbau auf Eisenerz. 1884 wurde der letzte Hochofen stillgelegt, schon vorher Rückgang des Bergbaus. Einige Gruben lieferten noch Farberde (Ocker) und Brauneisenstein.
Auskünfte: Gemeindeverwaltung.

Räuchermann, Gedrechselte Holzfigur, besonders Türken, Spielzeughausierer, Waldarbeiter, Förster, Rastelbinder oder Schneemänner darstellend, mit Hohlkörper, in dem ein Räucherkerzchen glimmt. Eine runde Mundöffnung ermöglicht den Rauchaustritt. Obwohl vornehmlich im Erzgebirge hergestellt, ist die Figur erst seit der Mitte des 19. Jahrhunderts nachweisbar. Vorher ließ man Räucherkerzen in einem Gefäß glühen und rauchen. In Nürnberger Spielzeugbüchern sind erste Räucherfiguren um 1800 abgebildet.

Das öffentliche Rauchen aus Tabakspfeifen seit dem 19. Jahrhundert reizte die Spielzeugmacher zur Nachahmung. Aus dem ursprünglichen Rauchkessel für glimmende Räucherkerzen wurde die hohle Docke.

Räucherkerzen sind kleine, bis 3 Zentimeter hohe Kegelchen, je nach der Duftnote schwarz, rot, grün, blau oder gelb gefärbt. Nach Anbrennen der Spitze beginnt ein allmähliches Verschwelen. Dabei werden die beigemischten Duftstoffe frei, das ist vor allem Weihrauch, Myrrhe, Lavendel. Sie sind schon zu Dürers Zeiten als »Schmeck-Kirzlein« bekannt. Weihrauchkerzen sind nach wie vor ein wichtiges Weihnachtsutensil im Erzgebirge und Vogtland.

Rechenberg-Bienenmühle, Landkreis Brand-Erbisdorf. Die kleine Gemeinde ist ein staatlich anerkannter Erholungsort. Er befindet sich in einer geschützten Tallage am oberen Lauf der Freiberger Mulde in 450 bis 710 m Höhenlage. Die um den Ort liegenden Höhenzüge sind mit Wald bewachsen.

Rechenberg-Bienenmühle erreicht man von Dresden aus auf der B 171 und biegt in Nassau muldenaufwärts ab oder man befährt ab Freiberg Ortsverbindungsstraßen und gelangt über Weißenborn-Nassau zum Ziel. Der Ort hat Eisenbahnanschluß an der Linie Freiberg–Holzhau und Busverbindung.

Die ursprünglich beiden Orte wurden 1925 vereinigt, wie aus dem Doppelnamen zu ersehen ist. Der ältere Ortsteil ist Rechenberg, ein Marktort, der an einer wichtigen Handelsstraße im 13. Jahrhundert um die Burganlage entstand. Erstmalig wurde er 1270 erwähnt, als auf der Burg ein Heinrich von Rechenberg saß. Vermutlich gehörte er dem niederen Dienstadel an. Nach verschiedenen anderen Besitzern kaufte 1463 Hans Weighardt, ein reicher Freiberger, die Anlage und versuchte, wie der Adel zu leben. Danach erwarben die auf Purschenstein sitzenden von Schönberg die Burg. 1586 brannte sie ab, wurde danach wieder aufgebaut, bis sie im 18. Jahrhundert verfiel.

Die Burgruine läßt Reste der Futtermauer erkennen. In der Südecke des Felsens stand der Turm, dem sich ein

Rehefeld.

Gebäude anschloß. Ursprünglich war die Anlage 150 m lang und 70 m breit.

Von Rechenberg-Bienenmühle aus gibt es gut markierte Wanderwege durch ruhige Wälder. Von vielen Wegestellen hat man schöne Fernblicke. Im Ort ist ein Freibad vorhanden, ein Hallenbad, Wannen und Brausen. Es stehen Kegelanlagen zur Verfügung. In der Freiberger Mulde besteht Angelmöglichkeit. Für die Urlauber stehen Skihänge und Skilift zur Verfügung, Wintersportgerät kann man ausleihen.
Auskunft über den Ort und Nachweis von Ferienquartieren erhält man durch die Gemeindeverwaltung.

Rehefeld-Zaunhaus, Landkreis Dippoldiswalde. Die kleine Dorfgemeinde liegt 20 km südostwärts der Kreisstadt, 700 m hoch, nahe der Grenze zur ČSFR. Die Streusiedlung erstreckt sich 2 km lang im Tal der Wilden Weißeritz und an ihren Hängen hin. Der Ort hat eine ruhige Lage und ist von Fichtenwäldern umgeben. Rehefeld-Zaunhaus gilt als der »kälteste Ort Sachsens«.

Der Erholungsort ist zu erreichen auf der B 170 von Dresden zum Grenzübergang Zinnwald, von der man in Altenberg rechter Hand abbiegt und auf der Ortsverbindungsstraße zum Ziel gelangt. Man kann die B 170 auch bereits nach dem Kurort Kipsdorf verlassen und nach dem Kurort Bärenfels dem Tal der Wilden Weißeritz folgend, dem Zielort entgegenfahren. Mit der Eisenbahn fährt man von Heidenau nach Altenberg und von hier am besten mit dem Taxi nach Rehefeld-Zaunhaus. Es besteht auch Busverbindung.

Der älteste Ortsteil ist Zaunhaus. Er geht auf ein 1550 erbautes Jägerhaus zurück. Zu diesem gesellten sich drei weitere Häuser und 1557 eine Mühle. Rehefeld ist jünger und hieß früher »Sorgenfrey«. Der Oberfloßmeister Heinrich von Römer kaufte 1606 die Mühle und das Vorwerk »Sorgenfrey«. Holzfäller und andere Waldleute siedelten auf der Waldlichtung nahe des Vorwerks. Der Ortsteil Neu-Rehefeld, am »Hemmschuh« gelegen, entstand nach 1683 beim Geleitshaus, das an der wichtigen Straße war, die durch den Hemmschuhwald nach Hermsdorf führte. Im Jahre 1871 ließ die sächsische Königin ein Jagdschloß errichten, als »Verlobungsgeschenk« für den König.

Rehefeld-Zaunhaus ist ein gernbesuchter Erholungsort. Er bietet Sommer- wie Wintergästen zahlreiche Vorzüge. Wintersportlern stehen Übungshänge zur Verfügung.
Auskunft über den Ort und seine Umgebung und den Nachweis von Ferienquartieren erteilt die Gemeindeverwaltung.

Reifendreherei, Reifendreherei oder auch Reifendrechselei ist eine besondere Kunstform der Drechseltechnik, die einmalig auf der Welt nur im Seiffener Gebiet gewerblich angewendet wird. Hier ist sie auch vermutlich um 1800 entstanden. Man nimmt an, daß es sich dabei aber nicht um eine Erfindung durch Zufall handelt, wie einige Legenden meinen, sondern um einen längeren Entwicklungsprozeß.

Das Prinzip der Reifendreher besteht darin, daß auf der Drechselbank Ringe oder Reifen gedreht werden, die im Querschnitt das Profil eines Tieres oder einer anderen Figur zeigen. Es wird dann abgespalten, beschnitzt und bemalt. Als Material wird vor allem Fichtenholz im noch nassen Zustand verwendet. Da einstmals ein Schock unbemalter Holztiere für fünf Pfennige von den Reifendrehern an die Verleger verkauft werden mußte, nennt man die Produkte »Pfengvieh«. 1905 wurde in der Spielzeugfachschule das Fach »Reifendrehen« eingeführt, 1906 entstand die Reifendreher-Zwangsinnung, die neben Förderung von Ausbildung und Materialeinkauf auch das Verbot der Verbreitung des Gewerbes außerhalb des Innungsgebietes betrieb. So durfte lange das Reifendrehen nicht öffentlich vorgeführt werden. Heute kann man in Schauwerkstätten des Freilichtmuseums Seiffen und bei Produzenten die Reifendreher bei ihrer Arbeit beobachten. Das »Pfengvieh« wird heute zu Bauernhöfen, Tiergärten u.a. Sammlungen zusammengestellt, aus der Vergangenheit sind auch »Archen Noah« mit mehr als hundert Tierarten bekannt. Aus einem Reifen können zwischen 50 und 60 Figuren abgespalten werden.

Reiheschank, Reihschank, auch Reihenschank. Er beruht auf dem Privileg eines Ortes, Bier brauen zu dürfen. Deshalb heißt es auch Braurecht. Kleine Bauern und Häusler erhielten vorübergehend die Genehmigung, Schankrecht ausüben zu dürfen. Die Reihenfolge im Ort wurde durch das Los bestimmt. Oft war mit dem Ausschank ein Schlachtfest verbunden, denn die Schankwirte durften auch Speisen zum Verkauf anbieten. Aus dem Erlös von Bier, Schnaps, Essen entstand ein bescheidener Nebenverdienst. Als Zeichen des Reiheschankes durfte an der Haustüre eine Stange aufgesteckt werden mit einem Kranz aus Blech oder Holz auf dem ein Bierglas aufgemalt war. Oft wanderten mit dem Privileg zum Reiheschank auch die der Dorfgemeinschaft gehörenden Gläser mit. – Am letzten Tag des Reiheschankes wurde der »Zapfen« gegeben, d.h. die letzten Besucher erhielten Brot, Käse, Hering umsonst, scharf zubereitet, um nochmals Durst zu wecken. – In den Städten hieß der Reiheschank »Bürgerquas«. Er wurde mit volkstümlicher Musik im Wirtshaus veranstaltet. In einer Verordnung, die Pfarrhäuser betreffend, vom 9. November 1646: »Auf den Pfarrhäusern soll jedoch nicht geschenkt werden, noch Zeichen ausgesteckt und gesetzt werden.«

Reitzenhain, Landkreis Marienberg. Zur Dorfgemeinde gehören die Ortsteile Wildhäuser und Reißigmühle. Bis zur Kreisstadt sind es 12 km Wegestrecke. Der Ort liegt 779 m hoch auf dem Kamm des Erzgebirges, von Wald umgeben. In ihm befindet sich die Grenzübergangsstelle zur ČSFR. Die Bewohner arbeiten in kleinen Betrieben des Ortes oder fahren nach auswärts zur Arbeit.

Reitzenhain liegt an der B 174, die von Chemnitz kommend, hier die Landesgrenze überschreitet. Mit der Eisenbahn befährt man die Linie Chemnitz–Neuhausen und verläßt nach 52 Fahrtkilometern in Marienberg den Zug.

Von hier benutzt man ein Taxi, um zum Zielort zu gelangen. Reitzenhain hat auch Busverbindung.

Der Ort wurde vermutlich im 15. Jahrhundert gegründet. 1521/22 errichtete man ein Zollgebäude. Im Jahre 1550 bestand der Ort aus »ein Gut mit 1 Hufe, Mahl- und 2 Brettmühlen sowie Schmiedewerk«. Dann kam ein großer Gasthof hinzu, Raststätte für Landfuhrleute, die von oder nach Böhmen den Kamm überquerten. Denn im Mittelalter führte die wichtige »Salzstraße« von Leipzig nach Prag durch den Ort.

Die Ortsbezeichnung »Wildhäuser« wird abgeleitet von einem Wildhaus, das im 17. Jahrhundert, nahe der Landesgrenze, einen Wildmeister beherbergte. »Reißigmühle« leitet sich vom ehemaligen Besitzer der Amts- und späteren Reißigmühle ab.

1882 wurde Reitzenhain für den Fremdenverkehr erschlossen. Ortsnah befindet sich das Landschaftsschutzgebiet »Moothäuser Heide«, 20 Hektar groß, es ist das größte Bergkieferngebiet des Erzgebirges.
Auskunft über den Ort und der Nachweis von Ferienquartieren erhält man durch die Gemeindeverwaltung.

Rethberg, Elisabeth, Die international gefeierte Primadonna war für zwanzig Jahre lang eine der größten Stars der Metropolitan Opera in New York. Sie kam am 22. September 1894 im Drahthammer in Schwarzenberg zur Welt. Ihr Vater war der Selektenschul-Oberlehrer Karl Sättler. Musikalisch veranlagt, gab sie mit 17 Jahren ihr erstes Konzert in Schwarzenberg. Ihre Ausbildung als Pianistin und Sängerin erfolgte am Konservatorium in Dresden, dann bei Otto Wartin. Einundzwanzigjährig wurde sie an die Dresdner Hofoper verpflichtet und war nach kurzer Zeit eine gefeierte Sängerin. Sie gab Konzerte und Gastspiele in Prag, Wien, bei den Salzburger Festspielen. Dabei wurde sie für die bedeutendste Opernbühne der Welt entdeckt, der Metropolitan Opera in New York und dort ab 1922 verpflichtet. In den zwanzig Jahren ihrer Zugehörigkeit zu diesem Haus trat sie vor allem mit lyrischen und dramatischen Rollen hervor. Höhepunkt ihrer Kunst blieb Aida, mit der sie in Dresden debütiert hatte. 1928 feierte sie unter Ernst Busch in Dresden in der »Ägyptischen Helena« von Richard Strauß einen großen Erfolg. Sechs Jahre lang stand das Stück auf dem Plan und wurde über fünfzig Mal gegeben. Im November 1928 wurde sie mit der goldenen Medaille ausgezeichnet

Adam Ries.

für »die vollendetste Stimme der Welt«. Was Caruso unter den Sängern war, das war Elisabeth Rethberg unter den Sängerinnen. Elisabeth Rethberg starb am 5. Juli 1976, 81jährig, in ihrem Heim in New York. Eine Gedenktafel am Geburtshaus in Schwarzenberg erinnert an die Sängerin von Weltgeltung.

Ries, Adam, »der Rechenmeister des deutschen Volkes«. Geboren 1492 in Staffelstein in Franken (das genaue Datum ist umstritten). Gestorben am 30. März 1559 vermutlich in der Riesenburg in Wiesa bei Annaberg. Unbekannt ist auch seine Grabstätte.

Leben und Wirken von Adam Ries ist auf vielfältige Weise mit der Bergstadt Annaberg verbunden: Schon 1509 macht er in Zwickau die Bekanntschaft des späteren Annaberger Ratsherrn Thomas Meiner. 1515 weilt er wohl erstmals in der Bergstadt, wo er Freundschaft mit dem Probierer Hans Conrad schließt. Von 1518 bis 1522 lebt er in Erfurt als Rechenmeister, hier erscheint auch 1518 sein erstes Buch

»Rechnung auff der linihen«. Vermutlich siedelt er 1522/23 nach Annaberg über, im Mai 1525 wird er als »Rezeßschreiber« genannt. In diesem Jahr heiratet er auch die Tochter des Freiberger Schlossermeisters Anna Lewber. Am 12. Juli 1525 erwirbt er in der Johannisgasse (heutige Nr. 23) ein Haus (Büste des Rechenmeisters über dem Portal), und er legt den Bürgereid ab. Später wird er auch Rezeßschreiber von Marienberg und 1532 zum herzoglichen Gegenschreiber ernannt. 1539 erhält er den Titel »Churfürstlich Sächsischer Hofarthmeticus«, in diesem Jahr auch Erwerb des Landesgutes »vorwerck bey der wisen« (Riesenburg in Wiesa bei Annaberg, 1877 durch Brand vernichtet).

Die Bedeutung und das Verdienst von Ries liegt vor allem darin, daß er mit seinen verschiedenen Rechenbüchern zum bedeutendsten Rechenmethodiker des 16. Jahrhunderts wurde. Mit seiner Brotsatzung half er, damit »der arme gemeyne man ym Brot- und Weinkauff nicht übersetzt« werde. Bedeutsam ist auch sein Wirken als Bergbeamter. Dabei hat er in mehr als fünfunddreißigjähriger Amtszeit drei ernestinischen und vier albertinischen sächsischen Landesherrn gedient und sich ihre Wertschätzung erworben.

Im ehemaligen Wohnhaus in der Johannisgasse 23 befindet sich heute eine museale Gedenkstätte für den Rechenmeister, das Gebäude steht unter Denkmalschutz. Ein Denkmal mit der Büste von Adam Ries befindet sich am Köselitzplatz.

Rittersgrün, Landkreis Schwarzenberg. Mit den Ortsteilen Ehrenzipfel, Oberrittersgrün, Unterrittersgrün, Hammerberg, Arnoldshammer, Globenstein. Die ausgeprägte Streusiedlung befindet sich in 650 bis 725 m Höhenlage 15 km südlich der Kreisstadt. Der Ort liegt am Oberlauf des Pöhlwassers inmitten, bis zu 10 km tiefen Wäldern. Mit dem Ortsteil Hammerberg berührt er die Staatsgrenze zur ČSFR. Rittersgrün gilt als industriearm. Viele Bewohner arbeiten auswärts. Als Ferienort gewinnt die Gemeinde zunehmend an Bedeutung.

Zu erreichen ist Rittersgrün auf der Autobahn Dresden–Plauen, Ausfahrt Stollberg. Von hier benutzt man die B 169 bis Aue, die B 101 bis Raschau und biegt hier rechts ab auf die Ortsverbindungsstraße nach Oberwiesenthal, an der Rittersgrün liegt. Einen Eisenbahnanschluß hat der Ort nicht. Der nächste Bahnhof befindet sich in Schwarzenberg.

Er liegt an der Linie Leipzig, bzw. Zwickau–Johanngeorgenstadt oder Raschau, an der Linie Schwarzenberg–Annaberg-Buchholz. Zum Ort besteht Busverbindung.

Rittersgrün zählt zu den jüngeren Siedlungen des Landkreises Schwarzenberg. Sie entstand durch den Bergbau und die Erzbearbeitung. An eine um 1440 betriebene Eisenhütte erinnert der Ortsteil Rothenhammer. Die Siedlung mag freilich früher entstanden sein. Da das Pöhlwasser die ursprüngliche Grenze zwischen der Herrschaft Schwarzenberg (auf westlicher Seite) und der Grafschaft Hartenstein, durch Verpfändung nach 1406 von Schönberg (auf ostwärtiger Seite), standen die frühen Bewohner unter verschiedenen Herrscherhäusern. Das erste Haus auf der Schwarzenberger Seite ist seit 1531 bekannt. Nach Rothenhammer taucht um 1540 Arnoldshammer auf und 1589 wird der Eschersche Hammer genannt, der bei der heutigen Kirche betrieben wurde. Seit Mitte des 18. Jahrhunderts gehörten alle Hämmer der Familie von Elterlein. Verschiedene Ursachen, nicht zuletzt die starke ausländische Konkurrenz, führt um 1828 zum Erliegen des letzten Hammers. Über Jahrhunderte hinweg hatte der Bergbau mit seinen Nachfolgebetrieben im Ort und in der Umgebung Bedeutung. In günstigen Zeiten wurden im Ortsbereich in 35 Gruben gefördert. Das letzte Bergwerk, »Rother Adler«, stellte 1893 seinen Betrieb ein. Nachmalig gab es Bergbau von 1948 bis 1954, diesmal auf Uranpechblende.

Die Kirche des Ortes entstand von 1688–1693 auf den Grundmauern eines Hammerherrengutes. Daher rührt ihre quadratische Form. Der Unterteil des Ostturmes wurde in den Berg hinein gebaut. Von Bedeutung ist der Kanzelaltar. In ihm haben heimische Meister Teile eines älteren Altarwerkes zusammengefügt. Man nimmt an, daß die Teile und ein Kruzifix aus dem Bestand des Klosters Grünhain stammen. Auf dem Gelände des ehemaligen Bahnhofs befindet sich das Technische Museum »Schmalspurbahnhof Oberrittersgrün«. Im Ortsteil Ehrenzipfel fanden Waldarbeiter 1830 oder 1833 den berühmten Rittersgrüner Meteor, 183 kg schwer. Von ihm verwahrt man einen Teil von 55 kg im Freiberger Institut für Mineralogie und Lagerstättenkunde, der übrige Teil in den verschiedensten Museen der Welt. Südlich des Ortes befindet sich die Grenzausstülpung »Entenschnabel« (s. d.). Jahrzehntelang zog im vorigen Jahrhundert von Rittersgrün aus eine Bergkapelle in die Welt, die unter der Leitung des legendären »Dicken Fritzen« stand.

Von der Frankfurter Messe war diese Kapelle nicht fortzudenken. Die Häuser auf dem Rittersgrüner Hammerberg sind weit verstreut. Von einem Haus zum andern führen schmale Verbindungswege. Aus der Ferne gleicht er einer Spielzeuglandschaft. Die Wiesenfluren werden vom Wald umrahmt. Von Rittersgrün aus gibt es romantische Wanderwege. Beliebte Wanderziele sind der Fichtelberg mit dem Kurort Oberwiesenthal und seinem Grenzübergang. Dadurch ermöglichen sich Tagesausflüge in das Nachbarland, so nach Joachimsthal und Karlsbad.

Rittersgrün verfügt über eine Jugendherberge und ein Freibad. Durch seine Höhenlage ist der Ort schneesicher. Ortsnahe gibt es ideales Wintersportgelände. Durch eine bestehende Bergknappschaft werden bergmännische Traditionen gepflegt.

Auskunft über den Ort und das Technische Museum, Nachweis von Ferienquartieren und Übernachtungsmöglichkeiten erteilt das Fremdenverkehrsamt der Gemeindeverwaltung.

Röder, Christian Friedrich, Bekannter Mundartdichter, der wesentlich mit dazu beitrug, die erzgebirgische Mundart literaturfähig zu machen. Ihm gelang es, größere Stoffe literarisch zu gestalten. Er galt als tüchtiger Schulmann, Kantor und Förderer der erzgebirgischen Sängerbewegung. Geboren wurde er am 7. April 1827 als Sohn eines Drechslermeisters in Schneeberg. Hier besuchte er die Bürgerschule und das Progymnasium bevor er 1842 in Dresden das Lehrerseminar bezog. Seine erste Hilfslehrerstelle fand er in Schindlerswerk bei Bockau. Von da wechselte er als Hilfslehrer nach Johanngeorgenstadt über und wurde 1849 ordentlicher Lehrer und Kantor. Von 1880 bis 1894 Schuldirektor. Er starb am 28. November 1900 in Johanngeorgenstadt. Seine ersten Veröffentlichungen erfolgten 1861. Von ihm gibt es Lieder und Gedichte in erzgebirgischer Mundart. Vor allem durch seine größeren Erzählungen wurde er bekannt, wie »Anne Sechsasachzig«, »Aus verwörrter Zeit«, »Dr Kienig kimmt« und »Ne Ward sei Sänger-Raas nooch Hamborg«. Zu seinen originellsten Liedern zählt »Stitt auf, ihr Fosendbrüder ...« Als sich 1864 der »Obererzgebirgische Sängerbund« formierte, wurde er dessen Vorsitzender und blieb es bis zu seinem Tode.

Emil Rosenow.

Rosenow, Emil, Zeitungsredakteur, Reichstagsabgeordneter und Verfasser dramatischer Werke. Emil Rosenow wurde am 9. März 1871 in Köln als Sohn eines Schuhmachers geboren. Er besuchte die Mittelschule, mußte seinen Schulbesuch abbrechen, als der Vater erblindete und kurz danach starb. Als dann auch noch die Mutter starb, wurde der Junge Vollwaise. Er lernte Buchhändler und wurde später Schreiber in einem Bankhaus. Bereits in dieser Zeit schrieb er Gedichte und Erzählungen für die Tagespresse. Wegen seiner Zugehörigkeit zur Sozialdemokratischen Partei verlor er seine Anstellung. 1892 kam Rosenow als Mitarbeiter einer Tageszeitung nach Chemnitz und avancierte zum Chefredakteur der Zeitung »Beobachter«. Als Sozialdemokrat bewarb er sich 1898 für den 20. Wahlkreis Marienberg/Zschopau um einen Sitz im Reichstag. Er setzte sich gegen andere Bewerber durch und wurde auch in der nächsten Wahlperiode 1903/08 Abgeordneter. Dem Ruf seiner Partei folgend, ging er nach Berlin. An einer Rheumaerkrankung starb er am 7. Februar 1904 und wurde auf dem Friedhof in Berlin-Schöneberg beigesetzt. Während seiner Berliner Zeit entstand u. a. die Bergarbeitertragödie »Die im Schatten leben« (1899) und seine in erzgebirgischer Mundart geschriebene Satire auf den wilhelminischen Obrigkeitsstaat, die Komödie »Kater Lampe«. Sie spielt in einem erzgebirgischen Spielzeugmacherdorf. Nahezu alle deutschsprachigen Bühnen hatten das Stück auf dem Spielplan, es wurde verfilmt und auch als Fernsehbearbeitung gesendet. Getreu seines Wirkens ist auf seinem Grabstein zu lesen: »Ein Sohn des Volkes wollt' er sein und bleiben.«

Rothe, Max, Erzgebirgischer Mundartschriftsteller, der sich vor allem dem Mundarttheater widmete. Geboren wurde er am 1. Januar 1874 in Brambach (Vogtl.). Kurz nach seiner Geburt übersiedelten seine Eltern nach Chemnitz. Er besuchte die Volksschule, das Realgymnasium und danach das Schneeberger Lehrerseminar. Nach erfolgreichem Abschluß wurde er Hilfslehrer in Pausa und ab 1897 Volksschullehrer in Buchholz bei Annaberg. Im Jahre 1912 entstand sein erstes Mundartstück »De Rutkat«, ein Lustspiel in einem Akt. Der mit ihm erfolgte Effekt veranlaßte ihn zu neuen Stücken, darunter »De Sommerfrisch«, »Der Gahrmarktsrausch«, »De reiche Krautscheich«, um nur einige zu nennen. 1927 gründete er eine eigene Spielschar in Schlettau, die »Max-Rothe-Spieler«, mit der er die Erstfassungen der Stücke erprobte. Zugleich betreute er die Heimatgruppe »Rothe-Mäd«, auch »Buchholzer Mäd«, die sich 1927 bildete. Für die Gruppe schrieb er Texte und Lieder. Max Rothe starb am 9. Mai 1942 in Annaberg.

Rübenau, Landkreis Marienberg. Zur Dorfgemeinde gehören die Ortsteile Einsiedel-Sensenhammer, Ober- und Niedernatzschung. Der Ort liegt 12 km südostwärts der Kreisstadt in 700 m Höhe nahe des Erzgebirgskammes in eine Grenzausbuchtung eingebettet. Er wird von drei Seiten durch die Landesgrenze umschlossen.

Zu erreichen ist Rübenau auf der B 174 von Chemnitz zum Grenzübergang Reitzenhain. Man biegt kurz vor der Grenze links ab und kommt über Kühnhaide zum Ziel. Eine andere Möglichkeit besteht darin, wenn man bereits in Marienberg die B 174 verläßt und über Zöblitz, Ansprung nach Rübenau fährt. Mit der Eisenbahn fährt man von Chemnitz bis Marienberg. Von dort aus nimmt man ein Taxi bis zum Ziel. Rübenau hat Busverbindung.

Der Ort, eine Streusiedlung, entstand gegen 1571. Auf der Freifläche geschlagenen Waldes bauten Holzfäller und Köhler ihre Häuser. Die so entstehende Siedlung erhielt den Namen des Wasserlaufes, Rübenau. Die Bevölkerung ernährte sich vom Waldgewerbe und von Landwirtschaft.

Der Ortsteil Einsiedel-Sensenhammer entstand im 15. Jahrhundert. Erstmals wurde der »Einsiedel« 1497 erwähnt. Mitte des 16. Jahrhunderts ließ sich hier ein Sensen- und Knittelhammer nieder.

Rübenaus Dorfkirche ist ein kleiner Zentralbau mit einem hohen Walmdach, gebaut zu Anfang des 18. Jahrhunderts. Der Kanzelaltar stammt aus dem Jahre 1745. Auskunft und Ferienquartiernachweis erhält man durch die Gemeindeverwaltung.

Ruprecht, Knecht, Der Legende nach sind Sankt Nikolaus, Weihnachtsmann und Knecht Ruprecht Brüder. Der erzgebirgische von ihnen ist Knecht Ruprecht, hier »Hans Rupperich« geheißen. Nikolaus und Weihnachtsmann sind lediglich Gabenbringer. Hans Rupperich muß alle seine Weihnachtsgeschenke das Jahr über draußen im Wald selbst herstellen. Nikolaus ist prächtig gekleidet, kommt im Schlitten mit goldenen Hirschen davor, der Weihnachtsmann, am roten Kapuzenmantel zu erkennen, zu Fuß. – Armselig dagegen geht Hans Rupperich einher, in viel zu weiten Stiefeln, im alten, meist gewendeten Mantel, mit einem Strohseil als Gürtel. Er führt eine Lampe mit sich, Ketten oder Schellen, trägt einen Besen oder eine Rute und auf dem Rücken einen Sack voller Weihnachtsgeschenke. Er poltert am Heiligabend die Treppe herauf um guten Kindern zu bescheren, böse Kinder in den Sack zu stecken. Über die Kinder weiß er Bescheid, denn er hat vor dem Fest unbemerkt schon vorbeigeschaut. Immer beginnt sein Auftritt mit der Frage: »Habt ihr auch gefolgt?« Und schon sagen die Kinder ihr einstudiertes Verslein auf: »Rupprich, Rupprich, guter Ma, saah mich net su finster a. Steck när ei dein Rutenbaasen, ich bi e artig Kind gewaasen!« Danach leert er seinen Sack aus und verschwindet mit Gepolter wieder.

Sagen im Erzgebirge, Zu den sagenreichsten deutschen Landschaften zählt das Erzgebirge. Besonders groß ist der Schatz an Bergmannssagen. Das ist bedingt durch den von Gefahr und Nacht umgebenen Beruf des Bergmanns. Dabei ist er immer auf der Suche nach Schätzen.

Im Mittelpunkt dieser Sagen stehen Berggeister, wie Bergmännlein und Bergmönch, die unter Tage Gutes und Böses dem Bergmann prophezeien oder antun. Andere Sagen handeln von raffgierigen Bergherrn oder plötzlich fündig gewordenen und zu Reichtum gelangten Bergleuten. Viele von ihnen wurden verschwenderisch und dadurch wieder arm. Einen breiten Bereich nehmen die Schatzsucher ein, meist sind es Venediger, die das Gebirge durchstreifen und zu ungeahntem Reichtum kommen. Auch von zufälligen Funden ist immer wieder die Rede. Meist legen Pferde durch ihr Scharren Silberschätze frei.

In den erzgebirgischen Bauernhäusern lebt als guter Hausgeist das Heugütel, ein kleines Männlein, das immer zur Stelle ist, wenn es gilt behiflich zu sein. Anders der Bilmesschnitter. Er geht mit Sicheln an den Füßen durch die Getreidefelder, schneidet die Ähren ab und schädigt die Bauern. Zu den erzgebirgischen Waldgeistern gehören die wilden Jäger und die Hehmänner, die Waldgeher schrecken, im Nebel führen oder verführen, sich Holzfuhrleuten auf den Wagen setzen oder sich auf dem Rucksack eines Wanderers ins Dorf tragen lassen. Irrlichter verführen Ortsfremde. Gerne wird von armen Holzlesern berichtet, die daheim statt Leseholz, Schätze in ihrem Tragekorb vorfinden, oder von Moosmännlein, die an ihnen geübte Guttat mit Moos belohnen, das die Beschenkten meist achtlos fortwerfen, indessen sich in der Tasche verbliebene Reste zu Gold verwandelten. Auch von wundersamen Schätzen wird berichtet, die, will man sie heben, ganz bestimmte Dinge beachten muß, wie etwa nicht sprechen oder lachen. Ungeheuerlich sind Kreuzwege. Und wo sich nachts die Winselmutter hören läßt, zieht Unheil ins Haus.

Saidenbach-Talsperre, Landschaftsschutzgebiet, Landkreis Marienberg und Flöha. Landschaftsschutzgebiet seit 1962, 4490 Hektar groß. Durch seine abwechslungsreiche Landschaft, ausgedehnten Wasserflächen und fehlende Industrie, gilt es als ausgezeichnetes Erholungsgebiet. In der Höhenlage zwischen 340 und 685 m ü. NN herrscht Berglandklima.

Zu erreichen ist das Landschaftsschutzgebiet auf der B 101, die von Freiberg über Annaberg-Buchholz in Richtung Aue weiterführt. Die Straße durchschneidet an der engsten Stelle des Gebietes den Ort Forchheim. Mit der Eisenbahn erreicht man das Gebiet, wenn man von Chemnitz aus die Strecke Neuhausen/Marienberg benutzt und die Bahn in Floßmühle, Reifland-Wünschendorf oder Lengefeld-Rauenstein verläßt. Das Gebiet läßt sich am besten zu Fuß erschließen. Orte in ihm haben Busverbindungen.

Der flachwellige Gebirgsrumpf in dieser Gegend hat tief eingesägte Täler mit stellenweise steilen Hängen. Durch Ablagerungen kommen auf den Talsohlen holozäne Verebnungen vor. Im Gebiet gibt es zahlreiche Wasserläufe, wie Flöha, Lößnitzbach und Lautenbach mit dazugehörigen Quellbächen. Mulden, aus denen das Wasser nicht abfließen kann, bilden Hochmoore. Das varistiche Grundgebirge wird hier wesentlich durch Gneis gebildet.

Im Gebiet gibt es kleinere Teiche. Bei Dörnthal bauten Bergleute von 1787/90 einen Kunstteich, um bergbaulich nutzbares Wasser zu erhalten. Der südlich des Ortes liegende Teich faßt 1,2 Millionen Kubikmeter Wasser.

Westlich davon, vor allem durch den Hammelberg (521 m ü. NN) getrennt, befindet sich der Stausee der Saidenbach-Talsperre. Sie staut den Saiden- und den Haselbach mit einigen Nebenbächen. Die Wasserfläche ist 146 Hektar groß. Das Fassungsvermögen der Talsperre beträgt 22,4 Millionen Kubikmeter Wasser. Die Staumauer ist 48 m hoch, 334 m lang, am Fuß 45,5 m und an der Krone 4 m dick.

Der Stausee wird von Wald umgeben. In tieferen Lagen tritt an die Stelle von Fichten- auch Mischwald. Im Gebiet leben Hoch-, Reh-, Schwarz- und Niederwild. Es gibt eine reiche Vogelwelt. Am Stausee leben vor allem Wasservögel. Die Saidenbach-Talsperre dient der Trinkwasserversorgung für die Bevölkerung von Chemnitz. Baden und jede Art von Wassersport ist deshalb verboten.

In das Landschaftsschutzgebiet sind die als bäuerliche Siedlungen im 14. Jahrhundert gegründeten Dörfer Forchheim, Haselbach, Gösdorf und Reifland einbezogen, nur teilweise die Orte Lippersdorf, Dörnthal, Lengefeld (Rauenstein) und Wünschendorf.

Die im Landschaftsschutzgebiet liegende Burg Rauenstein aus dem 13. Jahrhundert ist sehenswert. Die Dorfkirche Lippersdorf ging aus einer Wehrkirche des 13. Jahrhunderts hervor. Als Wehrkirche aus dem 13. Jahrhundert ist die Dorfkirche von Dörnthal erhalten. Eine der Frauenkirche in Dresden ähnliche Gestalt hat die Dorfkirche von Forchheim aus der Zeit von 1719/26. Sie verfügt über eine Silbermannorgel aus dem Jahre 1726. Der zweigeschossige Rechteckbau des Schlosses stammt von 1558.

Auskunft über das Landschaftsschutzgebiet erteilen die Gemeindeverwaltungen der jeweiligen Orte.

Sayda, Landkreis Brand-Erbisdorf. Mit den Stadtteilen Ullersdorf, Pilsdorf und Mortelgrund. Die Kleinstadt liegt etwa 20 km südlich der Kreisstadt und 10 km vom Erzgebirgskamm entfernt auf dem Sattel einer welligen Hochfläche in 680 m ü. NN.

Sayda ist zu erreichen auf der B 101 von Freiberg in Richtung Annaberg-Buchholz. In Obersaida verläßt man die Straße linker Hand und fährt an Dörnthal vorüber bis zum Ziel. Einen Eisenbahnanschluß hat der Ort nicht. Reist man mit der Eisenbahn an, benutzt man die Linie Freiberg–Holzhau und verläßt in Mulda den Zug, um mit dem Bus oder Taxi zum Ziel zu gelangen.

Urkundlich wurde Sayda erstmals 1207 genannt als »Zavidow«, was soviel heißt, wie »Ort des Zavid«. Gegründet wurde der Ort durch den böhmischen Kämmerer Slauko von Riesenburg, der kurz vorher das Zisterzienserkloster bei Osseg hat anlegen lassen. Der planmäßig oval angelegte Ort war zwischen 1197 und 1207 eine Raststätte der Fuhrleute der alten Salzstraße von Halle nach Prag, bald auch eine Zoll- und Gerichtsstätte. Seit 1209 ist die Kirche im Ort bekannt, seit 1250 die Burg. Nach häufigem Wechsel kam die Herrschaft 1352 in die Hände derer von Schönburg, die im 15. Jahrhundert nach Purschenstein überwechselten.

Sayda besaß eine Stadtmauer. Stadtrechte erhielt der Ort 1442, seit 1443 organisierten sich die Handwerker in Innungen, und seit 1468 werden regelmäßig Jahrmärkte in der Stadt abgehalten. Während des Dreißigjährigen Krieges verfiel das am Westrand der Stadt gelegene Schloß. 1882 brannte die Stadt nieder. Nur wenige Gebäude wurden verschont.

Sehenswert ist die Stadtkirche St. Marien, die aus der Zeit um 1391 stammt. Erwähnenswert sind vier prächtige Epitaphien der Familie von Schönberg. Die Hospitalkirche wurde 1476 gegründet, die danebenliegende Begräbniskapelle 1508.

Sayda ist ein beliebter Ferienort. Es bestehen günstige Bedingungen zum Wandern und für den Wintersport. Auskunft über die Stadt und ihre Umgebung und Quartiernachweis erteilt die Stadtverwaltung.

Scharfenstein, Landkreis Zschopau. Gemeinde in einer Flußschleife der Zschopau, sechs Kilometer südlich der Kreisstadt.

Der Kraftfahrer fährt von Chemnitz aus auf der B 174 bis Zschopau, dann Talstraße bis Scharfenstein. Über die A 441 von Zwickau nach Stollberg, dann B 180 bis Einsiedel und weiter auf der B 174 nach Zschopau. Scharfenstein liegt an der Bahnstrecke Chemnitz–Flöha–Zschopau–Wolkenstein–Annaberg. Busverbindungen nach Chemnitz, Drebach, Großolbersdorf, Marienberg, Wolkenstein und Zschopau.

Die Gründung des Ortes erfolgte im Zusammenhang mit der Errichtung eines Herrensitzes in der Mitte des 13. Jahrhunderts. Burgbesitzer waren über Jahrhunderte die Herren von Waldenburg. Die Burg steht auf einem 34 m hohen Bergsporn am rechten Zschopauufer. Sie wurde 1921 durch einen Brand in weiten Teilen zerstört und später wieder aufgebaut. Die Gebäude drängen sich ringförmig um einen Bergfried, gemeinsam mit einem kleinen Rundturm älteste Teile der Anlage; erste Erwähnung der Burg 1372. Spätgotische Tür- und Fensterformen erhalten, außerdem Backsteingiebel von 1533 (erneuert 1922), gotisches Torhaus.

Im sogenannten »Gänsewinkel« unterhalb der Burg wurde 1762 der Volksheld des Erzgebirges, Karl Stülpner (s. d.), geboren. Scharfenstein ist auch der Sterbeort Stülpners. Sein Grab findet sich auf dem Friedhof im benachbarten Großolbersdorf. Ein Gedenkstein findet sich in Scharfenstein an der Stelle des abgebrochenen Geburtshauses. Gedenktafeln am Ortsrichterhaus und Sterbehaus.
Auskünfte: Gemeindeverwaltung.

Schaubergwerk »Glöck'l«, Technisches Denkmal, Johanngeorgenstadt, Stadtteil Wittigsthal. Öffnungszeiten: dienstags–sonnabends 9–15 Uhr. Führung für Gruppen ab 10 bis maximal 25 Personen (vorherige Anmeldung erforderlich).

Zu besichtigen ist eine alte Bergwerksanlage, die von 1671 bis 1958, mit Unterbrechungen, betrieben wurde. Gesucht wurde nach Silbererz. Erhalten geblieben ist das alte Zechenhaus vor der Stollenmündung. Zur Anlage gehört ein 200 m langer, eben in den Berg führender Stollen, untertägige Grubenräume und technische Anlagen. Zu sehen sind Werkzeuge und Geräte der Bergleute und Grubengeleuchte vom 17. bis 20. Jahrhundert.

Scheibenberg, Neben dem Pöhlberg (s. d.), dem Bärenstein (s. d.) ist der Scheibenberg mit 807 m Höhe nahe der gleichnamigen Stadt einer der drei großen Basaltberge des Westerzgebirges. Interessant sind die Ausprägungen der Basaltsäulen, vom Volksmund als »Orgelpfeifen« bezeichnet, die eine Dicke von ca. 2 Meter und eine Höhe von 20 Meter haben. Ein wissenschaftlicher Streit der Geologen im 18. Jahrhundert hatte hier seinen Ausgangspunkt: Der Freiberger Geologe Abraham Gottlob Werner, der 1787 und 1788 hier weilte, behauptete nämlich, daß der Basalt nassen Ursprungs sei, die Forscher schieden sich in Neptunisten und Vulkanisten. Auch wenn Werner unrecht hatte, so waren doch die Forschungen am Scheibenberg ein wichtiger Faktor in der Kenntnis des Vulkanismus. Ähnlich wie am Bärenstein und Pöhlberg gibt es auch hier eine artenreiche, teilweise seltene Bergflora. – 1891 wurde ein Aussichtsturm errichtet, ein Jahr später ein Berggasthaus. Rodelbahn, Sprungschanze und Skilifte locken Wintersportler. – Am östlichen Hang des Scheibenbergs befindet sich der Zahm-Steig, den in den zwanziger Jahren der arbeitslose Ottomar Zahm aus Steinstufen anlegte.

Scheibenberg, Landkreis Annaberg. Stadt im Westerzgebirge, mittlere Höhenlage 650 m ü. NN. Am Nordfuß des gleichnamigen Berges auf einer Hochfläche gelegen.

Der Kraftfahrer erreicht die Stadt über die B 101, die das Stadtgebiet durchzieht. Busverbindungen nach Annaberg, Schlettau, Crottendorf, Markersbach, Aue, Oberwiesenthal, Zwönitz. Bahnverbindung über Zwickau, Aue, Schwarzenberg.

Scheibenberg ist eine Bergbaugründung, die schachbrettartige Anlage der Straßen ist noch heute erkennbar. Gründungsjahr 1522, 1530 Stadtrecht. Bereits seit 1478 Silberbergbau vom Dorf Scheibe aus. Öffentlicher Aufruf durch die Grafen von Schönburg zur Stadtgründung am 4. Mai 1522. Die Stadt wurde schachbrettartig um den 75×75 m großen Marktplatz angelegt. Bergbaugeschichte bis in die 2. Hälfte des 19. Jahrhunderts. Wie in anderen erzgebirgischen Städten auch gab es Bortenwirkerei, seit 1617 durch Esajas Weidlich nach Scheibenberg eingeführt, Mitte des 19. Jahrhunderts hatte die Posamentiererinnung 117 Meister. 1889 Bahnanschluß, danach Entwicklung von Metallindustrie. Sehenswürdigkeiten: Alte Apotheke am Markt (1743), Vierflügelbau mit Binnenhof und Inneren Stuckdecken, als Apotheke seit 1825 genutzt. Barocke Bauelemente auch an anderen Häusern, spätgotisches Türgewände am Haus Postplatz 3. – Stadtkirche St. Johann, 1559/71 anstelle eines hölzernen Vorgängerbaus von 1522 errich-

»Orgelpfeifen«, Basaltsäulen am Scheibenberg.

Blick auf den Hauptmarkt von Zwickau.

Schloß Wildeck (Zschopau).

Erzgebirgische Räuchermänner.

Nußknacker, seit dem 19. Jh. Weihnachtsfigur im Erzgebirge.

Seiffener Weihnachtspyramide mit Figuren von Karl Müller.

Gedrechselter Lichterengel, 19. Jh., aus Seiffen.

Postdistanzsäule Oberwiesenthal, Detail mit kursächsischen und polnischen Wappen (1730).

tet, 1754/56 barocke Erneuerung, Turmbau erst 1774 vollendet. Restaurierungen 1927/28 und 1960. Im Inneren doppelte Emporen durch Betstuben untergliedert. Schnitzaltar von 1500, Kanzel 1709 von Kaufmann, Sandsteintaufe aus dem 16. Jahrhundert, Kruzifix von Christoph Walter I. aus Dresden (nach 1520). Grabmal für den Chronisten Christian Lehmann (s. d.) an der Nordostseite der Kirche.

Auf dem alten Friedhof barocker Kuppelbau der Kellermannschen Gruft aus dem Jahre 1626. Auf dem neuen Friedhof eine Reihe gußeiserner Grabplatten aus dem 17. Jahrhundert.
Auskünfte: Stadtverwaltung.

Scheibenberg, Landschaftsschutzgebiet, Landkreis Annaberg, Landschaftsschutzgebiet seit 1962, 395,8 Hektar groß. Es grenzt unmittelbar an die Stadt Scheibenberg. Das Bergmassiv mit seinen einzigartigen Basaltsäulen ist ein Anziehungspunkt für Wanderer und Naturfreunde. Den Bewohnern der Stadt Scheibenberg dient der Berg mit seinem Umfeld als Naherholungsgebiet. In einer Höhenlage von 620–807 m ü. NN herrscht Mittelgebirgsklima.

Zu erreichen ist das Landschaftsschutzgebiet auf der B 101 von Freiberg über Annaberg–Buchholz nach Aue, die das Stadtgebiet von Scheibenberg berührt. Von hier aus führen eine Fahrstraße und Gehwege zum Berg. Mit der Eisenbahn befährt man die Linie Schwarzenberg–Annaberg–Buchholz und verläßt in Scheibenberg den Zug. Die Stadt hat auch Busverbindung.

Der Charakter der Landschaft wird durch den hochaufragenden tafelförmigen Basaltberg geprägt, der sich aus einem verhältnismäßig flachen Gelände erhebt. Der Berg ist der Rest eines Basaltergusses. Der kaum verwitternde Basalt widersetzte sich der Gebirgsabtragung. Durch Steinbrüche wurde der Berg an der Nordwestseite angeschnitten.

Im gesamten Gebiet gibt es als Wasserlauf nur den Heidelbach. Er kommt von dem an der Südspitze des Landschaftsschutzgebietes liegenden Thaut-Teich und entwässert die Moore der Scheibenberger Heide. Wichtiges Naturdenkmal im Schutzgebiet sind die Reste der »Kanzel«, es sind Basaltstümpfe über tertiären Kiesen mit zersetztem Basalt in der Kontaktzone.

Innerhalb des Landschaftsschutzgebietes gibt es keine Wohnsiedlungen, lediglich einige Zweckbauten. Straßenverkehr führt keiner durch das Gebiet, sieht man von der

Ortsverbindungsstraße Scheibenberg–Crottendorf ab. Der Aussichtsturm des Berges bietet einen Weitblick, besonders in westliche Richtung. Im Landschaftsschutzgebiet gibt es keine Sportanlagen. Das Gebiet gilt als schneesicher. Es eignet sich vorzüglich zum Wandern und Skilaufen.
Auskunft über das Landschaftsschutzgebiet und Quartiernachweis erteilt die Stadtverwaltung Scheibenberg.

Schein, Johann Hermann, Komponist, Liederdichter und hochgerühmter Kantor an der Thomaskirche zu Leipzig. Er wurde am 20. Januar 1586 in Grünhain als Sohn eines evangelischen Pfarrers geboren. Nach dem frühen Tod des Vaters siedelte die Mutter mit dem Knaben nach Dresden über. Hier wurde er in die Kurfürstliche Hofkapelle aufgenommen. Ab 1603 besuchte er die Fürstenschule in Pforta. Neben seinem Studium der Rechtswissenschaften an der Universität Leipzig beschäftigte er sich mit Musik. Später wurde er Kapellmeister am Weimarer Hof. 1616 erreichte ihn hier seine Berufung an die Thomaskirche in Leipzig. Er übernahm das Amt des Kantors von seinem Vorgänger Sethus Calvisius. Enge Freundschaft verband ihn mit Schütz, Scheidt und Fleming. Er war ein fleißiger und erfolgreicher Komponist und Liederdichter. Im Alter von 44 Jahren starb er am 19. November 1630 in Leipzig. – Unangefochten gilt er bis heute als der Meister des weltlichen mehrstimmigen Chorliedes und als Wegbereiter des instrumental begleiteten Generalbaßliedes, der Motette, des »geistlichen Konzertes« und unterhaltsamer Instrumentalmusik. Von Schein gibt es 79 Choralmelodien und viele weltliche Tonschöpfungen. Zu seinen bekannten Werken zählen die »Waldliederlein« (1621) und das »Gesangbuch der Augsburger Konfession« (1627).

Schlema, Landkreis Aue. Der Ort besteht aus den früheren Gemeinden Ober- und Niederschlema, in 360–450 m Höhe liegt er zwischen der Kreisstadt und Schneeberg und verbindet beide Städte fast übergangslos. Weite Teile des Ortes ziehen sich entlang des Schlemabaches von seiner Einmündung in die Zwickauer Mulde bis an den Stadtrand von Schneeberg. Südlich von Schlema erhebt sich mit 512 m ü. NN der Brünlasberg, südwestlich mit 598 m Höhe der Gleesberg (s. d.). Zwischen Aue und Schlema liegt der 491 m hohe Klosterberg.

Zu erreichen ist Schlema auf der B 93 von Zwickau nach Schneeberg, wenn man von dort auf der B 169 in Richtung Aue weiterfährt. Die Straße berührt den Ort, oder man befährt die B 169 von Chemnitz aus zum Ziel. Schlema hat Eisenbahnanschluß an der Linie Zwickau – Schwarzenberg. Der Ort hat Busverbindung.

Älteste Urkunden über Oberschlema stammen aus dem Jahre 1394, da wird die Ansiedlung zu der »Sleme« genannt, 1465 »Obersleme«. Die Bezeichnung kommt vom altsorbischen »sleme«, was soviel heißt wie »abschüssige Berglehne«. Niederschlema taucht erstmals in den Urkunden 1487 als »Nydern Sleme« auf. Beide Orte wurden als Waldhufendörfer im Zusammenhang mit dem Klösterlein Zelle angelegt. Reste davon lassen sich lediglich in Niederschlema erkennen. Im 15. und 16. Jahrhundert wurden aus den Orten Hammerwerkssiedlungen, die Wasserkraft des Schlemabachs nutzend.

Zur Beseitigung des Grubenwassers der Schneeberger Bergwerke entstand ab 1481 der Marx-Semmler-Stollen, benannt nach einem Leipziger Handelsherrn und einem Schneeberger Bergwerksunternehmer, der in die Zwickauer Mulde mündet. Im Verlauf der Zeit wurde er immer länger, Mitte des 19. Jahrhunderts war er 27 km lang. Er gilt als eine technische Meisterleistung des alten Erzbergbaus.

Die erste Kirche entstand 1511 als Filiale von Klösterlein Zelle, ab 1529 als Pfarrkirche. Mit dem Rückgang des Bergbaus hielt die Papierherstellung Einzug in den Ort. Ein Blaufarbenwerk begann 1550 seine Tätigkeit. 1875 hatte es 45 Gebäude. Es wurde nach 1945 beseitigt.

1910 entdeckten Wissenschaftler der Freiberger Bergakademie im Schlemabachtal radioaktive Wässer. Das war Anlaß dazu, nach dem Vorbild von Joachimsthal in Böhmen, 1911 ein Kurbad zu planen. 1918 entstanden ein Kurhaus, Kurmitteleinrichtungen, Pensionen für die Kurgäste. Mit 2900 Macheeinheiten im Liter Trinkwasser der Quellen in 100–200 m Tiefe war Oberschlema das stärkste Radiumbad der Welt. Durch den besonders in Schlema betriebenen Uranerzbau wurde das Kurbad 1946 zerstört. Gegenwärtig laufen Untersuchungen, in Schlema wieder ein Kurbad einzurichten.

Auskunft über den Ort und Zimmernachweis erteilt die Gemeindeverwaltung.

Schlettau, Landkreis Annaberg-Buchholz. Stadt im mittleren Erzgebirge, an der Einmündung der Roten Pfütze in die Zschopau gelegen.

Schlettau ist erreichbar über die B 101 von Annaberg-Buchholz oder von Aue aus. Busverbindungen in verschiedenen Richtungen. Seit 1899 Eisenbahnanschluß an der Linie Schwarzenberg–Annaberg.

Der Ortsname Schlettau kommt wahrscheinlich aus dem mittelhochdeutschen Wort »slade« – Lichtung im Wald. Erste urkundliche Erwähnungen: 1351 Sletyn, 1361 Slatyna, 1432 Slete. Entstanden ist die Ansiedlung als Waldhufendorf am Ende des 13. Jahrhunderts. Zunächst gehörte Schlettau zu Böhmen. Es entstanden eine Wasserburg und eine Befestigungsanlage der Siedlung. Daraus resultiert auch das etwa um 1350 verliehene Stadtrecht. 1351 erhielten zwei Bürger von Schönberg-Glauchau durch Kaiser Karl IV. mit der Burg Hassenstein auch »Slöetyn« als Lehen. 1413 wurde vom böhmischen König Wenzel IV. Schlettau an das Kloster Grünhain verkauft. 1429 wurde die Stadt für 35 an die Herren von Maltitz verpfändet.

Schlettau blieb für lange Zeit ein kleiner Marktort und Handwerkersiedlung. Mit der Einführung der Reformation löste sich Schlettau vom Erzbistum Prag, aber erst 1536 übernahm ein Amtmann das anstelle der Wasserburg entstandene Schloß. Landwirtschaft und Handwerkertätigkeit bestimmten das wirtschaftliche Gesicht der kommenden Jahrhunderte. Das Schloß hat im 19. Jahrhundet durch Umbauten und Veränderungen seine ursprüngliche Gestalt verloren. Nur an der Nordwand finden sich spätgotische Fensterrahmungen. Im Inneren blieb der Rittersaal mit Rundbogenportal erhalten.

Sehenswert die Stadtkirche St. Ulrich mit Kreuzgewölbechor aus dem 15. Jahrhundert – dreischiffige Hallenkirche mit barockem Turmbau von 1723 (Schieferhaube von 1842). Im Inneren Altar von 1668, Kanzel mit Evangelistenfiguren von 1687, zwei zinnerne Bergmannsleuchter von 1721. – Auf dem Schloßplatz Carlowitzsches Haus mit Barockarchitektur und Wappen über dem Portal, davor Postmeilensäule (1954 wieder aufgestellt). – Stein am Weg nach Hermannsdorf (Malteserkreuz?), ein anderer Stein an der Straße nach Scheibenberg läßt Kreuzform deutlich erkennen, hier soll ein schwedischer Offizier im Dreißigjährigen Krieg begraben sein.
Auskünfte: Stadtverwaltung

Schlettau, Schloß.

Schmalspurbahnhof Oberrittersgrün, Technisches Museum Rittersgrün, Landkreis Schwarzenberg. Öffnungszeiten: Montag–Freitag, 9–11.30 Uhr und 13–15 Uhr; sonnabends, sonntags 9–11.30 und 14–15.30 Uhr.

Das 1972 gegründete Museum befindet sich im Endbahnhof der von 1889 bis 1971 betriebenen Schmalspurbahnlinie Grünstädtel–Oberrittersgrün. Sie war über Jahrzehnte hinweg eine wichtige Verkehrsverbindung. Zu besichtigen sind u. a. eine Lokomotive mit 750 mm Spurbreite, 24 unterschiedliche Schmalspurwagen aus der Zeit zwischen 1889 und der Gegenwart. Ausgestellt sind Werkzeuge, Signalanlagen und Eisenbahnausrüstungen verschiedener Zeitabschnitte, Dokumente zur Entwicklung von Dampfloks und der Schmalspurstrecke.
Auskunft erteilt die Leitung des Technischen Museums oder das Fremdenverkehrsamt der Gemeindeverwaltung Rittersgrün.

Schmidt-Rottluff, Karl, Maler, Graphiker, Mitbegründer der sächsischen Künstlervereinigung »Die Brücke« (1905). Geboren am 1. Dezember 1884 in Rottluff (heute Stadtteil von Chemnitz), gestorben am 10. August 1976 in Berlin.

Karl Schmidt wurde als Sohn des Rottluffer Mühlenbesitzers geboren. Er besuchte die Schule in Chemnitz, studierte dann an der Technischen Hochschule in Dresden und fand in Erich Heckel und Ludwig Kirchner Kunst- und Gesinnungsfreunde, mit denen er 1905 die Künstlergemeinschaft »Brücke« gründete. Mit ihr verknüpfen sich bedeutende Leistungen des deutschen Expressionismus. 1931 wurde Schmidt-Rottluff, wie er sich nannte, als Lektor an die Kunstakademie nach Berlin berufen. Im Dritten Reich wurden seine Werke aus den Museen entfernt, seit April 1941 hatte er Berufsverbot. Nach der Zerstörung seines Ateliers 1943 kehrte er nach Chemnitz zurück, wo er 1946 zum Ehrenbürger ernannt wurde. 1947 wird er als Professor an die Hochschule für Bildende Kunst Berlin berufen. Seine Hauptwerke befinden sich im »Brücke«-Museum in Berlin-Dahlem, aber auch die Städtischen Kunstsammlungen seiner Vaterstadt Chemnitz verfügen über Graphik und Malerei des Künstlers.

Schmiedeberg, Landkreis Dippoldiswalde. Das langgestreckte Dorf liegt in 420–560 m Höhe etwa 8 km südlich der Kreisstadt an der Einmündung des Pöbelbaches in die Rote Weißeritz. Es ist völlig von Wald umgeben.

Zu erreichen ist Schmiedeberg auf der B 170, die von Dresden über Dippoldiswalde zum Grenzübergang Zinnwald führt. Die Straße durchschneidet den Ort in seiner ganzen Länge. Mit der Eisenbahn erreicht man das Ziel, wenn man die Linie Freital–Hainsberg – Kurort Kipsdorf befährt. Der Ort hat Busverbindung.

Erstmals wird im Zusammenhang mit der Entwicklung des osterzgebirgischen Bergbaus 1412 eine Ansiedlung erwähnt »in dem nuwin Smedewerk«, 1492 heißt sie dann »Hammer zu Neuschmiedeberg«. In ihm wurde das in Berggießhübel und Schellerhau geförderte Eisenerz verarbeitet. Er gehört zu den ältesten Hammerwerken des Erzgebirges.

Ursprünglich im Bereich der Herrschaft Weesenstein, kam der Ort im 16. Jahrhundert als Lehnszubehör der Herrschaft Bärenstein zur bergbaubetreibenden Familie Kölbel. Aus dem mit Abbaurechten auf Zinn ausgestatteten Vorwerk wurde später das Rittergut Schmiedeberg. Der Ort selbst wird 1644 Bergflecken genannt, 1752 Bergstädtlein. Obwohl er seit 1675 Stadtrechte besaß, Bergfreiheit und das Privileg, Jahrmärkte abhalten zu dürfen, erlangte er nie städtische Verfassung. Im 18. Jahrhundert übernahm den Eisenhammer und den Eisenhüttenbetrieb die Altenberger Zwitterstockgewerkschaft. 1880 legte sie das Hammerwerk still. Das Eisenwerk überdauerte bis zur Gegenwart.

Schmiedebergs Kirche entstand von 1713/18, erbaut von Georg Bähr. Sie hat einen Kanzelaltar mit der Orgel darüber. Die Sandstein-Taufe ist eine Schöpfung des Dresdener Hofbildhauers Benjamin Thomae.
Auskunft über den Ort und Quartiernachweise erlangt man durch die Gemeindeverwaltung Schmiedeberg.

Schneeberg, Landkreis Aue, Stadt nahe der Kreisstadt im westlichen Erzgebirge.

Der Kraftfahrer erreicht die Stadt von der Autobahn Plauen–Chemnitz, Anschlußstelle Hartenstein oder Zwik-

Schneeberg, Blick auf Stadt und St. Wolfgang.

kau Ost. Von Chemnitz über die B 169. Keine direkte Bahnverbindung, nächster Bahnhof Aue. Busverbindungen nach Aue, Schlema, Wolfgangmaßen, Zwickau, Schwarzenberg, Eibenstock, Plauen u. a. Orte.

Der Kern der Stadtanlage liegt auf dem gleichnamigen Schneeberg (470 m), im 19. und 20. Jahrhundert Ausdehnung durch neue Siedlungsteile: Neustädtel, Griesbach, Siedlung des Friedens, Keilbergsiedlung, Griesbacher Hang. Zum Stadtgebiet gehören Gleesberg im Osten (593 m), Keilberg im Norden (557 m), Griesbacher Höhe NW (578 m).

Große Silbererzfunde führten zur Gründung der Stadt am 6. Februar 1471. Bereits 1474 waren 1200 Bergleute in 232 Zechen im Schneeberger Gebiet tätig. 1481 Berg- und Stadtrecht. 1485 kurfürstliche Unterstellung der Stadt. 1500 Gründung einer eigenen Münze; die aus Silber geprägten Groschen hießen »Schnieber«. Handwerkeransiedlungen führten zu Zunftgründungen im 16. Jahrhundert, Kobaltgewinnung seit dem 17. Jahrhundert. Beim Stadtbrand 1719 wurden fast 400 Häuser vernichtet, Wiederaufbau der Bürgerhäuser am Markt im Hochbarock- und Rokokostil bis 1725, denkmalgeschütztes Ensemble. Mit dem Rückgang des Bergbaus im 19. Jahrhundert wurde Schneeberg zur Schulstadt. 1839 Zusammenschluß von Neustädtel und Schneeberg. Durch Luftangriff im April 1945 Zerstörung der St. Wolfgangs-Kirche und vieler Wohngebäude. 1946 setzte hier durch den sowjetischen Uran-Bergbau ein erneuter Zuzug von vielen Menschen ein. Schneeberg wurde für das nächste Jahrzehnt zum Zentrum des Uran-Abbaus, dessen Spätwirkungen durch Strahlungsverseuchung von Böden noch nicht zu übersehen sind. Schneeberg war von 1952 bis 1958 selbständiger Stadtkreis, seit 1959 wieder zum Kreis Aue gehörig. In Schneeberg existiert eine Fachschule für angewandte Kunst, in der auch die traditionellen Volkskünste des Erzgebirges, Holzgestaltung und Klöppeln, gelehrt werden. Zu Schneeberg gehört das Erholungsgebiet Filzteich (s. d.), in Wolfgangsmaßen Standort der Bundeswehr.

Sehenswürdigkeiten: St. Wolfgangs-Kirche. 1516/40 als spätgotische Hallenkirche erbaut, in der Ausdehnung nur von der St. Annen-Kirche in Annaberg übertroffen. 1945 bis auf die Grundmauern zerstört, Wiederaufbau fast beendet, Flügelaltar von Lukas Cranach d. Ä. – Museum für bergmännische Volkskunst im sogenannten Bortenreuther-Haus, 1725 von J. Ch. Naumann erbaut, zweigeschossiger Barockbau mit Pilastergliederung und schönem Portal. Interes-

Schneeberg, Museum für bergmännische Volkskunst.

sante Sammlung mit vielen ausgesuchten Exponaten zum erzgebirgischen Volkskunstschaffen, darunter bergmännische Elfenbeinschnitzerei aus dem Anfang des 18. Jahrhunderts, Bergmannstrachten, historische Pyramiden, mehrere große mechanische Weihnachtsberge, Zeugnisse der Schnitzkunst, Klöppelei und Zinngießerei. – Liebfrauenkirche (Ortsteil Neustädtel), einschiffiger spätgotischer Bau, im Inneren Orgel von Ch. W. Trampeli aus dem 18. Jahrhundert – Schneeberg hat eine Volkssternwarte mit Kleinplanetarium. – Am 2. Adventssamstag traditionelles

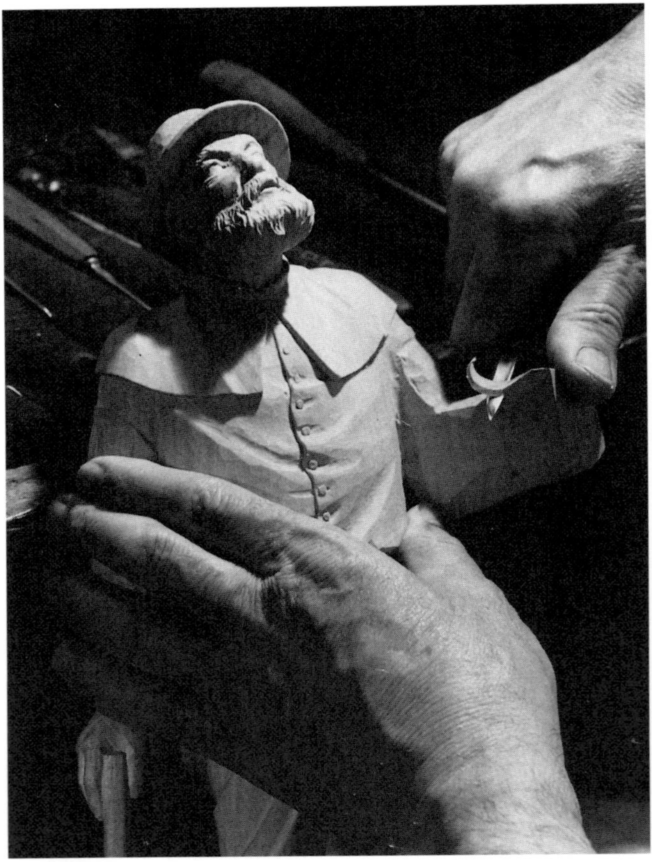

Schnitzen.

»Lichterfest«, in der Weihnachtsnacht Turmsingen auf dem Kirchturm von St. Wolfgang. – In Schneeberg, im Haus seines Bruders, spielte Robert Schumann erstmals seine »Kinderszenen« der Braut Clara Wieck vor. Gedenktafel). Auskünfte: Stadtverwaltung.

Schnitzen, Eine vor allem von Männern geübte traditionelle Technik der Holzbearbeitung, die im Westerzgebirge weit verbreitet ist und hier zu einer landschaftstypischen Volkskunst wurde.

Schon 1809 berichtete Pfarrer Wild von den schnitzenden und bastelnden Bergleuten des Erzgebirges. Während die Holzbearbeitung mit Hilfe der Drechselbank im Osterzgebirge zum Lebenserwerb wurde, blieb sie im Westerzgebirge im wesentlichen eine Feierabendbeschäftigung. Dabei herrscht bis heute das figürliche Schnitzen vor, beliebt sind Bergmannsdarstellungen und Tiere. Als Werkstoff eignen sich alle Hölzer, bevorzugt wird der leichten Bearbeitung wegen Lindenholz. Als Werkzeuge dienen Beitel oder Eisen und Messer. Die fertigen Figuren werden der Holzmaserung wegen oft nur lasiert oder transparent bemalt. Eine interessante Anwendung findet das figürliche Schnitzen in der Bestückung von Heimat- oder Weihnachtsbergen, Miniaturlandschaften, die oft mit Hilfe eines Mechanismus bewegliche Figuren haben. Bekannte Erzgebirgsschnitzer waren Emil Teubner, Ernst Kaltofen und Rudolf Tümpel. Schnitzwerke von ihnen finden sich in Museen und Galerien.

Schnorr von Carolsfeld, Veit Hans Einer der frühen erzgebirgischen Montanunternehmer und Wirtschaftspioniere. Geboren wurde er am 18. März 1644 in Schneeberg als Sohn des Veit Hans Schnorr d. Ä. Er führte das Werk seines Vaters fort und trug wesentlich zur Entwicklung des erzgebirgischen Berg- und Hüttenwesens bei. In Neidhardtsthal und Auerhammer baute er die Hammerwerke weiter aus, in Ellefeld das Messingwerk. Das Zainen, eine Verfahrensweise, die er in Lüttich kennengelernt hatte, führte er in die erzgebirgischen Hammerwerke ein. In der Nähe des Auersberges gründete er die Gemeinde Carlsfeld. Dafür erhielt er vom Kaiser in Wien den Adelstitel. Von da an durfte er sich nennen »Schnorr von Carolsfeld«. In diesem Ort ließ er eine Zentralkirche errichten, ähnlich der Dresdener Frauenkirche. Sie ist bis heute erhalten und steht unter Denkmalschutz. 1670 verheiratete er sich mit Susanne Röhling, der Tochter des Schwarzenberger Stadtrichters und Hammerherrn von Erla, Friedrich Röhling. Er war der Vorfahr einer bekannten erzgebirgischen Künstlerfamilie. In Aue ließ er die Weißerdenzeche »St. Andreas« erschließen. Von hier ging 150 Jahre lang die Kaolinerde zur Porzellanherstellung nach Meißen. Durch sein Wirken entwickelte sich das Blaufarbenwerk Niederpfannenstiel zu einem angesehenen Industrieunternehmen und Hauptlieferanten von Kobaltblau. Schnorr war Stadtrichter von Schneeberg. Dort starb er am 26. Januar 1715.

Schnorr, Veit Hans d. Ä., Einer der frühen Wirtschaftspioniere des Erzgebirges. Geboren wurde er 1614 in Wiesenburg bei Zwickau. Am 10. Februar 1635 begann er einundzwanzigjährig in Niederpfannenstiel bei Aue auf dem Boden eines vom Krieg verwüsteten Waffenhammers ein Blaufarbenwerk einzurichten, um das in der Nähe gewonnene Kobalterz zu verwerten. Es wurde bald ein für das Erzgebirge bedeutsames Wirtschaftsunternehmen. Danach kaufte er den abgewirtschafteten Auerhammer und entwikkelte daraus ein wichtiges Eisenwerk. Als er 1848 auf dem Weg zur Leipziger Messe ist, wird er unterwegs von einer räuberischen Soldatenhorde überfallen und über Polen nach Rußland verschleppt und hier an den Zaren verkauft. Der erkennt die Fähigkeiten seines Gefangenen und schickt ihn zur Beaufsichtigung seiner Bergwerke in den Ural. Nach 16 Jahren, beim Einfall der Tartaren, kann er sich befreien und der Gefangenschaft entfliehen. Von Wien aus gab er eine erste Nachricht seit seinem Verschwinden, starb aber, noch bevor er die Heimat erreichte.

Schönfels, Landkreis Zwickau, 10 km südlich der Kreisstadt, auf halbem Wege nach Reichenbach. Das Dorf wird von der auf einer Diabaskuppe liegenden Burg überragt.

Zu erreichen ist es auf der B 173 von Zwickau in Richtung Reichenbach. Die Straße führt durch den Ort. Ein Eisenbahnanschluß besteht nicht, nächster Bahnhof ist Zwikkau oder Stenn an der Linie Zwickau – Adorf. Jedoch bestehen Busverbindungen.

Als Schutz- und Wegewarte wurde die Burg im Nordosten des Vogtlandes und vor den Toren Zwickaus 1180 gegründet. In den Urkunden wird sie 1225 als »de schoninfels« erwähnt. Bis 1398 waren die Oberherren der Burg die Vögte von Weida. Die zum Adelssitz gehörenden Rodedörfer lagen ab Werdau aufwärts im Talsystem der oberen Pleiße. Im Geschichtsverlauf wechselten häufig die Besitzer. Unter der Familie von Weißbach teilte sich der Besitz in Alt- und Neuschönfels. Ende des 15. Jahrhunderts entstand der Herrensitz Neuschönfels (heute Sitz der Gemeindeverwaltung).
Auskunft über den Ort und Quartiernachweis erteilt die Gemeindeverwaltung.

Schönfels, Burgmuseum, Straße der Jugend 10, Telefon Neumark 3 27.

Öffnungszeiten: März–Oktober täglich von 10–18 Uhr, außer montags, von November–Februar täglich, außer montags, von 10–17 Uhr.

Die Burg ist eine mittelalterliche Anlage mit gut erhaltenem Wehrcharakter. Kunstgeschichtlich wertvoll die originalgetreu restaurierte Burgkeminate und die Burgkapelle. Vom Burgturm bietet sich ein weiter Rundblick. Ausgestellt sind Exponate der bäuerlichen Wirtschaft. In einigen Räumen der Burg ständig Sonderausstellungen.

Schönheide, Landkreis Aue. Mit den Ortsteilen Neuheide, Schönheiderhammer, Wilzschhaus. Der große Industrieort liegt durchschnittlich 600 m hoch, 20 km südwestlich der Kreisstadt, eingebettet in einem tiefeingesägten Seitental der Zwickauer Mulde. Innerhalb der 5 km langen Siedlung gibt es 160 m Höhenunterschied. Umgeben wird der Ort von bewaldeten Erhebungen. Unter ihnen der Untere Keilberg (687 m), Obere Keilberg (691 m), Laubberg (767 m) und Otilienstein (688 m). Bis zum 795 m hohen Kuhberg bei Stützengrün, der nordwestlich des Ortes liegt, sind es wenige Kilometer. Schönheide gilt als Hauptort der erzgebirgischen Bürsten- und Pinselerzeugung.

Zu erreichen ist Schönheide auf der Bundesautobahn Dresden – Plauen, Ausfahrt Reichenbach. Von hier aus fährt man auf der B 94 bis Rodewisch, danach auf der B 169 bis Rothenkirchen und biegt auf die Landstraße nach Schönheide ein. Benutzt man die Autobahnausfahrt Stollberg, dann folgt man der B 169 über Aue, Schneeberg bis Stützengrün und fährt dann auf der links abbiegenden Ortsverbindungsstraße zum Ziel. Der Ort hat keinen Eisenbahnanschluß. Busverbindung ist vorhanden.

Gegründet wurde die Siedlung in der ersten Hälfte des 16. Jahrhunderts als zweiseitiges Reihendorf. 1537 soll ein Urban Männel das erste Haus in der Heide gebaut haben, dem zwölf Jahre später weitere Anwesen folgten. Die älteste Schreibweise des Ortes ist »Schönheyd« oder »Schenheite«. 1563 sind 20 Hofstätten nachweisbar. Die Bewohner arbeiten im Wald, betreiben Landwirtschaft und, als man fündig wurde, Bergbau. Da jedoch die Grundherren kein Interesse dafür zeigten, liefen viele Bergleute davon, um anderwärts zu arbeiten. Gegen 1820 begann man in Schönheide die ersten Bürsten aus heimischen Rohstoffen herzustellen. Im Ortsteil Ascherwinkel gründeten 1823 Arbeiter die erste Bürstenfabrik auf Gegenseitigkeit. Ihr folgten neue Fabriken, viele von ihnen blieben Kleinbetriebe, und auch die Hausindustrie entwickelte sich. Gegenwärtig werden etwa 600 verschiedene Bürsten- und Pinselwaren hergestellt.

Die Kirche des Ortes stammt aus dem Jahre 1773. Sie wurde errichtet, nachdem der ursprüngliche Kirchenbau von 1596 eingestürzt war. Mehrfach verändert, erhielt sie ihr heutiges Aussehen durch den großen Umbau im Jahre 1902/03. Der stattliche Bau hat ein steiles Schieferdach und einen Westturm. – Im Ort gibt es mehrere beachtenswerte Umgebindehäuser.

Der Ortsteil Neuheide entstand 1651. Johann Heinrich Günther, späterer Oberförster in Schönheide, baute mitten im Wald ein Anwesen, ein »Viehhäusel«. Als er weitere Gebäude hinzufügte, erteilte ihm der Kurfürst 1678 die niedere Gerichtsbarkeit über das »ansässige Freigut«. Seit 1752 ist der Name »Neuheyde« im Gebrauch. – Ostwärts von der Hauptsiedlung liegt der Ortsteil Schönheiderhammer im Tal der Zwickauer Mulde. Hervorgegangen ist er aus einem Hammerwerk, das Georg Blöde 1566 erbaute. – Der Ortsteil Wilzschhaus ist einige Kilometer südlich abgelegen von der Hauptsiedlung. Erbaut wurde er an der Stelle, an der die Wilzsch in die Zwickauer Mulde einmündet.
Auskunft über den Ort und den Nachweis von Zimmern erteilt die Gemeindeverwaltung.

Schreyer, Max August, Forstmann, Schöpfer von Dichtungen in erzgebirgischer Mundart und Hochsprache. Geboren wurde er am 7. September 1845 in Johanngeorgenstadt. Hier war sein Vater als Bergassessor tätig. Er besuchte die Realschulen in Annaberg und Chemnitz. 1866 bezog er die Forstakademie in Tharandt und studierte Forstwissenschaft. Nach abgeschlossenem Studium wurde er 1873 Förster. Erste Anstellungen fand er in Zittau und Golk. Später wirkte er als Oberförster in Grünhain. Ab 1893 nahm er eine Stellung in Großpöhla (heute Pöhla) bei Schwarzenberg ein. Hier wurde er Forstmeister und Oberforstrat. 1919 trat er in den Ruhestand. Am 27. Juli 1922 starb er in Pulsnitz (Sachsen). Er schrieb in Mundart Lieder, Gedichte, Erzählungen und den Schwank »Dr Hammerlieb« sowie ein hochdeutsches Schauspiel. Zu seinen bekanntesten Gedichten gehören das 1893 geschriebene »De Schwamme« (»Dos is emol e

Schwammegahr ...«) und die Zustrophen zum »Heiligobndlied«. Bekannt wurde er durch sein Lied »Dr Vugelbeerbaam«, das inzwischen zum Schatz deutscher Volkslieder gehört.

Schulanfang, In keiner anderen Gegend Deutschlands wird der Schulbeginn aufwendiger betrieben als im Erzgebirge. Der Schulanfang ist ein Familienfest, das sich neben Kindtaufe oder Hochzeit stellen kann. Paten und Gäste kommen des Anlasses wegen selbst von weit her. Da die Wohnung der vielen Gäste und des umfangreichen Essens wegen nicht ausreicht, verlegt man die Feier in eine Gaststätte. Die bereits am Morgen eintreffenden Gäste bringen dem Schulneuling Geschenke mit, wichtigstes, die Schultasche und eine Uhr. Eltern und Paten begleiten den ABC-Schützen auf dem ersten Schulweg. Seit Ende des 19. Jahrhunderts ist es üblich, daß der Lehrer seinen neuen Schülern eine große Zuckertüte, auch »Schulanfangstüte« genannt, übergibt. Es ist üblich, diese Tüten an einen Baum zu hängen, an den »Zuckertütenbaum«, um sie dann für die Schüler wie reife Äpfel zu pflücken. Heimlich hatten sie die Eltern vorher ins Schulhaus gebracht. Sie sollen den ABC-Schützen den Schulalltag versüßen helfen. Buchstabensuppe, die man dem Kind verabreicht, soll seinen Verstand kräftigen, auch der Schlag mit der »Lebensrute«, einem immergrünen Zweig, soll ähnliche Wirkung haben.

Schumann, Robert, Bedeutender Komponist und Musikschriftsteller des 19. Jahrhunderts. Geboren am 8. Juni 1810 in Zwickau, gestorben am 29. Juli 1856 in Endenich bei Bonn.

Der Vater, Friedrich August Gottlob Schumann, betrieb gemeinsam mit seinem Bruder Friedrich seit 1807 in Zwikkau eine Verlagsbuchhandlung. Neben Zeitungs- und Zeitschriftenpublikationen wurde hier das achtzehnbändige »Staats-, Post- und Zeitungslexikon von Sachsen« herausgegeben, die erste umfassende Darstellung sächsischer Topographie und Geschichte. Auch Klassiker der Weltliteratur gehörten zum Verlagsprofil.

Das Geburtshaus von Robert Schumann liegt am Markt, es wurde 1956 in ein Museum umgestaltet. In der Burgstraße 2, Ecke Marktgäßchen stand das sogenannte »Jugendhaus«, in das der Vater seine Verlagsbuchhandlung 1817 verlegt hatte. Es wurde durch Kriegseinwirkungen völlig zerstört.

Robert Schumann.

In den Briefen Schumanns finden sich viele Erinnerungen an seine Heimatstadt und die erzgebirgische Landschaft. Schon während seiner Gymnasialzeit von 1820 bis 1828 zeigten sich seine musikalischen und literarischen Neigungen. Seine Wanderungen in die Bauerndörfer der Umgebung wie auch zu Verwandten nach Schneeberg entwickelten seinen Sinn für Volksmusik und Volksdichtung. Nach dem Abitur unternimmt er eine Reise nach Leipzig, Bayreuth und München. Beginn eines Jurastudiums, aber schon 1830 entstehen die ersten Kompositionen. Schon 1826 ist der Vater gestorben, 1836 stirbt die Mutter. 1841 Uraufführung der 1. Sinfonie im Gewandhaus in Leipzig. Verbindung mit Clara Wieck, der Tochter des Leipziger Musikpädagogen und Klavierhändlers Friedrich Wieck. Schumann schuf in den folgenden Jahren bis zu seiner Erkrankung 1854 sein umfangreiches, originelles musikalisches Werk, dessen herausragende Leistungen in der Klaviermusik und im Liedschaffen zu finden sind. Franz Liszt über ihn: »Als Mensch fühlte er den Drang, Schriftstellertum und Musik zu verbinden – als Musiker das Bedürfnis, die Geschichte der Musik mit denen der Poesie und Literatur in immer engere Verbindungen zu bringen.«

An Schumann erinnert in Zwickau das Robert-Schumann-Haus mit einer umfassenden Ausstellung zu Leben und Schaffen des Komponisten. Im Musiksaal des Schumann-Hauses finden Konzerte statt, hier ist auch der Sitz der Robert-Schumann-Gesellschaft. In Zwickau finden Internationale Robert-Schumann-Wettbewerbe für Klavier und Gesang statt, die Stadt vergibt für Musiker und Musikwissenschaftler den Robert-Schumann-Preis.

Schwartenberg, Aussichtspunkt, Landkreis Marienberg. Die 789 m hohe Kuppe liegt zwischen Neuhausen und Seiffen, im Volksmunde »Schwarte« geheißen. Der Berg gilt als eine der schönsten, eigenartigsten Erhebungen des Erzgebirges. Zum Gipfel gelangt man von Neuhausen oder Kurort Seiffen aus. Im wesentlichen besteht der Berg aus grauem Gneis von unterschiedlicher Beschaffenheit, entstanden im jüngeren Präkambrium. Er ist ein von der Tiefenerosion losgelöster, erniedrigter Rest der Erzgebirgshochfläche. Aus der Ferne wirkt der Berg wuchtig. Seinen besonderen Reiz erhält er durch die sich zum Gipfel hinziehenden Felder und Wiesen, die durch mit Buschwerk bewachsene Feldstreifen und Rücken aus Lesesteinen durchbrochen werden.

Der Erzgebirgsverein errichtete 1927 auf dem Schwartenberg ein festes Haus. Vom Gipfel und den kleinen Klippen auf ihm gibt es eine schöne Fernsicht, die lediglich im Süden versperrt wird durch die mächtigeren Kammhöhen. Zu sehen sind u. a. der Fichtelberg, die Augustusburg, Frauenstein oder die Talsperre Rauschenbach bei Cämmerswalde.

Auf dem Berg befindet sich eine Baude mit Gaststätte und ein Fernsehumsetzer. Die Berggaststätte ist ganzjährig geöffnet, die Baude hat Übernachtungsmöglichkeiten.
Auskunft über den Berg und seine Umgebung erteilt die Gemeindeverwaltung Neuhausen, die Kurverwaltung Seiffen oder der Schwartenbergwirt.

Schwarzenberg, Kreisstadt am Zusammenfluß von Schwarzwasser, Pöhlwasser, Schwarzbach und Oswaldbach, die eine breite Talweite ausgearbeitet haben, in dem sich die Industrie der Stadt ansiedelte. Die Schwarzwasserschleife, die den Felssporn umfließt, auf dem die Altstadt und das Ensemble von Schloß und Kirche liegen, gilt als eines der tiefsten Einschnitte des Westerzgebirges. In der Altstadt gibt es nahezu keine Industrie. Ihr Zentrum steht des städtebaulichen Wertes wegen unter Denkmalschutz. Schwarzenberg liegt zwischen 428 und 650 m hoch. Gemäß ihrer Lage und ihres Stadtbildes wegen wird die Stadt »Perle des Erzgebirges« genannt.

Zu erreichen ist Schwarzenberg auf der Autobahn Dresden – Plauen, Ausfahrt Stollberg. Von hier aus befährt man die B 169 und ab Aue die B 101, die nach etwa 10 Kilometern die Stadt berührt. Man kann auch von Stollberg aus auf Ortsverbindungsstraßen über Zwönitz – Grünhain – Beierfeld das Ziel erreichen. Die Straße ist denen zu empfehlen, die Wert auf landschaftliche Reize legen. Schwarzenberg hat Eisenbahnanschluß an der Linie Zwickau – Johanngeorgenstadt oder Annaberg-Buchholz. Busverbindungen bestehen nach allen Richtungen.

Burg und Siedlung entstanden in gegenseitiger Abhängigkeit um 1150. Die Burg, notwendig geworden zum Schutz des Schwarzwasser-Überganges, eines alten Handelsweges nach Böhmen, postiert sich auf einem steil abfallenden Felssporn. Auf dem Felsplateau siedelten sich Akkerbürger und Handwerker an. »Swartzenberg« wird in den Urkunden erstmals 1282 erwähnt. Die Bezeichnung weist auf einen dunklen, bewaldeten Höhenzug hin.

Als die Elsterberg-Lobedaer 1334 in Schwarzenberg die Lehnsträgerschaft übernahmen, war aus der Burg ein Herrensitz geworden. Danach besaß sie Otto von Leisnig. Als dessen Geschlecht in Schulden geriet, gingen Burg, Herrschaft und Stadt in die Hände derer von Tettau über. Die wiederum verkauften den Besitz 1533 dem sächsischen Kurfürsten. Der ließ die Burg 1558 von Wolf von Schönberg zu einem Jagdschloß umbauen. Fachwerkhäuser wurden durch steinerne ersetzt. Die Jahreszahl über dem Torbogen des Schlosses weist darauf hin. Beim Stadtbrand von 1709 wurde auch das Schloß eingeäschert, aber danach wieder aufgebaut. Dabei bekam es im wesentlichen das heutige Aussehen. Die Zwiebelhaube, die der Bergfried bekam, wurde 1852 durch das Kegeldach ersetzt. Weitere Umbauten erfolgten am Nordflügel um 1870. Heute sind im Schloß untergebracht das Museum »Erzgebirgisches Eisen und Zinn«, das Kreisgericht und einige andere Einrichtungen.

Über die Jahrhunderte hinweg war die Stadt vor allem von Ackerbürgern bewohnt. Da aber immer mehr Verwaltungen und Ämter in die Stadt kamen, wurde sie zum Wohnort für Beamte und Bedienstete. Der um die Stadt herum betriebene Bergbau macht sie zum Mittelpunkt eines Bergwerksbezirkes. Durch den Bau von Eisenbahnen konnte sich vor allem um die Jahrhundertwende eine vielseitige Industrie ansiedeln.

Schwarzenberg ging dadurch in die Nachkriegsgeschichte ein, weil es vom 8. Mai bis 21. Juni 1945 ohne fremde Truppen, Niemandsland, war. Das Gebiet wurde

Schwarzenberg, Schloß.

bis zum Einmarsch der Roten Armee von einer provisorischen Volksregierung geleitet (Roman von Stephan Heym »Schwarzenberg«). Von 1946 bis 1956 gab es in der Stadtnähe Bergbau auf Uranpechblende.

Schwarzenberg hat im 13. Jahrhundert seine Stadtrechte erworben. Die mittelalterliche Siedlung hatte eine 15 Ellen hohe und 3 Meter dicke Stadtmauer mit zwei Toren, dem oberen und niederen. Nach Erstürmung durch die Hussiten mußte die Stadtmauer bis auf den Rasen geschleift werden.

Die erhalten gebliebenen Tore wurden im 19. Jahrhundert abgetragen.

Ursprünglich standen Schwarzenbergs Kirche, Schule, das Pfarr- und Brauhaus an der Nordwestecke des Felsendreiecks. Nach dem Stadtbrand baute man die längst zu klein gewordene Kirche nicht wieder auf. Der kleine Platz am Niederen Tor, auf dem eine Eiche wächst, erinnert an den alten Friedhof, der die Kirche umgab. 1690 legte man den Grundstein einer neuen Kirche, direkt neben dem Schloß. Nach neunjähriger Bauzeit konnte die heutige Sankt Georgen-Kirche 1699 eingeweiht werden.

Die einschiffige Hallenkirche ist ohne jeden Strebepfeiler. Eine flache Kehlbalkendecke, verbunden mit dem darüberliegenden Dachstuhl, ruht auf den Grundmauern. Die Fläche ist 18 Meter breit und 34 Meter lang. Sie ist dem Barock gemäß plastisch reich verziert. Auffallend sind zwei Engelsfiguren. Die Emporen sind wie Schwalbennester um das Kirchenschiff herum angebracht.

Unterhalb der Altstadt, am Schwarzwasser, liegt die Vorstadt, der frühere Topfmarkt. Durch die Wassernähe gab es hier Mühlen, Gerbereien, Färbereien, Schmelzen und Hämmer. Unter ihnen war auch der Kugelhammer, ein behäbiges Gebäude, 1989 restauriert. Hier wurden einstmals Stückkugeln für die sächsischen Truppen gefertigt. In diesem Haus kam die weltberühmte Sopranistin Elisabeth Rethberg (1894–1976) (s. d.) zur Welt. Am Haus ist eine Gedenktafel angebracht. Südostwärts der Oberstadt liegt die seit 1847 bestehende Parkanlage »Ottenstein«. Der Sage nach soll Kaiser Otto auf einem Kriegszug hier gerastet haben. Als er vor sich den heutigen Schloßfelsen sah, habe er ausgerufen: »Auf diesem schwarzen Berg laßt mich ein festes Haus errichten!« 1863 gründete der Stadtrat Bauer am Fuße des Parks das »Bad Ottenstein«. Hier nahm man Luft- und Badekuren.

Im Felsgelände rings um Schloß und Kirche, hier vor allem, wächst Schwarzenbergs botanische Rarität, das »Schwarzenberger Edelweiß«, auch Spanische Wucherblume genannt (Chrysanthemum partheniifolium). Dem Aussehen nach ist die Pflanze leicht zu verwechseln mit der Kamille. Oft hat ein Stock mehr als hundert weiße Blütensterne. Sie zeigen sich von Juli bis September. Wahrscheinlich wurde ihr Samen mit spanischer Korkrinde eingeschleppt.

Hinter dem Schwarzwasser steigt kulissenartig 30 Meter

hoch der Totenstein empor, Schwarzenbergs weitere Parkanlage, mit einzelnen Felsgruppen und Kanzeln, die schöne Blicke auf die Stadt zulassen. Der Sage nach soll vor Zeiten hier ein Lindwurm gehaust haben, den Ritter Georg erlegte, aber dabei selbst den Tod fand, indem er mit seinem Roß über den Felsabhang sprengte und im Gestein des Schwarzwassers zerschellte. Das Bildnis des Ritters ist Schwarzenbergs Wappensymbol. Die Kirche ist nach ihm benannt.

Eine weitere Parkanlage befindet sich am Rockelmann mit einer Freilichtbühne und der Feierstätte. Sie ist 102 Meter breit, in der Waagrechte 130 Meter tief, über 174 Stufen erreicht man eine Höhe von 30 Metern. Die Anlage faßt 20 000 Zuschauer.

Im Wohngebiet Sachsenfeld gibt es ein Schlößchen. Sein ältester Teil ist der aus dem 16. Jahrhundert stammende Treppenturm. Ein stark verwittertes Portal am Wohnbau trägt die Jahreszahl 1593. Das Wohngebiet Neuwelt liegt an der B 101 in Richtung Aue, Wildenau ebenfalls an der B 101, befindet sich südostwärts der Stadt. Neubaugebiete hat Schwarzenberg auf den Höhen im Westen und am Krähenhübel im Nordosten, nach Beierfeld zu.

Schwarzenberg verfügt über die älteste und schönste Ortspyramide des Erzgebirges. Sie ist 1935 entstanden, sieben Meter hoch, hat ein Glockenspiel und ist mit Figuren bestückt des Schnitzers Lang, die Weihnachtsgeschichte, Bergleute und Engel darstellend. Sie ist in der Nähe des Postamtes aufgestellt. Eine weitere Ortspyramide steht im Wohngebiet Neuwelt. Im Weichbild der Stadt stehen sechs Großschwibbogen. Die Pyramiden werden in der Weihnachtszeit betrieben, die Schwibbogen beleuchtet.

In Schwarzenberg lebte eine Zeitlang Amalie von Elterlein (1784–1865), der man das erzgebirgische Heiligabendlied (s. d.) zuschreibt. Eine Gedenktafel befindet sich an ihrem Sterbehaus in der Oberen Schloßstraße. Der erzgebirgische Mundartdichter Curt Rambach (1871–1930) wirkte hier. Schwarzenberg war die Wirkungsstätte des Geschichtswissenschaftlers Walter Fröbe (1889–1946) (s. d.), der sich um das Westerzgebirge Verdienste erwarb.

Weithin bekannt sind die in der Sankt Georgen-Kirche stattfindenden Konzerte. Jedes Jahr, in der Zeit zwischen dem 2. und 3. Advent, findet der Schwarzenberger Weihnachtsmarkt statt mit einem Bergaufzug am Samstag vor dem 3. Advent.

Auskunft über die Stadt und ihre Umgebung und Quartiernachweis erhält man durch »Schwarzenberg-Information«, Erlaer.

Seiffen, Landkreis Marienberg. Der Kurort im Tal des gleichnamigen Baches, nahe der Grenze zur ČSFR, wird das »Spielzeugdorf des Erzgebirges« genannt. Mit Ortsteilen Heidelberg, Oberseiffenbach, Steinhübel, Friedenshöhe und Seiffengrund.

Der Kraftfahrer erreicht den Ort über die B 174 bis Marienberg, dann weiter auf der B 171 über Zöblitz nach Olbernhau, Landstraße bis Seiffen. Busverbindungen nach Deutscheinsiedel, Deutschneudorf, Neuhausen, Sayda, Olbernhau und Freiberg. Ein direkter Bahnanschluß existiert nicht, Strecke Chemnitz – Flöha – Olbernhau, dann weiter mit dem Bus.

Erste urkundliche Erwähnung 1324. Ortsname und Entstehung sind mit dem Zinnbergbau (s. d.) verknüpft; Zinnkörner wurden aus dem Verwitterungsschutt ausgewaschen (»ausgeseift«). Bergbaubeginn um 1400, die Herrschaft Purschenstein hatte hier ein eigenes Bergamt mit Pochwerk und Schmelzhütte. Mitte des 19. Jahrhunderts Erlöschen des Bergbaus. Seit 1488 Glashütte am Hang des Schwartenberges (798 m), der höchsten Erhebung der Seiffener Gegend. Nach dem Dreißigjährigen Krieg Zuzug von Exulanten aus Böhmen. Mit dem Rückgang des Bergbaus entwickelten sich hier Gewerbe der Holzbearbeitung, zunächst hölzerne Haushaltsgegenstände, dann Spielzeug (s. Erzgebirgische Spielzeugmacher). Schon 1699 brachte Johann Friedrich Hiemann »Seiffener Ware« zur Leipziger Messe. Zu Beginn des 19. Jahrhunderts Entwicklung der Reifendreherei (s. d.), charakteristisch für Seiffen sind die vielen über Generationen geführten Handwerksbetriebe mit typisch erzgebirgischen Spielzeugprodukten.

Seiffen ist eine Streusiedlung mit teilweise noch gut erhaltenen holzverkleideten Spitzgiebelhäusern. Überragt wird der Ortskern durch die am Hang liegende Barockkirche (1776/79 entstanden). Achteckiger Grundriß mit hohem Zeltdach, Glockentürmchen und Galerie. Im Inneren klassizistischer Kanzelaltar, achtarmiger Glashängeleuchter aus dem 17. Jahrhundert, hergestellt vermutlich in der Glashütte Heidelbach. Nach seinem Vorbild Holzleuchter ähnlicher Form. Rathaus mit Walmdach von 1926.

Wichtigste Sehenswürdigkeiten sind das Spielzeugmuseum mit Schauwerkstatt und das Freilichtmuseum. Ein Wasserkraft-Drehwerk von 1758/60 ist der Kern des Freilichtmuseums, in welchem Wohn- und Lebensverhältnisse der Spielzeugmacher demonstriert werden. Zum Freilichtmuseum gehören auch ein Bergmannshaus von der Seiffener Binge, ein Flößerhaus aus Rechenberg-Bienenmühle, ein Wasserkraftsägewerk aus Pfaffenhain u. a. Im Spielzeugmuseum werden viele bedeutende künstlerische Leistungen der Seiffener Spielzeugmacher gezeigt, Schauwerkstatt und Verkauf von Seiffener Produkten.
Auskünfte: Spielzeugmuseum und Gemeindeverwaltung.

Sieber, Siegfried, Lehrer, Forscher und Schriftsteller. Geboren wurde er am 27. März 1885 in Oschatz. Seine Vorbildung erhielt er am Kreuzgymnasium in Dresden. Hier war er zugleich Mitglied des Kreuzchors. Studiert hat er an der Universität Leipzig die Fächer Deutsch, Geschichte und Erdkunde. Er promovierte zum Doktor der Philosophie. 1913 erhielt er an der Oberschule in Aue eine Anstellung als Lehrer und blieb hier 34 Jahre lang im Amt. 1919 gründete er die Auer Volkshochschule, später das Heimatmuseum. Ihm gelang es, den Ringwall bei Blauenthal und die Reste der Isenburg bei Hartenstein freizulegen. Bereits während seiner Studienzeit trat er mit Veröffentlichungen hervor. Aus der Fülle seiner Bücher seien genannt »Das Erzgebirge« (1930), »Die Geschichte des Blaufarbenwerkes Niederpfannenstiel« und »Zur Geschichte des erzgebirgischen Bergbaus« (1954), ferner die beiden Bände über das Spitzenklöppeln im Erzgebirge. Verdienste erwarb sich Dr. Sieber bei der Mitarbeit an der wissenschaftlichen Reihe »Werte unserer Heimat«, zu der er drei Bände beisteuerte. Von ihm stammen Erzählbände und der Roman »Kleine Stadt im Sturm« (1943). Für seine Verdienste um die Heimatforschung im Erzgebirge verlieh ihm die Akademie der Wissenschaften die Leibnitz-Medaille und die Stadt Aue die Rechte eines Ehrenbürgers. Im Alter von 92 Jahren starb Dr. Sieber am 18. Juli 1977 in Aue.

Siegert, Hans, Lehrer, Schriftsteller. Er wurde am 17. Januar 1868 als Sohn eines Lehrers in Hammerunterwiesenthal geboren. Aufgewachsen ist er bei den Großeltern, einem Försterehepaar in Tellerhäuser. Später kam er nach Dresden und war von 1882 bis 1888 auf dem Lehrerseminar in Annaberg. Seine erste Anstellung als Hilfslehrer hatte er 1888 in Buchholz. Ab 1891 war er Lehrer und später Schuldirektor in Leipzig. 1931 trat er in den Ruhestand und starb am 6. Juni 1941 in Leipzig. Er schrieb in Hochsprache und Mundart Lieder, Gedichte, Erzählungen und Theaterstücke, viele volkskundliche Abhandlungen und einen Roman. Bekannt wurden seine Sammlung »Ernstes und Heiteres aus dem Erzgebirge« (1940), »Rund üme Fichtelbarg« (1937) und sein Schwank »E bieser Traam« (1896).

Silbermann, Gottfried, Bedeutender deutscher Orgelbaumeister. Geboren am 14. Januar 1683 in Kleinbobritzsch (Erzgeb.), gestorben am 4. August 1753 in Dresden. Der Vater, Michael Silbermann, war Landwirt und Zimmermann, er heiratete in zweiter Ehe Anna Maria Preußler, die ihm drei Söhne gebar, die späteren Orgelbauer Andreas (geb. 1678) und Gottfried. Geburtshaus in Kleinbobritzsch mit Gedenktafel für die Brüder Silbermann. 1686 zog die Familie nach Frauenstein: In der Hayngasse Gedenktafel mit Hinweis auf Kindheitsjahre Silbermanns in Frauenstein. Bei seinem Bruder Andreas, der in Straßburg als Orgelbauer wirkte, erlernte er das Orgelbauerhandwerk. Gottfried Silbermann kehrte dann in seine erzgebirgische Heimat zurück. 1710 entstand sein erstes eigenes Werk, die Orgel für seine Heimatstadt Frauenstein. Es folgt sein Umzug nach Freiberg, wo er am 8. Oktober 1710 den Vertrag über den Bau einer großen, dreimanualigen Orgel für den Freiberger Dom unterzeichnete. In dem ehemaligen Regimentshaus oder auch »Reitwache« genannt, heute Otto-Nuschke-Platz (mit Gedenktafel), hatte Silbermann bis 1751 seine Werkstatt und seinen Wohnsitz. Nach dem Abschluß der Arbeit im Freiberger Dom, ein Werk, das sich einerseits durch eine technische Perfektion, andererseits eben durch die besonderen Grundzüge des Klanges auszeichnete, die Silbermann für seine Orgelbauwerke schuf, entstanden in den folgenden Jahrzehnten vor allem im sächsischen Raum viele Orgeln, von denen ein Großteil noch heute existiert. So die Orgeln in Rötha, Forchheim, Großhartsmannsdorf, Fraureuth, Burgk (Saale), Dresden (Kath. Hofkirche) u. a. Sein letztes und umfangreichstes Werk war die Orgel für die katholische Hofkirche in Dresden, die Übergabe erlebte Gottfried Silbermann nicht mehr, er verstarb 1753.

Silbermann hat in der Zeit der Hochbarockorgeln eine ganz eigenständige Klangmöglichkeit seiner Werke entwik-

Silbermann-Orgel in Forchheim (Bergland-Mosaik S. 250).

kelt, die schon in die Orgelwerke der Frühromantik hinüberweisen. Im Heimatmuseum Frauenstein im Schloß Gedenkausstellung für den Orgelbaumeister.

Silvester, Von den drei erzgebirgischen Heiligabenden ist der von Silvester der zweite. Als Jahresabschluß und inmitten der Internächte liegend, hat er als Lostag besondere Bedeutung. Bei Tage werden von der Hausmutter die Speisen vorbereitet, denn pünktlich um 18 Uhr sitzt die Familie am Tisch, bei brennenden Kerzen, um das »Neunerlei« zu essen. Denn wer gesättigt das neue Jahr beginnt, bleibt es fortan. So will es der Volksglaube, und noch mehr. Man ißt darüber hinaus Weißkraut, Hering oder Hirsebrei, dann hat man das ganze Jahr über Geld. Äpfel verursachen Schwären. Ein langes Leben ist dem gewiß, der bei der Suppe reichlich zulangt. Sind im Haus alle Töpfe gefüllt, bleiben sie es auch im neuen Jahr. Zieht man ein Kleidungsstück verkehrt herum an, geht es einem das ganze Jahr über verkehrt. Verlöscht das Feuer im Ofen, verlöscht auch künftiger Wohlstand. Wer etwas zerbricht, hat sein Glück zerbrochen. – Gießt man im Verlauf des Abends Blei, muß es durch einen Erbschlüssel erfolgen. Aus den dabei entstandenen Gebilden offenbart sich die Zukunft. Junge Mädchen sagen dazu her: »Ich gieß mei Zinn un Blei. Wos werd sei Handwark sei?« Aus den entstandenen Gebilden versucht man es zu erkennen. – Noch bevor es Mitternacht wird, steckt man sich ein verhärtetes Fischauge in die Geldbörse, dann wird es nie an Geld mangeln. Man muß auf alle Fälle Geld bei sich haben, darf davon aber nichts ausgeben. Wer es zählt, dem läuft es davon. – Mit Raketen und Böllerschüssen vertreibt man böse Geister vor dem neuen Jahr. Man reißt die Fenster auf, damit das alte Jahr hinaus, das neue herein kann. Von einem Stuhl springt man während des Glockenläutens in das neue Jahr.

Soph, Hans, Mundartdichter, Komponist und Sänger. Selbst nannte er sich »Schubert-Hans vun dr Platt«. Er kam am 19. Januar 1869 in Platten (Horni Blatná, ČSFR) als neuntes von zwölf Geschwistern zur Welt. Sein Vater war Posamentierer und Weißwarenhändler. Der Junge lernte nach seinem Schulbesuch Porzellanmaler in Altrohlau (Stará Role, ČSFR) und Aue. Nach seinem Lehrabschluß zog er durch das Land und arbeitete als Maler in Johanngeorgenstadt, Lobenstein, Hannover, Wien, Bad Lausick, um sich dann endlich 1902 in Zwickau als kunstgewerblicher Maler niederzulassen. Seine ersten Lieder entstanden während seines Wanderlebens. In Zwickau lebte er bis zu seinem Tode, am 24. Januar 1954, zuletzt in ärmlichen Verhältnissen. Von ihm gibt es 60 Lieder in erzgebirgischer Mundart. Viele davon erschienen auf Liedpostkarten, die seit 1915 bei einem Zwickauer Verleger herauskamen und zu denen Soph den Bildschmuck lieferte. Später erschienen in einem Leipziger Verlag Hefte mit Notenmaterial für Singstimme und unterschiedlicher Begleitung. Zu Sophs vielgesungenen Liedern zählen »De Balkenharmenie«, »Mei Haamit läßt mich grüßen«, »Dr Rutschwanz« (»Bist de aah schu do ...«), »De Zipp«. Auch als Maler machte sich Soph einen Namen.

Schellerhau, Dorfkirche.

Sosa, Landkreis Aue. Mit dem Ortsteil Riesenberger Häuser. Die Dorfgemeinde liegt 20 km südlich der Kreisstadt. Sosa ist ein staatlich anerkannter Erholungsort. Die Häuser des Dorfes sind eingebettet in die Talmulde des Sosabaches. Waldbewachsene Höhen umgeben den Ort. Unter ihnen der Hirschknochen (743 m ü. NN), Sonnenberg (731 m ü. NN) und Hirschkopf (698 m ü. NN). Bis zum zweithöchsten Berg Sachsens, dem 1037 m hohen Auersberg, sind es nur wenige Kilometer.

Zu erreichen ist Sosa auf der Bundesautobahn Dresden – Plauen, Abfahrt Stollberg. Von hier befährt man die B 169 nach Aue. Auf der Marktkreuzung biegt man rechts ab und benutzt die Landstraße nach Eibenstock, von der man in

Blauenthal links abfährt und nach wenigen Kilometern das Ziel erreicht. Sosa hat keinen Eisenbahnanschluß. Der nächste Bahnhof ist Blauenthal. Von der Kreisstadt her besteht Busverbindung.

Den Ort gründeten acht oberfränkische Bauern um 1200 als Waldhufendorf. Urkundlich erstmals erwähnt wird er 1453 als »Sossaw«, mundartliche »de Soose« genannt, was soviel heißt wie »Sasse«. Die Landwirtschaft war wenig ertragreich, deshalb trieben die kleinen Bauern nebenher Waldgewerbe, als man fündig wurde, Bergbau. Der Seifenbetrieb auf Zinn und der Bergbau auf Eisen, Wismut und Kobalt ist seit 1500 nachweisbar. Die Ausbringung war groß genug, daß im 18. Jahrhundert alle männlichen Bewohner im Bergwerk ihre Beschäftigung fanden. Verhüttet wurden die geförderten Erze im nahen Wilden- und Blauenthal.

Als der Bergbau zurückging, zogen die Sosaer Männer als Landreisende mit Arzneiwaren und Klöppelspitzen in die Welt. Andere fanden Arbeit in den Wäldern. Seit der Jahrhundertwende fahren viele auswärts, um einer Beschäftigung nachzugehen. Der Ort selbst hat kaum Industrie.

Im Höllengrund, vom Ort durch den Hirschkopf und Hirschknochen getrennt, entstand 1949/50 eine Talsperre zur Versorgung des bevölkerungsreichen Westerzgebirges mit Trinkwasser (s. d.). – Im Zentrum des Dorfes, entlang der Hauptstraße, gibt es ein Ensemble von Fachwerk- und Umgebindehäusern aus dem 17. und 18. Jahrhundert. – Die Kirche wurde 1616/17 erbaut, der Turm 1700. – Zum Ort gehört die Jugendherberge »Rote Grube«, etwa 820 m hoch gelegen, auf einer Blöße mitten im Wald.

Die den Ort umgebenden Wälder bieten schöne Wanderwege und sind ein ideales Gelände für Skitouren.

Auskunft über den Ort und Zimmernachweis erteilt die Gemeindeverwaltung.

Sosa, Talsperre, Landkreis Aue. Im Tal der Kleinen Bokkau, südlich des Ortes Sosa. Die 1949/50 erbaute Trinkwassertalsperre versorgt Städte und Dörfer des westlichen Erzgebirges. Erbaut wurde sie innerhalb von 18 Monaten. Sie liegt 640 m ü. NN und staut 6 Millionen Kubikmeter Wasser auf einer Fläche von 36 Hektar. Breit ist sie 400 m, lang 1600 m, mit einer Tiefe bis zu 48 m. Die 200 m lange Sperrmauer gründet 10 m tief. Sie ist am Fuß 40 m mächtig und 59 m hoch. Das Wasser gelangt über ein 40 km langes Leitungsnetz, in das vier Hochbehälter eingeschlossen sind, zu

Sosa, Talsperre.

den Orten des Verbrauchs. In einer Sekunde gibt die Talsperre 170 Liter Trinkwasser ab.

Spielzeugmacher, Erzgebirgische, Wie so viele andere Volkskünste und Gewerbe hat auch die Spielzeugmacherei im Erzgebirge ihren Zusammenhang zum Bergbau. So entstand mit dem Niedergang des Zinnbergbaus im Seiffener Gebiet zunächst das Drechslerhandwerk. Die umgebenden Wälder boten den Rohstoff Holz, und mit Wasserkraft wurden die ersten Drechselbänke angetrieben. Für 1763 ist das erste »Drehstübchen« in einer Pochwerkstatt in Seiffen belegt, zwei Jahre später gab es schon Drechsler in achtundzwanzig Drehladen. Neben Haushaltsgeräten und Spielzeuginstrumenten für Kinder entstanden auch die für Seiffen typischen Spielzeugminiaturen oder »Männeln«.

Schon um 1800 setzt eine Differenzierung und Spezialisierung in diesem Gewerbe ein. Neben der Reifendreherei (s. d.) entstand Bewegungsspielzeug, die Spanbaumherstellung, im Zentrum aber blieb die volkskünstlerische Ausprägung der Miniaturfiguren. 1843 werden mehr als 800 Familien genannt, die im Bereich der Herrschaft Purschenstein vom Spielzeuggewerbe lebten.

Die Spielzeugmacherei war ein Hausgewerbe: Die Wohnstuben der Spielzeugmacher waren zugleich ihre Werkstätten, und an der Herstellung war die ganze Familie beteiligt. Vertrieben wurde das Spielzeug durch Händler oder Verleger, die die großen Märkte damit belieferten. Neben Seiffen und den umliegenden Dörfern entwickelte sich das Spielzeugmachergewerbe auch in Olbernhau, Marienberg und Grünhainichen. In der Mitte des 19. Jahrhunderts entstanden neben dieser handwerklichen Produktion in diesem Raum auch Fabriken, die Spielzeug herstellten. Die soziale Situation der Spielzeugmacher war und blieb schwierig. So betrug der wöchentliche Verdienst einer sechsköpfigen Familie, die ca. 6000 Reifentiere herstellte, sieben Mark. Das Erzgebirge galt deshalb bis ins 20. Jahrhundert als eine »Armenstube« Deutschlands.

Neben der immer stärker wachsenden industriellen Spielzeugproduktion im 20. Jahrhundert gab es auch Bestrebungen von Volkskünstlern und Volkskundlern. Hier sind der langjährige Direktor des von ihm begründeten Museums für Volkskunst in Dresden, Prof. Oskar Seyffert, zu nennen, aber auch der Direktor der Seiffener Fachgewerbeschule, Prof. Alwin Seifert, die sich der Wahrung der Tradition im erzgebirgischen Spielzeugmacherhandwerk annahmen. Nach 1945 waren es Prof. Adolf Spamer, Prof. Manfred Bachmann und Prof. Reinhold Langner, die sich der Pflege dieses volkskünstlerischen Bereiches widmeten. Zugleich gab es auch Bemühungen, in der industriellen Produktion von Spielzeug traditionelle Elemente stärker einzubeziehen. Über Geschichte und Gegenwart des Spielzeugmachergewerbes informiert neben dem Museum für Volkskunst in Dresden vor allem das Spielzeugmuseum und das Freilichtmuseum in Seiffen.

Spitzenklöppelei im Erzgebirge, Die Spitzenklöppelei im Erzgebirge hängt eng mit dessen Bergbaugeschichte zusammen. Mit dem Abflauen des Silberbergbaus in Annaberg und anderen Städten des Gebirges war die Notwendigkeit der Ansiedlung neuer Gewerbe gegeben. So kam auch durch den Austausch von Musterbüchern aus Italien, das als Ursprungsland der Spitzenherstellung angesehen wird und aus den Niederlanden, wo man seit dem 16. Jahrhundert Klöppelspitzen fertigte, dieses Hausgewerbe nach Annaberg, das zum ersten Zentrum der Klöppelei im Erzgebirge wurde.

Die Verlegerin Barbara Uttmann (s. d.), die fälschlicherweise oft als die Erfinderin des Klöppelns im Erzgebirge bezeichnet wurde, hatte maßgeblichen Anteil an der Verbreitung, zeitweilig soll sie »allein gegen 900 Bortenwirkerinnen geführdert« haben. Von Annaberg aus verbreitete sich das Gewerbe bald über das ganze Gebirge, man schätzt, daß im 16. Jahrhundert ca. 10 000 Frauen, 1743 14 000 und Mitte des 19. Jahrhunderts weit über 50 000 Menschen einen Teil ihres Lebensunterhalts durch die Klöppelei erwarben. Es entstanden Klöppelschulen, 1767 zuerst in Thum, später in mehr als fünfundzwanzig Orten. In Schneeberg wurde mit der Gründung der Königlich-Sächsischen Spitzenklöppel-Musterschule 1878 mit der Ausbildung von Klöppellehrerinnen begonnen.

Obwohl es zu Beginn des 20. Jahrhunderts nochmals zu einem Aufschwung der Klöppelei durch verstärkte Exporte nach Amerika kam, wurde die Handklöppelspitze durch maschinelle Produkte immer stärker vom Markt verdrängt. Das Klöppeln blieb im Schneeberg-Schwarzenberger Bereich ein Hausgewerbe, aber mehr und mehr wurde es zu einer volkskünstlerischen Freizeitbeschäftigung.

Die Fachschule für angewandte Kunst in Schneeberg fördert in einem besonderen Ausbildungsgang dieses traditionelle Gewerbe. In Schwarzenberg, Schneeberg und Raschau existieren Betriebe, die Handklöppelspitzen vertreiben. Neben der traditionellen Gebrauchsspitze haben sich mittlerweile Formen der Bildklöppelei und andere künstlerische Formen textiler Gestaltung entwickelt.

Steigerlied, Aus dem Weckruf der Schneeberger Bergleute »Stieh auf! Stieh auf!« oder »Wach auf! Wach auf!« wurde das über ganz Europa verbreitete Bergmannslied »Glückauf, der Steiger kommt«.

Das älteste Zeugnis stammt aus dem Jahre 1678. Da wurde das Lied anläßlich eines Fürstenbesuches auf dem Schneeberger Marktplatz von Bergleuten mit brennenden Grubenblenden gesungen. 1680 erwähnte es der Scheibenberger Chronist Christian Lehmann. Im »Neu-vermehrten vollständigen Berg-Lieder-Büchlein...«, das zwischen 1700 und 1710 erschien, findet sich das Lied erstmals gedruckt. Dort heißt der Text: »Wach auf, der Steyer kömmt...« Von diesem Lied gibt es in der Zwischenzeit mehr als ein Dutzend Fassungen. Es ist nahezu in allen deutschen Volksliedsammlungen zu finden.

Steinerner Wald, Chemnitz. Ostseite des Städtischen Museums. Auch Versteinerter Wald genannt. Hier findet sich eine Gruppe von versteinerten Baumstämmen, die im 19. Jahrhundert an verschiedenen Fundplätzen im Stadtgebiet u.a. in Hilbersdorf und am Sonnenberg gefunden wurden. Es handelt sich dabei um heute ausgestorbene Gymnospermen, deren Alter auf ca. 250 Millionen Jahre geschätzt wird. Die Bäume erreichten beträchtliche Ausmaße; So finden sich am Orth-Denkmal in Hilbersdorf (einer Fundstelle, benannt nach dem Architekten Orth) Teile eines Stammes von mehr als 26 Meter Höhe. Am Museum sind Stammteile von einstmals mehr als 5 Meter Umfang zu sehen. Die versteinerten Stämme werden Dadoxylon genannt.

Die Bergung und Aufstellung der versteinerten Stämme ist dem Chemnitzer Lehrer und Paläobotaniker Prof. Dr. Johann Traugott Sterzel und dem Baumeister Max Güldner zu danken. Nach Sterzel wurde auch die paläobotanische Abteilung des Städtischen Museums »Sterzeleanum« benannt, in welchem der Besucher ausführlich über die Lebenswelt und Fundgeschichte der versteinerten Stämme informiert wird.

Steinheidel, Landkreis Schwarzenberg. Siedlung mit Ortsteil Erlabrunn im Schwarzwassertal.

Der Kraftfahrer erreicht den Ort über die Talstraße, die von Schwarzenberg nach Johanngeorgenstadt führt. Bahnanschluß an der Strecke Schwarzenberg–Johanngeorgenstadt, Bahnhof Breitenbrunn. Busverbindungen in verschiedene Richtungen.

Steinheidel, eine Streusiedlung auf einer Hochfläche, als Waldstück 1534 Steinheidl (steinige Heide) bezeichnet, entwickelte sich erst im 20. Jahrhundert aus einer kleinen Ansiedlung, in der bis 1840 Bergbau betrieben wurde, zu einer größeren Wohnsiedlung. Für den nach 1945 einsetzenden Uranbergbau der SDAG Wismut wurden neue Siedlungsteile an den bisherigen alten Dorfbereich angeschlossen. Die Schule aus dem Jahre 1888 dient heute Wohnzwecken.

Erlabrunn, Ortsteil von Steinheidel, erstmals als Zinnzeche 1616 erwähnt, als Waldstück Erlebrunn schon 1591. Kleine Siedlung bis ins 20. Jahrhundert, 1755 wohnten in einem bergfreien Haus 10 Personen. Im Zusammenhang mit dem Uranbergbau entstand eine neue Siedlung mit großem Bergarbeiterkrankenhaus-Komplex. Nicht weit vom Krankenhaus entfernt befindet sich eine Postdistanzsäule, ihre ursprüngliche Herkunft ist unbekannt. Gaststätte Teumerhaus 1652 von einem Glaubensflüchtling aus Böhmen als

Schloß Stein bei Hartenstein.

Zechenhaus mit Pochwerk erbaut, 1687 Erwerb durch Christoph Teubner (mundartlich Täumer), nach einem Brand 1905 neu aufgebaut und 1923 erweitert.

Nahe dem Bahnhof Erlabrunn liegt der Nonnenfelsen, mit dem sich eine bekannte Sage verknüpft. Es wird erzählt, daß eine Nonne Isa auf der Flucht vor den Klosterhäschern hier am Felshang aus Turmalingranit einen Sprung in die Tiefe gewagt habe und dabei für immer verschwunden sei. Auskünfte: Gemeindeverwaltung

Steinkreuz, Vollplastisch ausgehauene Denkmale verschiedener Formen eines Kreuzes (griechisches Kreuz: gleich lange Längs- und Querbalken; lateinisches Kreuz: mit längerem Kreuzstamm; Tatzenkreuz: Kreuzende verdickt oder verbreitert; Kleeblattform) oder Kreuzsteine (Steinplatten mit eingehauenem, eingeritztem oder erhaben herausgemeißeltem Kreuz, oft als Malteser- und Radkreuz).

Steinkreuze tragen oft zusätzliche Zeichen, wie Räder, Hufeisen, Pflugscharen, Dolche, Schwerter, Beile, Armbrüste, Saufedern, menschliche Gestalten, Buchstaben, Jahreszahlen. Es sind Zeugen des mittelalterlichen Rechtswesens. So konnte ein Totschlag durch einen Vertrag gesühnt werden: Der Täter mußte der Sippe des Getöteten Bußgeld zahlen, Abbitte leisten, Kirchenkerzen stiften, Pilgerfahrten unternehmen oder am Tatort ein Steinkreuz setzen. Ignatius von Loyola (1558): »Daß Räuber hier versteckt sind, haben wir leicht bemerkt, denn überall haben wir auf solchen waldigen Wegen, die einst Hergynischer Wald genannt wurden, niedrige steinerne Kreuze erblickt mit eingemeißelten Schwertern, Äxten, Beilen, Dolchen.« – Schlichte, oft grobe Formen sind anzutreffen und lassen vermuten, daß die Täter das Kreuz selbst fertigten. Durch Kriegszeiten wurden die Erinnerungen an den Mord verwischt, nun kommen auch Missions-, Prozession-, Grenz- oder Wetterkreuze auf. Der Standort eines Steinkreuzes ist sagenumwoben. Wer ein Steinkreuz verändert, dem wird ein baldiger Tod vorausgesagt. Abgeschlagene Stücke sollen vor Gebrechen helfen. Dadurch, und durch Witterungseinflüsse, sind viele Steinkreuze beschädigt und oft nur noch als Relikt erhalten. Steinkreuze und Kreuzsteine stehen ihrer kulturgeschichtlichen Bedeutung wegen unter Denkmalschutz.

Stollberg, Kreisstadt des Landkreises Stollberg. Die Stadt liegt am Nordrand des Erzgebirges mit dem Stadtzentrum im Tal des Gablenzbaches. Zu Stollberg gehören heute die früher selbständigen Gemeinden Mitteldorf, Gablenz, Oberdorf und Hoheneck. Mittlere Höhenlage: 400 bis 500 m.

Der Kraftfahrer fährt von Chemnitz oder Plauen auf der A 72 zur Abfahrt Stollberg. Busverbindungen nach Oelsnitz, Lichtenstein, Thalheim, Aue, Chemnitz, Bahnverbindung von Chemnitz direkt, von Zwickau und Plauen über St. Egidien.

Stollberg entwickelte sich aus einem Waldhufendorf im Gablenztal zu einer kleinen städtischen Siedlung. Erstmalige Nennung 1296, Anlage am Fuße der Burg (»Stalburg«, Stollberg, später Schloß Hoheneck). 1244 wurde ein Adelsgeschlecht von »Staleburg« urkundlich erwähnt, und 1343 wird Stollberg als Städtchen erstmals genannt. Im 17. Jahrhundert verfiel die Burg, im 19. Jahrhundert wurden neue Gebäude auf dem Hohenecker Felsen für eine Strafanstalt errichtet.

Ursprung von Burg und Dorf durch Lage an einem alten böhmischen Steig (Altenburg–Prag). Marktgeschehen und Handwerkertätigkeit bestimmten die Entwicklung des Ortes. Tuchmacher und Leinweber dominierten, seit 1750 auch Strumpfwirkerei. Nur unbedeutende Bergbautätigkeit. Im 19. Jahrhundert Entwicklung der Textilindustrie.

Zu den bedeutendsten historischen Bauten der Stadt gehört die Marienkirche nahe der Mitteldorfer Flur. Sie wurde Ende des 15. Jahrhunderts auf den Überresten einer spätromanischen Anlage errichtet. Von der ursprünglichen Anlage ist der spitzbogige Triumphbogen aus dem 13. Jahrhundert erhalten. Die spätgotische, zweischiffige Hallenkirche hat einen ausgebauten Chor mit Dachreiter. Im Inneren spätgotischer Schnitzaltar, Kanzel von 1600, Taufstein von 1647.

1440 Bau der Jacobikirche als Marktkirche, wurde 1633 zerstört, später in heutiger Gestalt wieder aufgebaut. Bemerkenswert auch Fachwerkhäuser, so in der August-Bebel-Str. 5 mit Gedenktafel für Techniker und Erfinder Carl von Bach (s. d.), der hier geboren wurde. Heutiges Gerichtsgebäude 1812 als Rathaus im klassizistischen Stil, Renaissanceportal am Haus Pfarrstraße 3, Königsches Haus am Schloßberg. Stollberg ist eine alte Schulstadt, anfangs Latein- und Küsterschule, 1859 Bürgerschule, 1880 Realschule, 1902 Lehrerseminar.
Auskünfte: Stadtverwaltung.

Stollen, Weihnachts- und Neujahrsgebäck, das zu den Gebildgebäcken zählt. Auch die Bezeichnung Weihnachts- oder Christstollen ist üblich. Volkskundlich wird die Form verschieden gedeutet, vorwiegend, es stelle ein in Windeln eingeschlagenes Kind dar. Erstmals wird der Weihnachtsstollen 1506 in Plauen genannt. Seit dem 18. Jahrhundert in ganz Sachsen und den Nachbargebieten als Christstollen üblich. Im Erzgebirge heute ein ausgesprochenes Weihnachtsgebäck. Der alte Brauch, ihn erst am Morgen des Weihnachtstages anzuschneiden, wurde verlassen. In den meisten Familien gilt auch heute noch das ungeschriebene Gesetz, keinen vor dem Totensonntag zu essen, obwohl ihn der Handel gewöhnlich schon im Oktober anbietet. Den dafür daheim zubereiteten Teig vom Bäcker ausbacken zu lassen, kommt zunehmend außer Gebrauch.

Stölzel, Gottfried Heinrich, Schaffensreicher und zu seiner Zeit hochgeschätzter Komponist. Er wurde geboren am 13. Januar 1690 in Grünstädtel bei Schwarzenberg. Hier war sein Vater Schulmeister, Organist, Teilhaber an Bergwerken und Besitzer einer Schmelzhütte. Dreizehnjährig besuchte er das Lyzeum in Schneeberg und danach das Gymnasium in Gera, bevor er die Leipziger Universität bezog, um Theologie zu studieren. Er fühlte sich besonders zur Musik hingezogen und ließ sich darin ausbilden. Bereits als Student konnte er zahlreiche Kompositionen vorlegen. 1717 wurde er Kapellmeister in Bayreuth und 1719 dann in Gera. Seine endgültige Heimat und Wirkungsstätte fand er jedoch in Gotha. Als Hofkapellmeister dahin berufen, wirkte er dreißig Jahre lang. Er starb am 27. November 1749.

Von ihm gibt es zahlreiche Kompositionen, darunter befinden sich 14 Passions- und Weihnachtsmusiken, 22 deutsche Opern zu Texten, die er meist selbst verfaßte. Man kennt von ihm 16 Serenaden, 80 Tafelmusiken sowie viele Kantaten, Oratorien, Messen, Sinfonien und Konzerte. Viele Kompositionen werden noch heute gespielt. In seiner Geburtsheimat Grünstädtel ist ihm zu Ehren ein Platz benannt.

Streittag, Bergmännisch-traditionelles Fest, das am Tag Maria Magdalena (22. Juli) seit Jahrhunderten in den Bergstädten Schneeberg und Freiberg mit einem Berggottesdienst, Bergaufzug und Bergbier begangen wurde. Man leitet es davon her, daß an diesem Tag im Jahre 1496 die Schneeberger Bergleute einen Sieg im Lohnkampf um den Abzug eines Groschens in der Woche errangen. Zur Erinnerung daran haben sich die Bergleute den Tag Maria Magdalena als Frei- und Feiertag erstritten und stellten ihn anderen Festen des Jahres gleich. Als in Freiberg der Streittag im Jahre 1737 auf den nächsten Sonntag verlegt werden sollte, gab es durch die Bergleute einen Aufstand, so wurde ihnen durch Erlaß vom 16. April 1738 auch weiterhin der Tag als Freischicht zugestanden. Der letzte Streittag in Schneeberg wurde am 22. Juli 1914 begangen. Nach 1935 erfolgte eine kurze Wiederaufnahme des Brauches. Heute findet am Abend des 22. Juli in Schneeberg ein Berggottesdienst statt und alle zwei Jahre ein Bergaufzug. In Freiberg beging man den letzten Streittag 1913. Einige Jahre nach 1935 wurde er in ein Berg- und Hüttenfest umgewandelt. Dabei kam im Hof des Schlosses Freudenstein Anackers »Bergmannsgruß« zur Aufführung, und die Studenten hielten ein Bergbier ab.

Strumpfwirkerei, Erzgebirgische, Vor allem im Zwönitztal und im Würschnitztal entwickelte sich am Anfang des 18. Jahrhunderts das Strumpfwirkergewerbe. Wahrscheinlich kam der Wirkstuhl, den 1589 der Engländer William Lee konstruiert hatte, mit französischen Protestanten nach Deutschland. In Limbach baute Johann Esche einen solchen Handkulierstuhl erfolgreich nach. Im Erzgebirge wurden die Wirkstühle zumeist aus Holz gefertigt.

Am Ende des 18. Jahrhunderts gab es in Hoheneck-Thalheim und in Gornsdorf die beiden stärksten Strumpfwirkerinnungen. Allein in Thalheim arbeiteten 1839 262 Meister. Die Strumpfwirkerei war ein Haus- und Familiengewerbe. Mit dem Handkulierstuhl konnten aber wöchentlich nur etwa acht Paar Strümpfe gefertigt werden. Eine Vergrößerung der Produktion wurde durch den mehrtourigen Walzenstuhl und die Pagetmaschine möglich. Eine einschneidende Veränderung brachte die 1868 erfundene Cottonmaschine, den Übergang vom Handwerk zur industriellen Produktion.

Durch die Gründung von Fabrikbetrieben, die Inbetriebnahme der Bahnlinie Chemnitz–Aue–Adorf 1875 stieg die Produktion rasch an. Schon 1914 waren in der Thalheimer Strumpfindustrie mehr als 2600 Menschen beschäftigt, 1924 arbeiteten in rund 60 Betrieben 5000 Arbeitskräfte. Mit der Weltwirtschaftskrise zwischen 1928 und 1932 gab es eine Reihe von Betriebsstillegungen. Nach 1945 wurden die ehemaligen Großbetriebe von Görner, Hofmann, Drechsel und Schletter verstaatlicht. Es entstand später das Strumpfkombinat Esda mit einer Reihe von Zweigbetrieben im Erzgebirge, die sich heute wieder privatisieren und in eigenständigen Firmen produzieren.

Charakteristische Figuren der alten Strumpfwirkerei waren die sogenannten »Quersackindianer«, die im Quersack ihre Ware auf dem sogenannten Strumpfwirkersteig nach Chemnitz brachten. Auch der »Schiebbock«, eine Handkarre, wurde zur Transportierung benutzt.

Stülpner, Karl, Erzgebirgischer Volksheld. Geboren am 30. September 1762 in Scharfenstein, gestorben am 24. September 1841 ebenfalls in Scharfenstein.

In seinem Geburtsort Scharfenstein gibt es einen Gedenkstein an der Stelle, wo sich sein Geburtshaus befand, der Aufstieg zur Burg heißt »Karl-Stülpner-Weg«, sein Grab befindet sich auf dem Friedhof in Großolbersdorf.

Stülpner, dessen Vater als Mahlbursche arbeitete, wuchs in einer Familie auf, in der der Kampf um das tägliche Brot dazu führte, daß der Vater wegen gestohlenen Leinöls und die Mutter wegen Getreidediebstahls bestraft wurden. Karl kam als Kind zu entfernten Verwandten, hier bei dem Förster Müller in Ehrenfriedersdorf erwachte wohl seine Liebe zum Wald und zur Jagd. Doch schon als Sechzehnjähriger wurde er als Troßbube ausgehoben, als Soldat kam er über Böhmen, Ungarn, Österreich und die Schweiz bis nach Hannover, 1790 saß er im Gefängnis in Spandau. 1794 kehrte er ins Erzgebirge zurück, die folgenden Jahre sind die Zeit seiner kühnen Wilddiebstreiche, die ihn berühmt machten. So belagerte er 1795 die Burg Scharfenstein, ein Steckbrief erscheint, 1800 ging er zu seinem Regiment zurück, wieder zog er fünf Jahre als Soldat durch Deutschland. 1807 desertierte er nach Böhmen. Hier heiratete er, er pachtete eine Schenke. Für kurze Zeit kehrte er nach der großen Amnestie des Jahres 1803 nach Scharfenstein zurück, dann findet man ihn wieder in Böhmen. Dort stirbt seine Frau, Christiane geb. Wolffin, drei Jahre später heiratete er nochmals. Verarmt und fast erblindet wurde er 1839 in seiner Heimatgemeinde wieder aufgenommen und Woche für Woche reihum geschickt. Die Armenkasse übernahm die Kosten. Stülpners Leben, seine kühnen Abenteuer als Wildschütz, wurden, oft legendenhaft verklärt, zum Gegenstand vieler literarischer Zeugnisse. Bekannteste Romane von Kurt Arnold Findeisen und Hermann Heinz Wille, daneben eine Vielzahl von Puppenspielen, Theaterstücken, Kolportage-Heften. Erste wichtige Biografie von Carl Heinrich Wilhelm Schönberg 1835 (Reprint Leipzig 1973), wichtige Forschungsarbeit von Johannes Pietzonka (3. Aufl. 1991. Ausstellung von Gegenständen aus Stülpners Besitz im Heimatmuseum Marienberg (Zschopauer Tor). In den Sommermonaten auf der Naturbühne Greifensteine Theateraufführungen von Stücken um Stülpner. Auch im Greifensteinmuseum Hinweise auf Leben und Abenteuer Karl Stülpners.

Stuppelhah, Ein kleines Fest, das der Bauer den beim Kartoffelroden helfenden Frauen gewährte. Sobald die letzte Zeile geerntet war, gebot er »Stuppelhah«. Damit lud er die Frauen zu sich ins Haus. Nachdem sie Stiefel und Hände am Wassertrog gewaschen hatten, überreichten sie der Bäuerin die größte, beim Roden gefundene Kartoffel, eine besonders ulkig geformte oder eine, die wie ein Hahn aussah. Auf den Tisch kamen »grüne Kließ in Millichsud«, Kartoffelklöße in einer Milchsoße, am Nachmittag dann noch Kaffee und Kuchen. Große Bauern bestellten einen oder mehrere Musikanten. Spielten sie auf, wurden Tische und Bänke zur Seite gerückt und ein Tänzchen gewagt. Am nächsten Tag holten sich die Kartoffelroderinnen ihren Lohn ab, den zahlte der Bauer in natura, in Kartoffeln. Auf diese Weise sicherten sich die Erzgebirgsfamilien ihren Wintervorrat.

Thalheim, Landkreis Stollberg. Stadt im Zwönitztal, mittlere Höhenlage ca. 500 m ü. NN.

Der Kraftfahrer erreicht die Stadt über die Bundesautobahn 7 von der Anschlußstelle Stollberg, dann Landstraße. Thalheim liegt an der 1875 eröffneten Bahnlinie Chemnitz–Aue–Adorf. Busverbindung in verschiedene Richtungen.

Die Gründung der Stadt wird auf den Zeitraum zwischen 1175 und 1185 datiert. Damals entstand ein zweiseitiges Reihendorf mit einer Waldhufenflur, das zur Herrschaft Stollberg gehörte. 1447 wird Talheim erstmals urkundlich genannt (1460 Tolheym, 1466 Talheym, 1540 Thalheim). Der Ortsname bedeutet eine im Tal gelegene Siedlung. Erst 1925 wird Thalheim Stadtrecht verliehen. Schon 1539 besaß die Gemeinde eine eigene Schule, 1597 wird es Sitz einer Oberförsterei. Entscheidende Impulse erhielt die Gemeinde durch die Ansiedlung des Strumpfwirkergewerbes. 1730 wird der erste Thalheimer Strumpfwirker namentlich erwähnt. 1839 gab es in Thalheim schon 262 Meister der Strumpfwirkerei. Später entwickelte sich daraus die industrielle Strumpfproduktion, die auch noch heute das industrielle Geschehen der Stadt bestimmt. Ende der achtziger Jahre waren im Strumpfkombinat Esda mehr als 12 000 Menschen in Zweigbetrieben im ganzen Erzgebirge beschäftigt. Neben der Strumpfindustrie heute Betriebe der Elektronik, Pappenherstellung, Kofferfabrikation. An das 1684 gegründete Thalheimer Hammerwerk erinnert heute noch die Gaststätte »Eisenhammer«. In dem alten Gasthaus »Tabaks-

tanne« an der Straße nach Stollberg trafen sich die Sozialdemokraten August Bebel und Wilhelm Liebknecht während des Sozialistengesetzes mit Thalheimer SPD-Mitgliedern (Gedenktafel). Sehenswert die 1850 errichtete Kirche mit klassizistischen Stilelementen (Nachfolgebau der Kirche von 1567) durch die Baumeister Uhlig aus Altenheim. 1906/07 entstand das Rathaus der Gemeinde.
Auskünfte: Stadtverwaltung.

Talsperre Eibenstock, Landschaftsschutzgebiet, Landkreis Aue, unter Schutz gestellt seit 1963 bzw. 1968, 2214 Hektar groß. Im wesentlichen ist es Wassereinzugsgebiet für die Talsperre, aber auch Erholungslandschaft des Oberen Westerzgebirges, besonders für die Urlauber der Bergstadt Eibenstock. Begrenzt wird das Gebiet meist von Straßen. Sie verbinden die Orte Eibenstock, Schönheide, Stützengrün, Hundshübel und Wolfsgrün. Das Gebiet hat eine annähernd kreisförmige Gestalt. In ihm liegt vielverzweigt in Nord-Süd-Richtung langgestreckt die 350 Hektar große Wasserfläche der Talsperre. Sie ist eingebettet vorwiegend in Nadelwald. Er reicht bis an die Ufer. Dadurch erhält der Stausee einen natürlichen, romantischen Eindruck. Auf ihm leben verschiedene Wasservögel. In den Wäldern gibt es Hoch-, Reh- und Schwarzwild, Nieder- und Raubwild sowie eine verhältnismäßig artenreiche Vogelwelt.

Das Landschaftsschutzgebiet wird dem Oberen Westerzgebirge zugeordnet und liegt 480 bis 700 m hoch. Zu den höchsten Erhebungen zählen der Otilienstein mit 688 m, Fuchsstein mit 679 m, Bühl mit 652 m und der Wilhelmstein mit 649 m ü. NN. Typisch für die Landschaft sind gerundete Formen des freigelegten Granits. Das als Eibenstocker Granit bezeichnete Grundgestein verwittert leicht. Dadurch können sich fließende Gewässer tief einsägen, steile Hänge ausbilden und enge Taleinschnitte mit Ablagerungen verfüllen. Auf diese Weise entstand die weite Muldenaue, ein wesentlicher Stauraum der Talsperre. Gestaut wird in der Nähe von Neidhardtstal die Zwickauer Mulde, die von kleinen Nebenflüssen gespeist wird.

Im Landschaftsschutzgebiet liegt zwischen Eibenstock und Wolfsgrün die »Schwarze Binge«, von der die Sage geht, daß in ihr ein Reiter mit seinem Roß in finsterer Sturmnacht versunken sei. An der Straße zwischen Eibenstock und Schönheiderhammer befindet sich das Naturdenkmal »Rockenstein«, ein Felsgebilde aus mittelkörnigem Eibenstocker Granit, durch das waagrecht eine etwa 40 cm mächtige Schliere feinkörnigen Granits streicht.

Das Landschaftsschutzgebiet hat viele ruhige Wanderwege, die sich auch für den Wintersport eignen. An zahlreichen Stellen findet man einen Weitblick auf die Wasserfläche des Stausees.

Talsperre Einsiedel – Kemtauer Wald, Landschaftsschutzgebiet, Landkreis Chemnitz. Landschaftsschutzgebiet seit 1968, wenige Kilometer südostwärts von Chemnitz, 825 Hektar groß. Das Gebiet wird dem Raum des unteren Westerzgebirges zugeordnet. Im wesentlichen dient es als Erholungslandschaft für die Bevölkerung von Chemnitz und Umgebung.

Es ist von Chemnitz aus zu erreichen auf der B 174 in Richtung Marienberg – Grenzübergang. Man biegt vor Zschopau rechts ab und gelangt auf einer Ortsverbindungsstraße nach Einsiedel, oder man befährt die B 95 von Chemnitz aus und biegt nach dem Stadtausgang links ab, um über Erfenschlag nach Einsiedel zu gelangen. Mit der Eisenbahn benutzt man die Linie Chemnitz – Aue und steigt in Einsiedel oder Kemtau aus. Zu beiden Orten bestehen Busverbindungen.

Bestimmt wird der Charakter des Landschaftsschutzgebietes durch die Gehänge des tiefeingeschnittenen Flußtälchens mit eindrucksvollen Felsen. Im Gebiet, 355–554 m ü. NN, herrscht Mittelgebirgsklima. Tonschieferartige und glimmrige Phyllite bilden das Grundgestein. Das Hauptgewässer des Gebietes ist die Zwönitz mit ihren Zuflüssen. Teile von Einsiedel und Dittersdorf, Gründungen des 13. Jahrhunderts, sind in das Landschaftsschutzgebiet eingeschlossen.

Die im Gebiet liegende Talsperre Einsiedel, von 1890–1893 errichtet, ist die älteste Anlage zur Versorgung mit Trinkwasser für die Bevölkerung von Chemnitz. Die Sperrmauer ist 180 m lang und 22 m hoch. Sie staut 300 000 Kubikmeter Wasser auf einer Fläche von 4 Hektar. Die Umgebung des Stausees ist mit Fichtenwald bewachsen. In ihm lebt vorwiegend Niederwild. Die Vogelwelt ist artenreich.

Die abwechslungsreiche Landschaft im Schutzgebiet eignet sich vorzüglich zum Wandern. In der Talsperre ist das Baden und jede Art von Wassersport verboten.
Auskunft erteilen die Gemeindeverwaltungen der angrenzenden Dörfer Einsiedel und Dittersdorf-Kemtau.

Tellerhäuser, Landkreis Schwarzenberg. Erholungsort auf halbem Wege zwischen Rittersgrün und Kurort Oberwiesenthal, jeweils 7 km entfernt. Auf dem Fichtelbergmassiv liegend, in 920 m ü. NN. Damit höchstgelegenes Dorf in Sachsen. Die wenigen Häuser bilden eine Streusiedlung, breiten sich völlig von Wald umschlossen auf einer Wiesenflur aus. Sie liegt am Klengerbach, der sich im Ortsteil Zweibach mit dem Höllenbach zum Pöhlwasser vereinigt.

Zu erreichen ist Tellerhäuser auf der Autobahn Dresden – Plauen, Ausfahrt Stollberg. Von hier befährt man bis Aue die B 169, von da die B 101 in Richtung Annaberg, die man an der Kreuzung in Raschau rechter Hand verläßt und die Ortsverbindungsstraße über Rittersgrün nach Oberwiesenthal befährt, an der Tellerhäuser liegt. Eine andere Möglichkeit: Man benutzt von Chemnitz aus die B 95 bis zum Grenzübergang Oberwiesenthal und fährt von da auf der Ortsverbindungsstraße direkt nach Tellerhäuser. Einen Eisenbahnanschluß hat der Ort nicht. Die nächsten Bahnhöfe befinden sich in Schwarzenberg oder im Kurort Oberwiesenthal. Tellerhäuser hat Busverbindung mit Rittersgrün und Schwarzenberg.

Hervorgegangen ist der Ort aus dem »Tellerhaus«, das erstmals auf einer Karte von 1609 verzeichnet wird. 1647 ist von einem Berghäusel des Andreas Teller die Rede, »am Kaff über dem Stollen gelegen«, das bayerische Soldaten plünderten. 1650 wurde das Haus wieder aufgebaut, und 1699 errichtete ein Andreas Burckhard ein zweites »Tellerhaus«. 1780 kam ein Forsthaus hinzu, 1833 ein Gasthof, 1834 eine Brett- und 1839 eine Mahlmühle. Der Sage nach soll der fündig gewordene Bergmann Teller jedem seiner drei Söhne ein kleines Haus erbaut haben. Danach habe man sie die »Tellerhäuser« genannt.

Auf der Flur Tellerhäuser wurde von Anfang an Bergbau betrieben. Südostwärts des Ortes bestand die »Bleizeche«, auf der man nach Bleiglanz schürfte. Andere Bergwerke lagen auf dem Kaff. Neben der Bergarbeit verdienten die Bewohner ihren Lebensunterhalt im Wald, vor allem als Holzfäller. Nach dem Niedergang des Bergbaus lag in der Waldarbeit die Haupterwerbsquelle. Nebenher klöppelten die Frauen. Seit 1920 wird der Ort zunehmend von Sommerfrischlern und Wintersportlern wegen seiner abgeschiedenen Lage bevorzugt.

Im »Schmidtgehau«, ostwärts des Ortes, gibt es zwei kleinere Moorflächen mit einer interessanten Flora und

Fauna. Das Naturschutzgebiet »Pfahlmoor«, 19 Hektar groß, liegt in 1000 m Höhenlage. Im vermoorten Fichtenwald finden sich seltene Pflanzen, wie Rauschbeere, Moorbirke, Silberstern. Beliebte Wanderziele von Tellerhäuser aus sind der Kurort Oberwiesenthal, der 5,5 km entfernte Fichtelberg, Rittersgrün mit seinem Schmalspurmuseum. Durch den etwa 3,5 km entfernten Grenzübergang Oberwiesenthal sind Ausflüge in die ČSFR möglich. (Von Boži Dar aus gibt es Busverbindung nach Jachymov und Karlovy Vary.) In Boži Dar befindet sich auf dem Friedhof die Grabstätte des erzgebirgischen Mundartdichters und Heimatsängers Anton Günther (s. d.). Der erzgebirgische Mundartschriftsteller Hans Siegert (s. d.) verbrachte in Tellerhäuser seine Kindheit.
Auskunft über den Ort, Nachweis von Ferienquartieren erteilt die Gemeindeverwaltung.

Teubner, Emil, Bedeutender Bildschnitzer des Erzgebirges. Er wurde am 28. Februar 1877 in Steinbach bei Johanngeorgenstadt geboren. Sein Vater war Kleinbauer, über Winter Waldarbeiter. Der Junge wuchs in einer elfköpfigen Familie heran, war viel im Wald und hatte immer Papier und den Zeichenstift bei sich. Nach der Schulentlassung im Jahre 1891 wurde er Bergmann und fuhr auf der Grube »Wilder Mann« bei Johanngeorgenstadt ein. Danach arbeitete er in einer Holzschleiferei, bevor er kurz vor der Jahrhundertwende als Industriearbeiter nach Aue kam. 1901 heiratete er. Für seine Kinder schnitzte er 1910 einen Weihnachtsberg. Seine Liebe zur Holzgestaltung war geweckt. 1924 wurde er freiberuflicher Holzschnitzer. Hunderte von Plastiken entstanden. 1947, zu seinem 70. Geburtstag, wurde er Ehrensenator der Kunstakademie Dresden. Emil Teubner starb am 6. Juli 1958 in Aue. – Seine Schnitzwerke entstanden ohne Modell. Zu seinen bedeutenden Skulpturen gehören u. a. »Entlassung« (1922), »Hungerriemen« (1923), »Akkergaul« (1926), »Bergmann« (1944), ferner »Heumahd«, »Die letzte Garbe«, »Stöckeroder« und »Bücherwurm«. – Im Museum für bergmännische Volkskunst Schneeberg sind Arbeiten von ihm ausgestellt. – Am Geburtshaus in Johanngeorgenstadt-Steinbach ist eine Gedenktafel angebracht.

Thum, Landkreis Zschopau. Staatlich anerkannter Erholungsort in 530 m Höhenlage, eingebettet in das Tal des

Jahnsbacher und Thumer Wassers, am Nordrand des Greifensteinmassivs gelegen, 12 km südwestlich der Kreisstadt entfernt.

Zu erreichen ist Thum von Chemnitz aus auf der B 95 in Richtung Annaberg-Buchholz. Die Straße führt direkt durch den Ort. Ein Eisenbahnanschluß besteht nicht. Der nächste Bahnhof ist Burkhardtsdorf an der Linie Chemnitz – Aue oder Scharfenstein an der Linie Chemnitz – Bärenstein. Es gibt Busverbindungen.

Der Ort wurde als eine bäuerliche Siedlung vermutlich im ersten Viertel des 12. Jahrhunderts gegründet. Bereits im 13. Jahrhundert stieß man auf Erze, dadurch wurden aus vielen Bauern Bergleute. 1407 wird der Ort »von der Thume« genannt, abgeleitet vom mittelhochdeutschen »toum«, was soviel heißt wie »Herrschaft«. Die Erträge an Zinn-, Blei- und Silbererzen gaben Anlaß dazu, 1600 dem Ort die Rechte einer Bergstadt zu verleihen.

In Thum fand man erstmals den Halbedelstein Axinit, ein glasglänzendes Mineral, durchsichtig oder durchscheinend, braun, grau, blau, gelb oder grünlich. Schöne Stücke fanden sich in den Klüften des kristallinen Schiefers. Nach seinem Fundort wird das Mineral auch Thumit genannt.

Die Weiterentwicklung der Siedlung erfolgte nach dem Vorbild anderer erzgebirgischer Bergstädte mit rechtwinkelig aufeinandertreffenden Straßen. Nahe der Stadt fand am 15. Januar 1648 das letzte Gefecht des Dreißigjährigen Krieges auf sächsischem Boden statt.

Mit dem Rückgang des Bergbaus im 18. Jahrhundert gingen die Bewohner anderen Beschäftigungen nach, darunter das Posamentieren und Strumpfwirken.

Das Thumer Rathaus stammt aus dem 15. Jahrhundert. Seine heutige Gestalt ging aus dem 1677 erbauten Herrenhaus des Rittergutes hervor. Es hat eine kurze Freitreppe mit skurrilen Löwenfiguren. Die Stadtkirche St. Annen wurde 1945 zerstört. Unter Verwendung der Umfassungsmauern der alten Kirche baute man sie 1946 wieder auf. Gegenüber dem Stadtpark liegt der Georgenfelsen und die Bastei.
Auskunft und Quartiernachweis erteilt das Fremdenverkehrsamt der Stadtverwaltung.

Trebra, Friedrich Wilhelm Heinrich von, Sächsischer Bergbeamter, Montanist und Freund Goethes. Geboren wurde er am 5. April 1750 in Allstädt als ältester Sohn eines weimarischen Hofjunkers und Leutnants. Nach Besuch der

Klosterschule in Roßleben studierte er an der Universität Jena Jura, Philosophie und Naturwissenschaften. Als 1766 in Freiberg die Bergakademie eröffnet wurde, war er unter den ersten 19 Schülern. In Freiberg wurde er ab 1767 Mitarbeiter des Bergamtes und ab Dezember Bergmeister in Marienberg. Er reformierte hier das marode Bergwesen, führte viele technische Neuerungen ein und sorgte für ein diszipliniertes Arbeiten der Bergleute. Sein Augenmerk galt vor allem der Herausbildung eines Standesbewußtseins. Unter Beibehaltung seiner Bergmeisterstelle in Marienberg wurde er 1770 Bergkommissionsrat am Oberbergamt in Freiberg und rückte 1773 zum Vizeberghauptmann auf. In dieser Zeit untersuchte er das Ilmenauer Bergwesen auf seine Rentabilität und lernte 1775 Goethe kennen. 1779 wurde Trebra Bergmeister in Zellerfeld. Aus unbekannten Gründen legte er 1795 sein Amt nieder und zog sich auf sein Stammgut Bretleben zurück, um sich der Schafzucht und landwirtschaftlichen Produktion zu widmen. Durch den Tod des Freiberger Oberberghauptmanns Benno von Heynitz wurde 1801 die Stelle vakant. Man trug sie Trebra an. 1801 wurde er zum Oberberghauptmann berufen. In Freiberg wirkte er bis zu seinem Tode, am 16. Juli 1819. Neben seinen Verdiensten auf unterschiedlichen Gebieten des Bergwesens war er ein angesehener Fachschriftsteller. Von seinen populäreren Schriften ist besonders zu nennen »Bergmeister-Leben und Wirken in Marienberg« (1818).

Tschumperlied, auch »Tschamperlied«. Es ist ein kleines Tanzliedchen, wie in Süddeutschland das »Schnaderhüpfel« oder im Vogtland das »Runda«. Der Begriff ist abgeleitet von »Tschumpern«, »Tschampern«, einem rhythmischen Hin- und Herbewegen des Oberkörpers beim Tanz. Es wurde als Ersatz der Tanzmusik, zu ihr oder während der Tanzpause gesungen. Entstanden ist es meist aus dem Augenblick, der Text wurde kaum aufgeschrieben und war bald wieder vergessen. In der Regel ist es vierzeilig, gereimt und durch den Gleichklang verbunden. Selten erfolgt die Vereinigung von Vierzeilern zu einem liedfähigen Ganzen. – Tschumperlieder sind durchweg in Mundart gedichtet und haben eine leicht auffaßbare und singbare Melodie. Viele Tschumperlieder beinhalten Spott auf andere Orte, das andere Geschlecht, die Liebe, bestimmte Berufe, auf anderer Leute Eigenarten oder Gebrechen.

Turmsingen, In Schneeberg findet seit über 300 Jahren jedes Jahr in der Nacht vom Heiligabend zum Weihnachtstag ein Singen auf dem Turm von Sankt Wolfgang statt. Mehr als 100 Sänger, Chorjungen und Musikanten verkünden mit ihren Weisen früh 4 Uhr, nachdem die Häuerglocke geschlagen hat, die Weihnachtsbotschaft. Das erfolgt nach einer altüberlieferten Reihenfolge von Weihnachts- und Bergliedern, beginnend mit »Schneeberg, dein Bergfürst ist erschienen ...«. Wer 25 Jahre lang mit auf dem Turm sang, erhält statt einer Urkunde eine Pelzmütze.

Uttmann, Barbara, »Mutter der erzgebirgischen Spitzenklöppelei«, geboren 1514 als Tochter des Heinrich von Elterlein in Elterlein, gestorben am 15. Januar 1575 in Annaberg.

Aus ihrer Biografie sind nur wenige Fakten bekannt. Vermutlich wurde sie von Adam Ries (s. d.) in Rechnen und Bergbaukunde unterrichtet. Mit zwölf Jahren heiratete sie den sieben Jahre älteren Bergherrn Christoph Uttmann. Nach seinem Tode führte sie seine Geschäfte weiter und wurde gleichzeitig eine bedeutende Verlegerpersönlichkeit des Erzgebirges, die den Handel mit Klöppelspitzen organisierte. Sie war also nicht, wie vielfach behauptet, die Erfinderin des erzgebirgischen Klöppelns, sondern trug durch ihre Handelstätigkeit zur Verbreitung der erzgebirgischen Spitzenklöppelei wesentlich bei. 1571 beschäftigte sie mehr als 900 Klöpplerinnen. Sie starb 1575 und wurde auf dem Annaberger Trinitatisfriedhof beigesetzt (Grabdenkmal von 1834 des Dresdner Bildhauers Pettrich).

Waschleithe, Landkreis Schwarzenberg, 6 km nordwestlich der Kreisstadt, am und im Landschaftsschutzgebiet »Oswaldtal«, am Oswaldbach gelegen, in 530 m Höhenlage. Der Ort ist ohne Industrie und völlig von Wald umschlossen. Die Bewohner arbeiten in Schwarzenberg, Grünhain und Beierfeld. Ein Teil ist in der Landwirtschaft beschäftigt.

Zu erreichen ist Waschleithe auf der Autobahn Dresden–Plauen, Ausfahrt Stollberg. Von da ab befährt man die B 169 bis Aue, dann die B 101 bis Schwarzenberg-Wildenau, wo man links auf die Ortsverbindungsstraße nach Waschleithe abbiegt. Man kann auch von Stollberg aus die Ortsverbindungsstraße nach Zwönitz – Grünhain benutzen und fährt von hier aus nach Waschleithe. Der Ort hat keinen Eisenbahnanschluß. Die nächsten Bahnhöfe befinden sich in Schwarzenberg und in Raschau. Es besteht Busverbindung.

Wahrscheinlich entstand der Ort im 13. Jahrhundert, hervorgegangen aus den ehemaligen Siedlungen Holzenhain, Glasberg und aus einer Ansiedlung von Bergleuten am Mühlberg. Auf den von Anfang an betriebenen Bergbau weist der Ortsname hin. Er ist abgeleitet von einer »Erzwäsche an der Leithe«, an einem Abhang. Im 13. Jahrhundert soll es bereits die Erzwäsche »Osterlamm« gegeben haben. Im nahen Niklashammer des Klosters Grünhain wurde das Eisenerz verarbeitet. Nebenher betrieben die Bewohner Landwirtschaft. Den Ort legten sie als ein lockeres Reihendorf an. Er besteht aus zum Teil noch erhaltenen kleinen Gehöften mit hohen Satteldächern. Die meisten dieser Häuser entstanden im 18. Jahrhundert. Viele haben noch Fachwerk. Ein jüngerer Siedlungsteil entstand an der 1912 angelegten Talstraße.

Am Fürstenberg befindet sich das Lehr- und Schaubergwerk »Herkules-Frisch-Glück« und der Fürstenbrunn mit der Köhlerhütte. – Die Miniaturlandschaft »Heimateck« liegt am Seifenbach, nahe dem oberen Ortsausgang. – Hinter der Gaststätte »Osterlamm« der Natur- und Wildpark mit Rot-, Dam-, Rehwild, Vögeln und anderen heimischen Tierarten. – Von Schwarzenberg her, am Ortseingang die Ruine der Dudelskirche. – Um den Ort herum altes Bergbaugebiet mit vielen verwachsenen Halten und Schürfen. – Westlich des Ortes erstreckt sich das Landschaftsschutzgebiet »Oswaldtal«, das Naherholungsgebiet vor allem für die Bewohner der Kreisstadt Schwarzenberg. Waschleithe ist der Geburtsort des Erzählers in erzgebirgischer Mundart Fritz Körner (s. d.). Hier lebte die dichtende Bäuerin Hilde Bretschneider.
Auskunft über den Ort und Nachweis von Übernachtungsmöglichkeiten erteilt die Gemeindeverwaltung.

Wehrkirche, Ein zu Verteidigungszwecken befestigter Kirchenbau, besonders in kleineren Orten, in denen es keine andere Befestigungsanlage gab. Er diente als Zufluchtsstätte für die Bevölkerung und als Stützpunkt gegen die eingefallenen Feinde. Entstanden sind diese meist bäuerlichen Wehranlagen im 14. und zu Beginn des 15. Jahrhunderts. Verbreitet waren sie über ganz Europa. Im Erzgebirge wurden sie nach eigenständigem Grundprinzip errichtet: Kernstück ist der Turm und der Wehrgang. Auf einer starken

Bruchsteinmauer ist ein Oberteil aufgesetzt. Hier stehen die Deckenbalken des Kirchenschiffes über die Grundmauern heraus und tragen den mit Holz verschalten Wehrgang. Er ist aus aufeinandergelegte Nadelholzbalken gefügt und mit Seh- und Schießluken versehen. Das schindelgedeckte Walmdach ist herabgezogen und liegt den Blockwänden auf. Häufig sind Wehrkirchen durch Vorburg, Graben und Torturm gesichert. Meist ist die Kirchhofmauer ein Teil davon. Erzgebirgische Wehrkirchen gibt es im Gebiet von Marienberg und Sayda.

Weihnachtsillumination, Traditioneller Schneeberger Weihnachtsbrauch bergmännischen Ursprungs, der sich bis heute erhalten und über das ganze Erzgebirge verbreitet hat. Man stellt in der Zeit zwischen dem 1. Advent und Hohneujahr brennende Kerzen oder elektrische Lämpchen als Reihe, Bogen oder Kaue ins Fenster, um damit hinaus in die Nacht zu leuchten. Es dürfen nur weißbrennende Lämpchen sein. Oft erfolgt die Illumination unter Einbeziehung von lichttragenden Engels- und Bergmannsfiguren, Schwibbogen, Adventslaternen oder erleuchteten Weihnachtssternen. Wild (1809): »Während der Adventszeit hat es mir vorzüglich in Schneeberg gefallen, wo man abends auf dem sogenannten Hohen Gebirge hinter Neustädtel und auf dem Mühlberg fast alle Häuser an den Fenstern hell erleuchtet sieht, welches im Dunkel der Nacht sehr schön in die Augen fällt.«

Weiße, Christian Felix, Bekannter dramatischer Dichter und Jugendschriftsteller. Geboren wurde er am 28. Februar 1726 in Annaberg. Sein Geburtshaus war die alte Lateinschule, in der sein Vater als Rektor wirkte. Als er nach Altenburg versetzt wurde, war Felix sechs Monate alt. Durch den frühen Tod des Vaters mußte ihn die Mutter unterrichten, bis er das Gymnasium beziehen konnte. Bereits als Schüler trat seine außergewöhnliche Zuneigung für die Dichtung hervor. Sie erweiterte sich auf das Theater, als ihn in Chemnitz der Großvater zu einer Schüleraufführung mitnahm. Unter diesem Eindruck schrieb er 1744 sein Lustspiel »Die Matron von Ephesus«. 1745 bezog er die Leipziger Universität, um Theologie zu studieren. Hier wurde er mit Lessing bekannt und dessen Freund und Mitstreiter. Fortan verband beide eine enge Freundschaft. »Scherzhafte Lieder« nannten sie ihre kleine Sammlung mit Lyrik. 1750, nach Abgang von der Universität, übernahm er eine Erzieherstelle beim Grafen Gayersberg in Leipzig. Weitere Lustspiele entstanden, wie »Die Poeten nach der Mode«, nach englischem Vorbild »Der Teufel ist los« oder »Der lustige Schuster«. Ruhm brachte ihm sein Trauerspiel »Eduard III.«. 1742 wurde er in Leipzig Steuereinnehmer. Er blieb ein produktiver Bühnenautor, der mehr als 40 dramatische Werke schrieb. Für sein Kind schuf er ein Bändchen erdachter Kinderlieder und ein Abc-Buch mit vielen Bildchen. Zu hohem Ansehen kam er durch den »Kinderfreund«, einer Kinderzeitschrift mit 24 Bänden und deren Nachfolge »Briefwechsel der Familie des Kinderfreundes«. Nach kurzer Krankheit starb Weiße am 16. Dezember 1804 in Leipzig.

Wenzel, Max, Lehrer, Mundartschriftsteller. Er wurde am 8. April 1879 in Ehrenfriedersdorf als Sohn eines Justizbeamten geboren. Seine Kinder- und Jugendzeit verbrachte er in Annaberg. Hier besuchte er die Schule und später das Lehrerseminar. Anstellungen als Lehrer hatte er in Wiesa, Geyersdorf und Grumbach, bevor er 1904 nach Chemnitz übersiedelte. Hier verbrachte er seine weiteren Berufsjahre und seinen Ruhestand. Er starb am 4. September 1946 in Chemnitz. – Von ihm stammen mehr als 20 Mundartbücher und -hefte, viele mundartliche Theaterstücke und Gedichte. In Hochdeutsch schrieb er ein Liederspiel, volks- und heimatkundliche Abhandlungen. Bekannt wurde er besonders durch seine Geschichten vom Weißköppel-David, einer von ihm erfundenen Figur. Sie erschienen zwischen 1933 und 1939 in vier Bänden. Hervorzuheben aus seinen Büchern ist »Schwarzbrut« (1928), »Regn un Sonneschei« (1937). 1959 erschien eine Auswahl seiner Mundartdichtungen unter dem Titel »Wos der Wenzel-Max derzehlt«.

Wiesenbad, Thermalbad Wiesenbad (Landkreis Annaberg) liegt im Übergangsgebiet vom mittleren zum oberen Erzgebirge (mittlere Höhenlage 435 m). Talkessel der Zschopau mit bewaldeten Hängen, dadurch günstige klimatische Situation.

Die Gemeinde ist erreichbar über die B 101 und über die Eisenbahnlinie Flöha–Augustusburg. Der Kraftfahrer fährt von Chemnitz aus über Zschopau, Scharfenstein, Wolkenstein, von Freiberg über Heinzebank, Wolkenstein. Busverbindungen nach Wolkenstein, Annaberg-Buchholz, Marienberg, Olbernhau, Dresden.

Ortsgründung hängt zusammen mit Entdeckung einer warmen Heilquelle Ende des 15. Jahrhunderts. Bereits 1501 wurde durch den Bergherrn Hans Friedrich von Geyer das Thermalwasser als Hiobsquelle gefaßt und eine Badehütte errichtet. Erst im 20. Jahrhundert wurden zwei weitere Quellen erschlossen: Georgs- und Sophienquelle.

Der Ort hieß zunächst Rosenau, später St. Hiobs-Bad, seit 1602 Sophienbad, seit 1791 Wiesenbad, 1956 erst wurde Wiesenbad selbständige Gemeinde durch Abtrennung von Wiesa. Oberhalb des Bahnhofs liegt das Sanatorium des Thermalbades, dessen Hauptgebäude noch aus dem 19. Jahrhundert stammen (Kurhaus von 1827, Badehaus mit Türmchen und Wetterfahne von 1857, die neuklassizistische Wandelhalle von 1854, Mitte der fünfziger Jahre im 20. Jahrhundert Ausbau und Erneuerung der Anlage). Behandlung von Folgen der Poliomyelitis, von Haltungsschäden usw.

Zu Wiesenbad gehört der Ortsteil Himmelmühle. Er liegt in einem Zschopauknie nordöstlich der Gemeinde, nahe der Einmündung des Pöhlbaches in die Zschopau. Himmelmühle war schon im 16. Jahrhundert der Name einer Brettmühle, wohl nach der reizvollen landschaftlichen Einbettung so genannt. 1834 entstand hier eine Baumwollspinnerei, die zu Beginn des 20. Jahrhunderts verfiel. Später entstand hier die erste Schokoladenfabrik des Erzgebirges, heute dienen die Gebäude zu Lagerzwecken. Kunsthistorisch wertvoll ist der Parkpavillon im Neorenaissance-Stil, sehenswert auch die ehemalige Fabrikschule, ein Steingebäude mit Walmdach, sowie mehrere Fachwerkhäuser.

Wild, Christian Gottlob, Erster bedeutender erzgebirgischer Mundartdichter und damit Begründer der Mundartliteratur, vorzüglicher Kenner und Schilderer erzgebirgischen Volkstums. Geboren am 25. Dezember 1785 in Johanngeorgenstadt als Sohn eines Lehrers und späteren Kantors. Er besuchte die Schule seiner Vaterstadt, anschließend das Lyceum in Schneeberg, um danach in Wittenberg Theologie zu studieren. Während seiner Studienzeit unternahm er ausgedehnte Fußreisen durch das deutsche Land. Zweiundzwanzigjährig trat er 1809 mit seinem Landschaftsbuch hervor »Interessante Wanderungen durch das Sächsische Obererzgebirge«. Es gilt bis heute als zuverlässige Fundgrube für die Volkskunde des Erzgebirges. Von 1806 bis 1824 wirkte Wild als Pfarrer in Carlsfeld. In seinem

Wildenthal.

Anstellungsjahr brachte er in Schneeberg sein Büchlein heraus »Vermischte Gedichte«. Es enthält 58 hochdeutsche und die ersten fünf Gedichte in erzgebirgischer Mundart. Dies war deshalb ungewöhnlich, weil damals Mundart zwar gesprochen, aber nicht gedruckt wurde. Von 1824 bis zu seinem Tode, am 24. März 1839, lebte er in Breitenbrunn. Sein bekanntestes Gedicht ist das inzwischen zu einem Volkslied des Erzgebirges gewordene »Wenn's Gelöckel dreie lätt...«. Weitere Gedichte von Wild sind: »Ich bi e lust'ge Klippelmad«, »Dr Voter« (»Loßt mich emol in Kolanner neisaah...«) und »Dr Gung mit dr Zither«.

Wildenthal, Landkreis Aue. Mit dem Ortsteil Oberwildenthal. Der seit 1968 staatlich anerkannte Erholungsort ist ohne jede Industrie. Er befindet sich 20 km südwestlich der Kreisstadt in 730 m Höhe. Wildenthal liegt am westlichen Fuße des 1019 m hohen Auersberges im tiefeingeschnittenen Tal der Großen Bockau.

Zu erreichen ist der Ort auf der B 169 von Chemnitz über Aue nach Rodewisch. In Hundshübel biegt man links auf Ortsverbindungsstraßen ab und gelangt über Eibenstock zum Ziel. Einen Eisenbahnanschluß hat der Ort nicht. Der nächste Bahnhof befindet sich in Johanngeorgenstadt an der Linie Zwickau – Johanngeorgenstadt. Es besteht Busverbindung.

Der Ortsname stammt wahrscheinlich von Anarch von Wildenfels ab, der das Gelände 1598 erwarb. Er könnte auch von der Lage herrühren, »Ort im wilden Tal«. Lange wird er auch als der »Neue Hammer« bezeichnet, was auf Hammerwerke an der Großen Bockau hinweist. Am nahen Auersberg gab es indessen regen Bergbau. Im 16. und 17. Jahrhundert arbeiteten etwa 300 Bergwerke. Zwischen dem Ende des 16. bis Mitte des 19. Jahrhunderts waren in Wildenthal die Hammerwerke tätig und gaben Broterwerb für die Bewohner. 1835 kamen ein Blechwalzwerk und eine Nagelschmiede dazu. Durch billige Importe aus England gingen die Betriebe ein. Seit 1860 entwickelte sich der Fremdenverkehr im Ort.

Der Ort liegt im Landschaftsschutzgebiet »Auersberg.« Beliebte Wanderziele sind u. a. der Auersberg, Kuhberg bei Schönheide, die Talsperren in Carlsfeld, Sosa und Eibenstock oder der Große und der Kleine Kranichsee.
Auskunft über den Ort, das Auersberggebiet sowie Nachweis von Ferienunterkünften erteilt die Gemeindeverwaltung.

Winkler, Clemens Alexander, Chemiker, Forscher, Hochschullehrer. Geboren wurde er am 26. Dezember 1838 in Freiberg als Sohn eines Hüttenmeisters. Er verbrachte seine Kindheit und Jugendzeit in Aue. Bereits hier zeigte sich sein besonderes Interesse für Naturwissenschaften und Chemie. 1857 begann er ein Studium an der Bergakademie in Freiberg. Dabei widmete er sich besonders der Mineralanalyse. Neunzehnjährig schrieb er erste Beiträge für die Fachpresse. 1859 wurde er Akzessist beim Blaufarbenwerk Oberschlema. Zwei Jahre später kam er als Hüttenmeister zum

Wolkenstein.

Blaufarbenwerk Niederpfannenstiel bei Aue. Nach einem weiteren Studium an der Universität Leipzig promovierte er 1864 zum Doktor der Philosophie. Anschließend war er leitender Hüttendirektor in Niederpfannenstiel. 1873 nahm er eine Professur für Chemie an der Bergakademie in Freiberg an. Er untersuchte die Schneeberger Kobalt-und Uranmineralien, das Meteoreisen von Rittersgrün. Die Darstellung der rauchenden Schwefelsäure für industrielle Zwecke setzte er in die Praxis durch die Gründung einer Fabrik 1876 in Muldenhütten um. 1886 entdeckte er in dem auf der Grube »Himmelfürst« gefundenen Silbererz Argyrodit das chemische Element Germanium. Mit dieser wissenschaftlichen Großtat fand das von Mendelejew aufgestellte Periodensystem seine Bestätigung. 1894 trafen sich die beiden Forscher in Freiberg. Winkler bestimmte das Atomgewicht von Nickel und Kobalt neu und verbesserte die Maßanalyse. Erfolgreich waren seine Forschungen auf dem Gebiet der Grubengase. Er schrieb ein Lehrbuch der technischen Gasanalyse. 1902 trat er in den Ruhestand und starb am 4. Oktober 1904 an einem Lungenleiden in Dresden. – Denkmal Winklers von Seffner in Freiberg. Clemens-Winkler-Straße und Clemens-Winkler-Bau in Freiberg. Winklerdenkmal vor der Auer Nickelhütte.

Wolkenstein, Landkreis Zschopau. Stadt an der Zschopau im mittleren Erzgebirge. Zur Stadt gehört der Ortsteil Floßplatz.

Der Kraftfahrer fährt von Chemnitz über Zschopau, Scharfenstein; von Freiberg über Pockau, Heinzebank; von Zwickau über Schneeberg, Aue, Elterlein, Geyer, Busverbindungen nach Chemnitz, Dresden, Annaberg-Buchholz, Olbernhau und Zschopau. Bahnverbindung nach Chemnitz–Dresden über Flöha (umsteigen).

Wolkenstein ist eine der ältesten erzgebirgischen Siedlungen. Erste Erwähnung: 1293 Wolkenstein, 1493 Wulkinstein. Name resultiert aus Lage des Burgberges hoch über dem Zschopautal (in die Wolken ragende Burg).

Die Burganlage entstand zur Sicherung der Handelsstraße, die von Waldenburg, dem Stammsitz der Burgherren, ins Böhmische führte. Vermutliche Stadtgründung in der 2. Hälfte des 13. Jahrhunderts. Stadt und Burg bilden noch heute eine Einheit auf einem Felsmassiv mit bewaldeten Hängen.

Stadtblüte im Mittelalter während des erzgebirgischen Silberbergbaus, zeitweilig gab es in Wolkenstein ein eigenes Bergamt, eine Schmelzhütte und eine eigene Münze. Wolkenstein war auch Residenz des jüngsten Sohnes von Herzog Heinrich dem Frommen von Sachsen und Herzog August, der 1553 Kurfürst von Sachsen wurde.

Der Kern der mittelalterlichen Stadtanlage ist noch gut erkennbar. Es existieren Reste der Stadtmauer mit dem Mühltor (mit Figur des Heiligen Bartholomäus, des Schutzpatrons der Stadt). Die Burg mit spätmittelalterlichen Schloßbauten ist eine überbaute Wehranlage. Neben der Burg der Schloßplatz (ehemals Topfmarkt) und steinummauerte Schloßteich. Zugang zur Burg über einen Wallgraben mit Zugbrücke, heute ein fester Steinübergang. Im Burgbereich Bergfried mit steilem Walmdach ältester Teil der Anlage. Im Südflügel Heimatmuseum: In Raum mit schöner Holzbalkendecke. Ausstellung von erzgebirgischer Schnitzkunst und frühen Erzeugnissen Wolkensteiner Handwerkerarbeit. – In der Nähe des Schlosses befinden sich der ehemalige Schloßkeller und Stallhof mit Dreiecksfachwerk (restauriert). – Unterhalb des Schlosses Spazierwege im »Hag«, dem Westabhang. Der Umbau der Burg in eine Schloßanlage im Renaissancestil erfolgte etwa um 1500. Hier befand sich seit 1478 ein kursächsisches Amt mit Gerichtbarkeit, Gefängnis und Gefängnishof. – Unweit der Burg steht die Stadtkirche St. Bartholomäus. Einige Bauteile stammen noch aus vorreformatorischer Zeit, dreiteiliger Chor aus dem 15. Jahrhundert, Kreuzgewölbe 1648 erneuert. An der Außenwand des Turmes Relief des Heiligen Georg (etwa um 1400). Die Kirche wurde nach einem Brand 1689 erneuert. Wappen der Waldenburger Herren an der Außenwand. Im Inneren barocker Altaraufbau aus mehrfarbigem Gestein von Johann Böhme. Hinter der Kirche befindet sich das restaurierte alte Pfarrhaus mit Fachwerk aus dem 17. Jahrhundert.

Am Marktplatz Postdistanzsäule, die 1960 ergänzt und wieder aufgestellt wurde. An der Apotheke am Markt Wappentier Löwe von 1792, im Hausflur Kreuzgewölbe. Wolkenstein ist ein bekannter Ferienort, vor allem für Wanderer ins Landschaftsschutzgebiet »Oberes Zschopautal«, nach Warmbad und Thermalbad Wiesenbad und in die »Wolkensteiner Schweiz« (s. d.) bieten sich reizvolle Touren.

Der Ortsteil Floßplatz, nördlich von Wolkenstein, direkt an der Zschopau gelegen, entwickelte sich bis in die Mitte des 19. Jahrhunderts als Holzstapelplatz für die in den umliegenden Wäldern geschlagenen Stämme, die zschopauabwärts geflößt wurden. Ehemaliges Floßhaus wurde im Zusammenhang des Eisenbahnbaus 1866 abgerissen. Heute befindet sich hier der Bahnhof Warmbad. Die Baumwollspinnerei Falkenhorst entstand 1835, mit Neubau 1849, typischer Baustil sächsischer Baumwollbetriebe. In der Nähe von Floßplatz an der Zschopau Aussichtsfelsen: Falkenhorstwand, Kellerlochfelsen und die »Heiligen Hallen« mit Blick über das Flußtal.
Auskünfte: Stadtverwaltung.

Wolkensteiner Schweiz, Ausflugsgebiet, ca. 1 km von Wolkenstein entfernt. Hier erheben sich hohe Gneisfelsen etwa 60–70 m oberhalb der Zschopau. Bekanntester Felsen ist die sogenannte Brückenklippe (490 m ü. NN). Oberhalb der Wolkensteiner Schweiz liegt die Anton-Günther-Höhe, ein Aussichtspunkt mit guter Weitsicht über das mittlere Erzgebirge und den Kamm des Gebirges.

Zinnbergbau im Erzgebirge, Neben dem Bergbau auf Silber und Eisen nahm der Abbau und die Verarbeitung von Zinnerzen im Erzgebirge eine besondere Stellung ein. Eine der letzten Gruben in Ehrenfriedersdorf wurde erst 1990 geschlossen. Die Blütezeit des Zinnerzbergbaus lag im 15. und 16. Jahrhundert.

Die wichtigsten Fundorte waren die Gebiete von Altenberg-Geising-Zinnwald, das Greifensteingebiet mit Ehrenfriedersdorf und Geyer und Eibenstock. Durch die regellose Form des Abbaus kam es oft zu großen Einbrüchen in die unterwühlten Gesteinsmassen, es entstanden in Altenberg, Seiffen, Geyer u. a. Orten die sogenannten Pingen.

Zinnerz heißt bei den Bergleuten Zwitter, deshalb auch Zwitterstöcke. Es muß zerstoßen und geschlämmt werden, wobei der Zinnstein zurückbleibt, der im Schmelzofen von Arsen und Schwefel durch Rösten befreit wird. Danach kann das Zinn weiter verarbeitet werden.

Zinngießer stellten nicht nur alle notwendigen Haushaltsgefäße her, Schüsseln, Teller, Löffel und Leuchter, sondern auch kunsthandwerklich bedeutsame Ziergeräte. In vielen Kirchen finden sich Taufschüsseln, Hostienteller und Kruzifixe erzgebirgischer Zinnmeister, ein Annaberger Krug ist im Louvre zu sehen, besonders die Werke der Familie Lichtenhain aus Annaberg wurden berühmt. Neben dem Haushaltszinn wurde das Zinnerz auch zum Löten und Legieren verwendet, das meiste Zinn verarbeiteten die Hammerwerke, die das Eisenblech in Weißblech verwandelten.

Zither, Wesentliches Volksmusikinstrument im Erzgebirge, das besonders von den Singe- und Heimatgruppen verwendet wird. Dieses Saiteninstrument ist seit dem 18. Jahrhundert bekannt und in den Gebirgsländern verbreitet. Um 1830 hatte es nur zwei bis drei durch Fingerdruck verkürzbare und bis 17 unverkürzbare Saiten. Heute ist es mit mehr als 40 ausgerüstet. Das flach auf dem Tisch liegende Instrument hat Griffsaiten und in Quinten oder Quarten gestimmte Begleitsaiten. Über das Herkommen der Zither gibt es unterschiedliche Auffassungen. Wahrscheinlich kommt sie vom Scheitholz her. Um die Jahrhundertwende verbreitete sich die Zither über das ganze Erzgebirge und löste das bis dahin gebrauchte Scheitholz ab, auch Hummel oder Fummel genannt.

Zschopau, Landkreis Zschopau. Kreisstadt am gleichnamigen Fluß im Westerzgebirge. Der Kraftfahrer fährt von Chemnitz über die B 174. Busverbindungen in alle Orte des Kreises, nach Marienberg, Chemnitz, zu den Greifensteinen. Bahnlinie von Chemnitz über Flöha (umst.)

Entstehung der Stadt an Flußübergang am alten Böhmischen Steig von Leipzig nach Prag. Erste Erwähnung dieses Weges 1174, aus dieser Zeit Rundturm von Schloß Wildeck.

1292 erste urkundliche Erwähnung der Stadt. Zunächst im Besitz des Klosters Hersfeld, seit 1300 Herrschaft der Reichsministerialien von Waldenburg, seit 1457 kurfürstlich. Zschopau blieb über Jahrhunderte hinweg Handelszentrum und Handwerkerstadt mit Innungen der Weber, Tuchmacher und Weißgerber. Stadtmauer um 1495 mit drei Toren neu errichtet, zu Beginn des 19. Jahrhunderts abgerissen, Reste der Stadtmauer an der Johannisstraße. Brücke über die Zschopau erstmals 1516 erwähnt, 1741 überdachte Brücke. 1812 begann der Bau einer steinernen Brücke, »der schönsten Brücke des Erzgebirges« (August Schumann), 1815 beendet. Denkmal für einen Fuhrmann, der das Gebirge hinter sich gebracht hat, 1932 am südlichen Brückenkopf errichtet.

Industrieller Aufschwung im 19. Jahrhundert mit Weberei und Spinnerei durch die Familie Bodemer, 1935 rund 1100 Arbeiter und Angestellte. 1907 verlegte der Däne J. S. Rasmussen eine Werkstatt ins Tischautal, wo 1918 der erste DKW-Motor entstand, 1921 das erste DKW-Zweitakt-Motorrad und 1928 wurden die ersten DKW-Automotoren produziert. 1932 fusionierte er mit seinen Betrieben in die Auto-Union. Nach dem Krieg wurde das Werk von den sowjetischen Besatzungstruppen demontiert, später entstand ein neues Motorradwerk für Zweitaktmotorräder (»MZ«).

Sehenswürdigkeiten: Schloß Wildeck, 1545 als kurfürstliches Jagdschloß umgebaut, im 17. und 18. Jahrhundert Sitz einer Oberforst- und Wildmeisterei, bekanntester Beamter Cornelius von Rüxleben, der nach Denunziation in Ungnade fiel und nach dreizehnjähriger Haft in der Pleißenburg in Leipzig starb. – Stadtkirche St. Martin, spätgotischer Bau von 1494, mit Bauteilen aus dem 17. Jahrhundert. Im Inneren Gesimskanzelaltar von 1858. – Edelhaus am Markt, 1561 als Renaissancebau für C. v. Rüxleben errichtet, mit von Pilastern flankiertem Portal, barocke Umgestaltung des Baus. – Fachwerkbau Johannisstraße 2 aus dem 17. Jahrhundert. In Zschopau am Rathaus stand Karl Stülpner (s. d.) als Soldat im Wachdienst.
Auskünfte: Stadtverwaltung.

Zschopautal, Oberes, Landschaftsschutzgebiet, Landkreis Zschopau. Landschaftsschutzgebiet seit 1968, 8207 Hektar groß. Es wird dem unteren Westerzgebirge zugeordnet. Langgestreckt liegt es in 318–705 m ü. NN zwischen Zschopau und Wiesa, seitlich wird es von Ehrenfriedersdorf und

Wolkenstein begrenzt. Das zur Hälfte mit Wald bestockte Gebiet dient als Erholungs- und Wanderlandschaft. Es ist abwechslungsreich und voller landschaftlicher Reize.

Zu erreichen ist das Landschaftsschutzgebiet von Chemnitz aus auf der B 174 in Richtung Marienberg. Die Straße berührt bei Zschopau den nördlichen Teil des Gebietes. Die B 101 von Freiberg nach Annaberg-Buchholz durchschneidet es von Nordosten nach Südwesten in einer großen Kurve bei der Stadt Wolkenstein. Duch das Gebiet führt der Hauptwanderweg Görlitz – Greiz (blauer Ring). Mit der Eisenbahn erreicht man das Gebiet, wenn man die Linie Flöha–Bärenstein benutzt und auf einer Station zwischen Zschopau und Thermalbad Wiesenbad aussteigt. Alle Orte im und am Landschaftsschutzgebiet haben Busverbindungen.

Die verebnete, sich nach Norden zu schwach neigende Hochfläche ist hügelig gestaltet, Bergformen fehlen. Gebirgscharakter gewinnt die Landschaft durch die wechselvollen Talprofile mit Prallhängen, von senkrechten Felswänden durchsetzt und flachen Gleithängen. Die Wasserläufe bewegen sich in tiefeingeschnittenen, schluchtenartigen und windungsreichen Tälern. Das wichtigste Gewässer ist die Zschopau mit ihren Zuflüssen. Die klimatischen Bedingungen sind uneinheitlich. Sie haben Gebirgscharakter, in den Tallagen sind sie mild. An Grundgesteinen überwiegen Gneise und Schiefer mit unterschiedlichen Einlagerungen.

Fichtenwald bildet den Hauptanteil der Waldgehölze. An den Steilhängen gibt es Mischwald. Im Gebiet leben Reh- und Niederwild. Die Vogelwelt ist artenreich. Fische sind in den Gewässern ausgestorben.

In das Landschaftsschutzgebiet sind zahlreiche Orte völlig oder teilweise eingeschlossen. Die meisten von ihnen wurden während der großen Besiedlung im 12. Jahrhundert gegründet. Kräftigen Zuwachs erhielten sie durch den erblühenden Erzbergbau im 16. und 17. Jahrhundert. Dazu gehören die Kurorte Warmbad Wolkenstein mit einer 29° C warmen Quelle. Behandelt werden rheumatische Leiden, Nerven- und Stoffwechselerkrankungen. Die Quelle des Thermalbades Wiesenbad hat eine Temperatur von 22° C. Das Bad, 1501 gegründet, ist eines der ältesten Kurbäder Deutschlands. Es dient der Behandlung und Rehabiliation bei Poliomyelitis und Bechterewscher Krankheit. Sehenswert ist in Zschopau die Burg Wildeck aus dem 12. Jahrhundert, das Schloß Scharfenstein, 1349/50 erstmals genannt und das Schloß Wolkenstein aus der Zeit um 1500, ferner

die Stadtkirche Ehrenfriedersdorf und die Dorfkirche von Großolbersdorf mit dem 1645 von Joh. Böhme geschaffenen Altarwerk.
Auskunft über die einzelnen Orte oder Teile des Landschaftsschutzgebiets erteilen die Stadt- und Gemeindeverwaltungen.

Zwickau, Kreissstadt im Regierungsbezirk Chemnitz. Industrie-, Handels- und Schulzentrum, Tor zum Erzgebirge und Vogtland. Lage an der Zwickauer Mulde und im Erzgebirgsvorland des Zwickau-Oelsnitzer Beckens. Mit Stadtteilen Auerbach, Bockwa, Eckersbach, Marienthal, Niederhohndorf, Oberhohndorf, Planitz, Pöhlau, Pöblitz, Schedewitz, Weißenborn.

Zwei Anschlußstellen an der Autobahn 443: Zwickau-West und Zwickau-Ost. Von Chemnitz aus auch erreichbar über die B 173, von Leipzig über die B 93. – Busverbindung nach Annaberg-Buchholz, Oberwiesenthal, Aue, Dresden, Chemnitz, Leipzig, Plauen, Klingenthal, Greiz, Mittweida und in alle Orte des Kreises. Zentrale Bushaltestelle am Bahnhofsvorplatz. D-Zug-Verbindungen nach Leipzig, Chemnitz, Dresden, Plauen. Knotenpunkt der Bahnstrecken 410, 443 und 450. Innerstädtischer Straßenbahn- und Busverkehr.

Als Siedlung und Territorium erstmals 1118 urkundlich erwähnt. Der Name ist sorbisch-wendischen Ursprungs und bezeichnet einen Marktflecken. Sorben gründeten ihr »Zwikkowe« in der fruchtbaren Talaue der Mulde. Hier kreuzten sich alte Handelswege, die »Salzstraße« von Halle ins Böhmische und das »Polnische Gleis« von Krakau nach Süddeutschland. Deutsche Kaufleute siedelten sich in der Nähe der Zwikkowe an, Stadtgründung vermutlich zwischen 1192 und 1212. Bevölkerungszunahme durch systematische Besiedlung des heutigen Südwestsachsen. Bildung von starken Handwerkerzünften, vor allem Tuchmacher und Schmiede. »Zwickisch Tuch« ging im 16. Jahrhundert in viele Städte, bis nach Krackau, Posen, Danzig, Linz, Wien usw. Schon früh Abbau von Eisenerz und Steinkohle. Handels- und Verlegerzentrum des erzgebirgischen Silberbergbaus (Nähe zu Schneeberg).

Bedeutende städtische Kultur. Philipp Melanchton 1548: »In Kunst und Technik übertrifft Zwickau alle Städte dieser Lande«. An der Zwickauer Lateinschule lehrte Georgius Agricola (s. d.). Der Nürnberger Meister Michael

Wohlgemuth, Lehrer von Albrecht Dürer, schuf den Hauptaltar der Marienkirche. In Zwickau wirkte der Bildschnitzer Peter Breuer (s. d.) und der revolutionäre Reformator Thomas Müntzer (s. d.). Die 1498 gegründete Ratsschulbibliothek verfügt über wertvolle Bestände (85 000 Bände), ca. 1200 Inkunabeln. Durch Belagerung und Zerstörung der Stadt im Dreißigjährigen Krieg Rückgang der Bevölkerung von 7600 (1530) auf ca. 3000 im Jahre 1640. Zwischen 1702 und 1717 wirkte in Zwickau die am 9. März 1697 in Reichenbach geborene Caroline Neuber, die als »Neuberin« das deutsche Theater aus den Fesseln der Hanswurstiade befreite. Sie wohnte im Haus Innere Schneeberger Straße 27, das im Krieg zerstört wurde. Geboren wurde in Zwickau am 4. Juni 1810 der Komponist Robert Schumann (s. d.), dessen Vater und Onkel gemeinsam eine Verlagsbuchhandlung betrieben.

Im 19. Jahrhundert fand der entscheidende wirtschaftliche Aufschwung Zwickaus statt: Von 1837 bis 1870 entstanden mehr als 30 Steinkohlenbergwerke, dazu kam eine umfangreiche Folgeindustrie, vor allem im Bereich der Verhüttung, der Gießerei und des Maschinenbaus. 1904 begann der Ingenieur August Horch in einer alten Spinnerei mit dem Automobilbau, später begründete er auch das Unternehmen »Audi« (lat. horch). Nach dem 2. Weltkrieg Verstaatlichung der Unternehmen, zunächst unter den alten Firmennamen, 1958 Zusammenschluß zum VEB Sachsenring, dessen bekanntestes Erzeugnis der Kleinwagen »Trabant« mit Duroplastkarosserie wurde. Einstellung der Fertigung 1991, seit 1990 Aufbau einer Autoproduktion durch die Volkswagen AG. In Zwickau existieren auch heute eine Reihe großer Industriebetriebe, wie graphische Werkstätten, Grubenlampenbetriebe, Textil- und Bauunternehmen. 1978 wurde der traditionelle Steinkohlenbergbau wegen zu hoher Förderungskosten aufgegeben.

Zwickau besitzt wichtige Schulen und Hochschulen, eine Pädagogische Hochschule und eine Ingenieurhochschule, ein Robert-Schumann-Konservatorium.

Sehenswürdigkeiten: Rathaus am Marktplatz. Nach Brand 1403 Neubau, vollständige Umgestaltung im neugotischen Stil mit Zinnenkranz und -türmchen 1862. Vom spätgotischen Bau blieb nur die 1473/77 eingefügte Jakobskapelle im 1. Obergeschoß erhalten (seit 1938 Rats- und Empfangssaal), ein gestreckter Raum mit Kreuzrippengewölbe auf Konsolen. Über dem Eingang des dreigesch. Rat-

Zwickau, Gewandhaus.

hauses Stadtwappen aus dem 16. Jahrhundert. Gewandhaus, 1522/25 von Friedrich Schultheiß (vermutlich nach einem Entwurf von Jakob Heilmann) für die Tuchmacherinnung erbaut. Zweigeschossiger Sandsteinbau mit hohem Satteldach. Fünf Stockwerke hoher Backsteingiebel im Stil der Frührenaissance. Seit 1823 wird es als Stadttheater genutzt, in den siebziger Jahren des 20. Jahrhundert moderner Anbau und Erneuerung der Innenräume. – Dom St. Marien. Nach 1206 als Pfarrkirche der Marienvorstadt gegründet, jetziger Bau hauptsächlich zwischen 1453 und 1565 entstanden. Große spätgotische Hallenkirche mit 87 m hohem West-Turm. Im Inneren: Hochaltar 1479 von Michael Wohlgemuth, Frührenaissance-Kanzel 1538 von Paul Speck, von ihm auch kelchförmiger Taufstein, beides 1960 umgestaltet. Heiliges Grab, bez. 1507 MH (Michael Heuffner), geschnitzter, freistehender Schrein mit turmartigem Aufbau. Pieta 1502, in der Kapelle an der Nord-Seite: Hauptwerk des Bildschnitzers Peter Breuer (s. d.). Zahlreiche Epitaphe und Grabtafeln, Pfarrerbildnisse aus dem 16. Jahrhundert. – Katharinenkirche, kleiner, schlichter Bau, gegründet 1206/1219. Heutige Gestalt aus dem 15. Jahrhundert. Im Inneren Altar aus der Werkstatt Lukas Cranach d. Ä. um 1517. Plastik »Christus mit der Siegesfahne« 1497/98 von Peter Breuer. – Schloß Osterstein, begründet nach 1212 als Stadtburg, Befestigungen wurden im Laufe der Jahrhunderte mehrfach verstärkt. 1517/18 herzogliche Residenz, nach 1770 Umbau zum Zuchthaus, 1843 wurde auch das »Niedere Magazin«, einer der größten noch erhaltenen Kornspeicher einer mittelalterlichen Stadt, in den Zuchthausbereich einbezogen. August Bebel war 1874/75 und 1887 Gefangener auf Schloß Osterstein. – Von der alten Stadtmauer sind Reste und der Pulverturm erhalten. – Am Hauptmarkt eine Reihe schöner alter Bürgerhäuser: Nr. 8, dreigeschossiges Eckhaus mit Staffelgiebel von 1479, das Obergeschoß der Seitenfront auf teilweise figürlichen Konsolen, Wohnhaus des bekannten Zwickauer Patriziers Martin Römer. – Nr. 17/18, Haus mit Spitzgiebel und Spitzbogenpforte, im Inneren des ehemaligen Kräutergewölbes viergeripptes Kreuzgewölbe. – Innere Dresdner Straße Nr. 1, sogenanntes »Dünnbierhaus« von 1480, neugestaltet 1954, dreigeschossiger Bau mit fünfgeschossigem Staffelgiebel. – Münzstr. 12: »Schiffchen«, dreigeschossiger Bau über spitzwinkeligen Grundriß mit schmalem Eckgiebel und Steindach, Drillingsfenster der beiden Obergeschosse, 1485 erbaut, 1968 erneuert. – Museen: Städtisches Museum, Lessingstr. 1, mit Ausstellungen zur Geschichte und Naturkunde. Bed. Sammlung spätgotischer und barocker Plastik des säch-

Zwönitz, Hotel Roß und Postmeilensäule.

sischen Raumes. Bildende Kunst des 19. und 20. Jahrhunderts, hier auch Werke von Max Pechstein, der am 31. Dezember 1881 in Zwickau geboren wurde. – Robert-Schumann-Haus, Hauptmarkt 5: Geburtshaus des Komponisten, Gedenkstätte mit Ausstellungsräumen und Konzertsaal, Sitz der Robert-Schumann-Gesellschaft.
Auskünfte: Stadtverwaltung und Städtisches Museum.

Zwönitz, Landkreis Aue. Stadt mit Ortsteilen Niederzwönitz, Lenkersdorf und Kühnhaide. Liegt im Tal des gleichnamigen Flusses, mittlere Höhenlage 490 m (Ziegenberg im SO 653 m, Buchenberg im NO 709 m).

Der Autofahrer erreicht Zwönitz von der Bundesautobahn 7 von Chemnitz oder Zwickau über die Abfahrt Stollberg, dann Landstraße. Zwönitz liegt an der Bahnstrecke Chemnitz–Aue. Es hat Busverbindung nach Annaberg, Aue,

Elterlein, Grünhain, Chemnitz, Plauen, Schwarzenberg, Stollberg und Zwickau.

Über Gründung und Herkunft des Stadtnamens keine gesicherten Erkenntnisse. Vermutlich gab es schon im 12. Jahrhundert ein Gewanndorf namens Zwönitz, eine weitere Besiedlung des Tales erfolgte Mitte des 12. Jahrhunderts durch Bauern aus Mainfranken. Flußname slawisch, 1389 Zvonica – klingender Bach. 1460 wird Zwönitz als forum bezeichnet, 1475 Beleihung mit einem Stadtsiegel. 1566 freie Bergstadt. Zwischen Zwönitz und dem 1934 eingemeindeten Dorf Niederzwönitz verlief zwischen 1485 und 1547 die Landesgrenze zwischen dem Kurfürstentum und dem Herzogtum Sachsen. Bis ins 19. Jahrhundert besaß Zwönitz eine Anzahl von Fundgruben. Seit dem 16. Jahrhundert Ausprägung des Schuhmachergewerbes, 1804 gab es unter den 177 Handwerkern 50 Schuhmachermeister. 1890 Gründung der Trommlerschen Schuhfabrik, später größter Kinderschuhproduzent Deutschlands (1939 mehr als 1600 Beschäftigte). 1952 Enteignung des Betriebes, danach Weiterführung als VEB Schuhfabrik Zwönitz. Nach 1945 durch sowjetische Besatzungsmacht Demontage mehrerer Betriebe. Aus Produktionseinrichtungen von während des Krieges nach Zwönitz verlagerten von Siemens und Halske entstand das Meßgerätewerk Zwönitz, heute Meßgerätewerk GmbH. Weitere Industriebereiche: Pappenfabrikation, Schnittholz- und Möbelfabrikation, Bekleidungsindustrie.

Sehenswürdigkeiten: Pfarrkirche St. Trinitatis, entstand zwischen 1688 und 1692 unter Einbeziehung eines Vorgängerbaus. Nordturm 1724/25. Ursprünglicher Charakter des Innenraums mit barocken Schnitzereien erhalten, Kanzelaltar vom Ende des 17. Jahrhunderts von Gottfried Ullrich geschaffen. Barocke Bornkinnel-Figur von 1688. – Am Markt Fachwerkgebäude aus dem 16./17. Jahrhundert. Hotel »Roß« mit Andreaskreuzen. Hier auch kursächsische Postdistanzsäule von 1728 (mehrfach restauriert, zuletzt 1970).

Ortsteil Niederzwönitz, ehemals Dorf in Stollberger Herrschaft im Besitz der Schönburgs. 1554 Beurkundung des Besitzes für Georg von Schönberg, Rittergut mit Herrschaftssitz. Sehenswürdigkeit altes Bergmeisterhaus, zweigeschossiger Barockbau 2. Hälfte des 18. Jahrhunderts mit Walmdach und Mansardengeschoß, Hauptkirche St. Johann, entstanden 1789/93. 1928 Erneuerung, auch im Inneren. Alte Papiermühle von 1625/30, heute Technisches Museum Papiermühle Niederzwönitz.

Lenkersdorf, eingemeindet 1952, vermutlich Besiedlung im 13. Jahrhundert, nach 1312 ein Teil von »Nenkersdorf« zum Kloster Grünhain, ein anderer zu Hartenstein. In der Nähe Schnepfenberg (580 m ü. NN), Zeugnisse historischen Schieferabbaus.

Kühnhaide, eingemeindet 1960, urkundlich erstmals erwähnt 1497, Waldhufendorf, zum Kloster Grünhain gehörig. Name »Kynheide« – Ort an einer mit Kiefern bestandenen Heide. Kühnhaider Bach durchzieht das Dorf. Sehenswert Walther-Mühle, Fachwerkhaus von 1693.
Auskunft: Stadtverwaltung.

Fotorechte:
S. 204/205 aus: »Das Erzgebirge und seine Volkskunstproduktion«, Olbernau 1986.
S. 206/207 aus: Just/Karpinski »Sächsische Volkskunst«, Leipzig 1982.
Alle übrigen Fotos Christoph Georgi, Schneeberg.